广东省
中江高速公路改扩建工程
建设管理与创新实践

王春生 陈新华 吕大伟 钟 敏 梁辉如 **编著**

人民交通出版社
北京

内 容 提 要

《广东省中江高速公路改扩建工程建设管理与创新实践》是广东省中江高速公路改扩建工程创建平安百年品质工程创新成果的系统总结,从交通组织管理、建设安全管理、施工质量管理、绿色建造创新与实践、改扩建工程技术创新与实践、典型施工案例等方面,全面反映工程的创建过程和成果经验。本书系统讲述了中江高速公路改扩建工程在建设管理和技术创新方面的经验及成果,并对典型的创新案例进行详细介绍,针对性强,推广价值高,可供工程技术人员和管理人员参考,可为平安百年品质工程建设提供重要的参考和借鉴。

图书在版编目(CIP)数据

广东省中江高速公路改扩建工程建设管理与创新实践/王春生等编著.—北京:人民交通出版社股份有限公司,2024.9.—ISBN 978-7-114-19755-0

Ⅰ.U418.8

中国国家版本馆CIP数据核字第20241U65Z4号

Guangdong Sheng Zhong-Jiang Gaosu Gonglu Gai-kuojian Gongcheng Jianshe Guanli yu Chuangxin Shijian

书　　名:	广东省中江高速公路改扩建工程建设管理与创新实践
著　作　者:	王春生　陈新华　吕大伟　钟　敏　梁辉如
责任编辑:	齐黄柏盈
责任校对:	赵媛媛　龙　雪
责任印制:	刘高彤
出版发行:	人民交通出版社
地　　址:	(100011)北京市朝阳区安定门外外馆斜街3号
网　　址:	http://www.ccpcl.com.cn
销售电话:	(010)85285857
总　经　销:	人民交通出版社发行部
经　　销:	各地新华书店
印　　刷:	北京市密东印刷有限公司
开　　本:	787×1092　1/16
印　　张:	21.75
字　　数:	446千
版　　次:	2024年9月　第1版
印　　次:	2024年9月　第1次印刷
书　　号:	ISBN 978-7-114-19755-0
定　　价:	148.00元

(有印刷、装订质量问题的图书,由本社负责调换)

编写委员会

主 任 委 员：王春生
副主任委员：陈新华　吕大伟　钟　敏　梁辉如
委　　　员：刘广宇　罗焕朋　张黎明　孙克强　古伟展
　　　　　　　陈伟豪　罗思欣　王少华　杜华锋　修义军

FOREWORD 序

交通是兴国之要、强国之基,是经济的脉络和文明的纽带。交通已成为中国式现代化的开路先锋。2023年9月,国家主席习近平向全球可持续交通高峰论坛致贺信指出:"中国正在加快建设交通强国,将继续坚持与世界相交、与时代相通,致力于推动全球交通合作,以自身发展为世界提供新机遇。"[①]2024年6月30日,习近平总书记致信祝贺深圳至中山跨江通道建成开通,他指出,深中通道的建成开通充分说明,"中国式现代化是干出来的,伟大事业都成于实干"[②]。

2024年1月,交通运输部印发《关于做好平安百年品质工程创建示范 推动交通运输基础设施建设高质量发展的指导意见》。文件指出要"深化全生命周期建设发展理念,加快构建现代化工程建设质量安全管理体系,推进高水平建造和精细化管理,打造'安全耐久、经济绿色、传承百年、人民满意'的平安百年品质工程"。这是顺应新时代、新任务、新要求的现实之举,是贯彻落实《交通强国建设纲要》的必然要求。

自20世纪80年代末我国大陆第一条高速公路通车以来,截至2023年底,高速公路总里程已达到18.36万公里,居世界第一。30多年来的建设成就举世瞩目,基本形成了顺畅通达的高速公路网络骨架,建成了全球最大的高速公路网。高速公路作为公路建设中最高等级的设施类型,具有规模大、工期长、技

---

① 《习近平向全球可持续交通高峰论坛致贺信》,《人民日报》2023年9月26日。
② 《习近平致信祝贺深圳至中山跨江通道建成开通》,《人民日报》2024年7月1日。

术难、投资大等特点,其建设面临着复杂的地形地貌、多变的气候条件、严峻的环保要求以及繁杂的社会关系等多重挑战。毋庸置疑,在推进交通运输"平安百年品质工程"的过程中,高速公路必将担当重要角色、承担重大任务。

深岑高速公路中山新隆至江门龙湾段(简称"中江高速公路")于2005年通车,为双向四车道高速公路,设计速度为100km/h。随着区域经济的蓬勃发展,沿线迅速增长的交通量已远超原建设标准的承载能力,既有道路通行能力几近饱和,交通拥堵严重,交通事故量明显增加。为进一步推动中山、江门经济联动,促进珠江西岸经济一体化,中江高速公路改扩建工程于2020年12月开工建设,2024年5月顺利通过交工验收。

中江高速公路改扩建工程是广东省重点工程建设项目和交通强国建设试点项目,也是首批省级平安百年品质工程创建示范项目。项目围绕"标准化、绿色化、信息化"三大核心,涵盖设计、施工、运营全生命周期,从交通组织、安全管理、施工质量、技术创新、绿色建造等多目标多维度出发,致力于打造内在质量与外在品位兼具的"优质耐久、安全舒适、经济环保、社会认可"的平安百年品质工程。

项目建设历经三年多,凝聚了几十支队伍、数千名建设者在追求高品质发展道路上的集体智慧与努力,通过综合集成、优化提升和自主创新,取得了一系列改扩建工程管理和技术创新方面的实践成果。一是交通组织管理创新,精细化动态调整各阶段的交通组织方案,建立"一路四方"联勤保障机制,采用信息化管理技术,最大限度减轻施工作业对交通安全运行的影响,保障涉路施工与道路通行"双安全"。二是建设安全管理创新,实施全过程安全管理,保障边通航、边施工安全控制,推行安全设施标准化,实现"零生产安全责任事故"、创建省级"平安工地"、争创部级"平安工程"的安全管理目标。三是施工质量管理创新,提出中江高速公路改扩建工程质量控制红线,解决改扩建工程结构拼接、旧桥加固、深厚软基处理、斜拉桥及刚构桥质量通病问题,推动全面质量管理。四是绿色建造创新,提出"以人为本,打造绿色典型示范改扩建工程"建设目标,全过程实施绿色公路建设新理念、新技术和新制度。五是技术创新,积极采用先进工艺标准,推广性能可靠、先进适用的新技术、新材料、新设备、新工艺,坚持重大创新集中攻关和全员"微创新"并举。

本书是对中江高速公路改扩建工程作为平安百年品质工程创新成果的系统总结,涵盖理念与管理、安全与质量、技术与创新等多个方面,全方位、多角度系统性展示中江高速公路改扩建工程的建设过程和经验体会。希望本书的出版,能为其他类似项目提供经验借鉴和参考,共同推进高速公路建设的高质量发展!

2024 年 9 月

CONTENTS | 目录

1 绪论 / 001

1.1 项目概况 …………………………………………… 002
1.2 指导思想与实施原则 ……………………………… 005
1.3 工程建设管理创新 ………………………………… 006
1.4 本书的目的 ………………………………………… 007
1.5 本书的框架 ………………………………………… 007

2 交通组织管理 / 009

2.1 交通组织对改扩建工程的重要性 ………………… 010
2.2 交通组织总体方案及实施方案 …………………… 010
2.3 交通组织与施工组织融合 ………………………… 040

3 建设安全管理 / 055

3.1 安全工作理念及思路 ……………………………… 056
3.2 安全管理体系建设 ………………………………… 056
3.3 安全管理重难点及管控措施 ……………………… 066
3.4 施工安全标准化管理 ……………………………… 069
3.5 安全"四新"技术应用 …………………………… 084

4 施工质量管理 / 093

4.1 施工质量管理框架 ………………………………… 094

4.2　改扩建工程质量管理重难点 …………………………… 096
　4.3　改扩建工程标准化施工 …………………………………… 116

5　绿色建造创新与实践／127

　5.1　绿色公路建设管理 …………………………………………… 128
　5.2　沥青路面再生材料利用 ……………………………………… 132
　5.3　玻璃纤维筋应用 ……………………………………………… 135
　5.4　施工期便道设计永临结合 …………………………………… 139
　5.5　废旧混凝土集中利用 ………………………………………… 140
　5.6　低碳沥青摊铺 ………………………………………………… 143
　5.7　就地固化技术 ………………………………………………… 145

6　改扩建工程技术创新与实践／149

　6.1　设计创新与实践 ……………………………………………… 150
　6.2　科研创新与实践 ……………………………………………… 174
　6.3　先进成果引进与创新应用 …………………………………… 246
　6.4　"微创新"技术与方法 ……………………………………… 272

7　典型施工案例／291

　7.1　东升立交互通A匝道桥顶升施工 …………………………… 292
　7.2　西江特大桥施工 ……………………………………………… 305

8　品质工程建设成果／327

9　结语与展望／333

参考文献／335

1

CHAPTER 1

绪论

1.1 项目概况

1.1.1 项目背景

深岑高速公路中山新隆至江门龙湾段(简称"中江高速公路")是国家高速公路网"三纵线"长春—深圳高速公路(G25)联络线——深圳—岑溪高速公路(G2518)的重要组成部分,是国家主干线沈海高速公路广湛段和京港澳高速公路广珠段的联络线。

中江高速公路于2005年通车,为双向四车道高速公路,设计速度为100km/h,随着区域经济的蓬勃发展,以及周边江珠高速公路、江罗高速公路、广中江高速公路江番段等高速公路陆续建成,项目交通量增长迅速。2019年,深岑高速公路中山新隆至江门龙湾段全线平均交通量达到72265pcu/d,深岑高速公路江门龙湾至共和段全线平均交通量达到49551pcu/d。伴随深中通道的建成通车和粤港澳大湾区的建设,交通量将进一步增加。

中江高速公路改扩建工程于2020年12月开工建设,2024年5月通过交工验收。对中江高速公路进行改扩建是落实《粤港澳大湾区发展规划纲要》的需要,是进一步推动中山、江门经济联动,促进珠江西岸经济一体化的需要。

1.1.2 工程概况

中江高速公路改扩建工程是广东省重点工程建设项目和交通强国建设试点项目,也是首批省级平安百年品质工程创建示范项目。

1.1.2.1 路线走向

项目起于中山市港口镇胜隆社区,顺接南沙至中山高速公路,并与京港澳高速公路形成十字交叉(设新隆枢纽互通立交),经中山市东升、小榄、横栏、古镇,江门市江海区外海、滘头、礼乐,以及新会区会城、蓬江区白沙,终于江门市新会区会城奇榜村(龙湾互通立交),顺接江鹤高速公路一期工程。

1.1.2.2 建设规模

项目全长40.046km,投资概算106.97亿元。项目主线扩建桥梁合计长度为20138.6m/59座,包括特大桥10107.3m/5座,大桥8922.6m/24座,中桥978.4m/21座,小桥130.3m/9座,桥梁长度约为路线总长度的50.66%。改扩建桥梁包括两侧加宽和新建两种情况,其中:两侧加宽特大桥6038.02m/3座,大桥6174.54m/16座,中桥545.84m/10座,小桥 204.84m/11 座；南侧加宽段新建特大桥 2740.3m/1 座，大桥 935m/3 座，中桥 336m/5 座，小桥 15.24m/1 座。受地方规划、既有结构病害等因素影响，本项目拆除中小桥 69.4m/2 座，拆除 13m 聚碳酸酯板（Polycarbonate Board，PC）空心板结构的桥梁 26m/2 座。其余桥涵、路基、路面及其他构造物经加固、加宽、接长后利用。

改扩建新隆（由广州市高速公路有限公司代建）、中江、龙溪、四村 4 处枢纽互通式立交，港口、东升、小榄、横栏、外海、龙湾 6 处一般互通式立交，衔接新增镇南、横栏北（由中山西部外环高速公路有限公司负责实施）2 处枢纽互通式立交；扩建东升服务区。

1.1.2.3 主要技术标准

改扩建工程的技术标准主要遵循的原则为：既能满足近期发展要求，又能符合远景需求；与区域交通规划相协调，便于建设及运营管理；避免或尽量减少对现有道路通行能力的影响；考虑沿线城镇的规划发展，适应区域综合运输发展需要；考虑大型结构物对技术标准的影响。

中江高速公路由双向四车道扩建为双向八车道，设计速度由 100km/h 提高到 120km/h，双侧拼宽后整体式路基宽 42.0m，分离式新建路基中，单侧分离式加宽 20.75m、双侧分离式加宽 2×13.25m。项目主要技术指标见表 1-1。

项目主要技术指标　　　　表 1-1

序号	指标名称	指标值
1	道路等级	高速公路
2	设计速度	120km/h
3	车道数	双向八车道
4	停车视距	210m
5	平曲线一般最小半径	1000m
6	平曲线极限最小半径	650m
7	不设超高平曲线最小半径	5500m
8	最大纵坡	3.0%
9	最短坡长	300m
10	凸形竖曲线一般最小半径	17000m
11	凸形竖曲线极限最小半径	11000m
12	凹形竖曲线一般最小半径	6000m
13	凹形竖曲线极限最小半径	4000m
14	路基宽度（整体式拼宽）	42m
15	路基宽度（分离式加宽）	20.75m（单侧） 2×13.25m（双侧）
16	桥涵设计车辆荷载	公路—Ⅰ级
17	地震动峰值加速度	0.1g

1.1.2.4 加宽方式

项目全线采用以两侧整体式拼宽为主,局部单侧加宽(西江特大桥南侧)或两侧分离式加宽(睦洲大桥主桥段、江门大桥主桥段)为辅的改扩建方案,具体扩建方案如下:

(1)起点至横栏立交北段(含横栏立交)采用两侧整体式拼宽方案。

(2)横栏立交北段至四村立交段(含四村立交)采用南侧分离式加宽方案。

(3)四村立交至江门大桥段(含江门大桥)采用两侧整体式拼宽为主,两侧分离式加宽(睦洲大桥、江门大桥)为辅的方案。

(4)江门大桥至龙湾立交(终点)段采用两侧整体式拼宽方案。

项目全线加宽情况如图1-1所示。

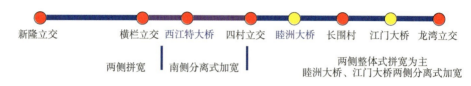

图 1-1 项目全线加宽方式示意图

1.1.3 建设难点

(1)沿线深厚软基分布广泛,建设难度大

项目建设区域深厚软基分布广泛,绝大部分路段软土层埋深超 30m,且软土性质差,具有高压缩性。旧路工后沉降尚未完全稳定,解决新旧路基差异沉降是本项目的重难点。部分路段用地、净空受限,软基处理方式制约因素较多。

(2)征地拆迁难度大,环境敏感点多,绿色发展要求高

项目途经中山、江门二市三区九镇(街道),城镇化程度高,沿线建筑物较多,人口密集,涉及工厂企业、住宅拆迁量较大,需改迁的通信、水、电、气等管线管网多且布设错综复杂,共需征地约 64.3 万 m^2(965 亩),拆迁房屋 87 栋(面积 3.515 万 m^2),厂房 82 宗(面积 9.3743 万 m^2),迁改通信线路 120 处 1474 条、国防光缆 5 处、10kV 及以上电力线路 39 处、市政管道 54 处、高速公路既有机电管线 40km,征地拆迁工作难度极大。同时,项目沿线鱼塘遍布,房屋密集,涉及西江二级饮用水源保护区,整体水环境和声环境敏感点多,绿色环保建设任务重、要求高。

(3)交通组织难度大,安全管控任务重

项目所属地域交通密集,涉主干公路及铁路 20 余条、等级航道 10 条、互通立交 12 处,包括新隆—港口、中江—东升和龙溪—四村 3 组复合式互通立交,互通之间的最小间距为 1.2km;交通组织包括匝道封闭管理、匝道边通车边施工组织、主线与匝道同时施工、收费站

及广场改造前提下的交通组织等。客货混行交通流在经过施工交通组织区域时容易因车速差引发交通事故和交通拥堵,交通组织难度大。

该路段日通行车流量已超10万辆,现状道路服务等级为四~五级,局部路段服务等级偏低,容易形成交通瓶颈,引发交通事故,涉及的安全隐患点多、面广,边通车、边施工模式下的安全管控难度大。

西江水系是广东、广西水上运输的大动脉,属一级航道,日通行船舶500余艘次,通航环境复杂,施工期需压缩航道,并进行两次航道转换,通航安全管理难度大。

1.2 指导思想与实施原则

1.2.1 指导思想

项目始终坚持以创新、协调、绿色、开放、共享的新发展理念为指导,以坚持"两个统筹"、把握"四大要素"为统领,以理念提升、创新引领、示范带动、制度完善为途径,强化科技成果的转化与应用,秉持"湾区新中江　工匠铸精品"建设理念,围绕建设交通强国、建设平安百年品质工程的总体目标,建设以质量优良为前提,以资源节约、生态环保、节能高效、服务提升为主要特征的绿色公路。

项目围绕"标准化、绿色化、信息化"三大核心,从交通组织、安全、质量、技术、绿色等目标维度出发,立足包括设计、施工、运营各阶段的全生命周期,打造内在质量与外在品位一致的"优质耐久、安全舒适、经济环保、社会认可"的平安百年品质工程。紧抓施工安全和工程质量两个重要环节,密切结合工程建设管理,努力解决改扩建工程建设中的通病问题,形成可全面推广的建设经验。

1.2.2 实施原则

提升质量、保障安全。在项目建设过程中,始终将质量和安全放在突出位置,推进项目建设高质量发展,致力于打造平安百年品质工程。

统筹兼顾、突出重点。项目建设始终落实标准化全生命期统筹设计、施工和精细化管理理念,同时结合项目特点,重点解决管理的薄弱和不规范环节,弥补短板。

上下联动、全省推广。形成全省较为统一的标准体系,总结推广,在广东省高速公路改扩建工程建设中充分发挥示范引领作用。

1.3　工程建设管理创新

1.3.1　交通组织管理

为做好边通车、边施工期间的交通组织管理,最大限度地减小施工作业对交通安全运行的影响,中江高速公路改扩建管理处(简称"管理处")加强与属地交警部门、运营单位的沟通联系,制定交通组织总体方案,精细化动态调整各阶段的交通组织方案,建立"一路四方"联勤保障机制,齐抓共管。施工期间,项目协调统一交通组织与施工组织,加大涉路施工安全标准化防护设施的投入,实施信息化管理机制,致力于保障涉路施工与道路通行"双安全"。

1.3.2　建设安全管理

为做好全过程安全管理,严控安全生产风险,最终实现"零生产安全责任事故"、创建省级"平安工地"、争创部级"平安工程"的安全管理目标,管理处深化全面安全管理,积极打造项目本质安全。项目严抓安全管理体系建设,统筹项目参建各方全过程的安全生产管理,分析安全管理重难点,并设置针对性的安全保障设施,确保边通车、边施工期间的安全管控到位。施工现场全面推行安全设施标准化,并应用安全创新技术解决施工期间存在的问题。

1.3.3　施工质量管理

项目质量管理以"质量第一、预防为主、防治结合、持续改进"为指导方针,以全面落实质量责任制为基础,以规范、合同规定的质量强制性标准为前提,以"中江高速公路改扩建工程质量控制红线"为底线,以解决改扩建工程结构拼接、旧桥加固、深厚软基处理、斜拉桥及刚构桥质量通病问题为导向,推行全面质量管理。

1.3.4　绿色建造创新与实践

将"以人为本,打造绿色典型示范改扩建工程"作为目标,在项目施工过程中全面推行绿色公路建设新理念、新技术和新制度,坚持创新、协调、绿色、开放、共享的新发展理念,在保证工程质量的前提下,最大限度地控制资源占用、降低能源消耗、减少污染排放、保护生态环境,注重建设品质的提升与运行效率的提高,提供安全、舒适、便捷、美观的行车环境,建成与自然和谐共生的公路。

1.3.5 技术创新与实践

管理处鼓励参建单位采用先进工艺标准,积极推广性能可靠、先进适用的新技术、新材料、新设备、新工艺,坚持重大创新集中攻关和全员"微创新"并举,淘汰影响工程质量与安全的落后工艺、工法和设施设备,制订有针对性的科技创新计划,及时将研究成果应用到工程实际中,不断提升工艺、装备的可靠性和先进性。

1.4 本书的目的

中江高速公路改扩建工程是广东省交通集团有限公司落实《粤港澳大湾区发展规划纲要》的重要举措。为适应公路工程建设发展新的要求,中江高速公路改扩建工程项目部认真贯彻落实《交通强国建设纲要》和高质量发展的要求,贯彻落实创新、协调、绿色、开放、共享的新发展理念,依据交通运输部办公厅《关于印发〈"平安百年品质工程"建设研究推进方案〉的通知》(交办安监〔2018〕147号)、交通运输部办公厅《关于公布平安百年品质工程创建示范项目(第一批)清单的通知》(交办安监函〔2021〕932号)等文件精神及相关要求,结合中江高速公路改扩建工程实际情况编写本书,从而推动改扩建工程建设管理的科学化、安全化、规范化,提升现代工程管理水平。本书编制目的如下:

①明确改扩建工程的建设理念与管理目标,建立健全全员全方位管理制度。

②构建一套科学规范、严谨高效的适用于改扩建工程的精细化项目管理体系。

③提出一套可推广、可复制的粤港澳大湾区高速公路改扩建工程建设管理与创新经验,提升工程管理水平。

④为广东及全国范围内其他类似项目提供经验参考与借鉴。

1.5 本书的框架

本书包括交通组织管理、建设安全管理、施工质量管理、绿色建造创新与实践和改扩建工程技术创新与实践五大部分。交通组织管理包含交通组织对改扩建工程的重要性、交通组织总体与实施方案以及交通组织与施工组织的融合；建设安全管理主要包括安全工作理念及思路、安全管理体系建设、管理重难点及管控措施、施工安全标准化管理及"四新"技术的应用；施工质量管理包括质量管理框架、质量管理重难点和标准化施工等内容；绿色建造创新与实践包含绿色公路建设管理、沥青路面再生材料利用、玻璃纤维筋应用、施工期便道设计永临结合、废旧混凝土集中利用、低碳沥青摊铺和就地固化技术等内容；改扩建工程技术创新与实践包含设计和科研的创新与实践、先进成果引进与创新应用、"微创新"技术与方法等内容。本书编写结构如图1-2所示。

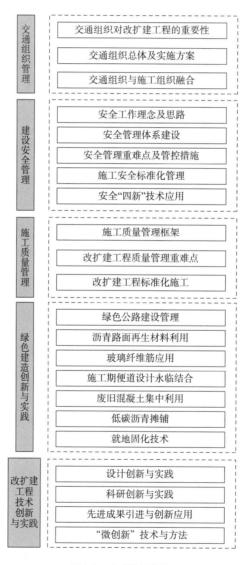

图1-2 本书编写结构

CHAPTER 2

交通组织管理

本章阐述了交通组织管理对改扩建工程的重要性，根据中江高速公路改扩建工程的特点，系统分析了交通组织总体与实施方案，然后从安全防护设施和信息化管理两方面描述交通组织和施工组织的融合，为改扩建工程安全建设的顺利开展提供重要的管理保障。

2.1 交通组织对改扩建工程的重要性

改造、新建工程无疑将在一段时间内占用紧张的道路资源，导致其通行能力和服务水平下降，并可能引发区域道路交通运行质量的下降，对社会经济带来较大影响。为此，应高度重视城镇化程度较高地区的高速公路改扩建工程的交通组织，全面分析道路施工过程中的不利因素，立足交通与土地利用的相互关系，用交通影响分析技术组织和引导交通，将施工给社会经济发展和市民生活带来的负面影响降至最低。

国内外交通组织的经验显示：在道路封闭或半封闭施工的情况下，针对原有道路功能和服务对象的特点，结合周边路网的条件，采用绕行至其他道路进行分流的措施是切实可行的；复杂交通条件下，高速公路改扩建工程施工期间交通组织策略的研究非常必要，这将有利于改善施工期间整个路网的交通环境，提高公路的服务水平，提高交通运行的安全性，保障施工正常进行，同时能提升公路管理部门的社会形象。

因此，在确保原有高速公路正常通行和改扩建施工顺利进行的情况下，形成高效的交通组织管理方案尤为重要。

2.2 交通组织总体方案及实施方案

2.2.1 总体方案

交通组织总体方案旨在充分发挥现有道路效能，合理协调局部利益和整体利益之间的关系，提供适宜的运行条件，最大限度地消除交通隐患，改善交通秩序，组织最优化的交通流，实现道路的安全畅通，并指导后续施工交通组织方案的编制。

2.2.1.1 交通组织技术

交通组织技术是顺利完成交通组织工作的核心与关键，中江高速公路改扩建工程项目部根据道路网络、交通量、作业区通行能力及服务水平情况、交通运行安全状况等内容,确定区域路网分流、作业区、临时交通安全设施等方面的交通组织方案。

中江高速公路改扩建工程交通组织综合考虑了建设单位、运营管理单位、交通运输管理部门、施工单位和道路使用者等多方面的需求,包含《高速公路改扩建交通组织设计规范》(JTG/T 3392—2022)要求的交通组织模式、保通路段交通组织、区域路网分流、作业区划分、应急情况下的交通组织、交通组织配套设施等相关内容,并且在项目前期开展了交通组织方案专题研究。

1) 交通组织模式

高等级公路改扩建工程交通组织有以下几种基本施工及交通组织模式。

(1) 双向全封闭模式

采用双向全封闭模式时,应与改扩建相结合,且要有相应的平行道路、铁路或航线可分流交通。虽然这种模式便于控制改扩建工程质量,但对建设单位的财务效益和社会经济影响很大,也会对社会交通造成极大的不便,一般较大交通量的高等级公路改扩建工程不宜采用。

(2) 半幅单向全封闭模式

该模式采取半幅封闭交通、半幅施工的组织方法,适用于道路出入口相隔距离较大(10km 左右)、交通量不是很大、服务水平在四级及四级以上,并且有平行道路分流的情况。该模式的组织管理和质量控制均较为容易,对改扩建期间公路建设单位的财务收益和社会经济影响较小,需要与交通分流、交通管制相配合,半封闭路段不宜过长,可能需要进行较多的夜间施工。

(3) 边通车、边施工模式

该模式适用于大交通量或特大交通量,服务水平在四级以下,附近没有合适的分流道路,道路出入口相隔较近的情况。该模式的交通组织、施工组织与质量控制均较为困难,一般情况下要严格限制作业区长度。该模式可能需要与交通分流、交通管制(如限制中型或重型载货汽车通行、入口限制车流或暂时封闭入口)以及利用夜间或周末交通量较小时段施工等措施相结合,也可采用半幅边施工边通车、另半幅借道通车的交通组织方式。

为了保障车辆通行并降低对周边道路的交通影响,根据中江高速公路改扩建工程的工程特点和施工方案的交通影响分析,在改扩建期间采取边通车、边施工的交通组织模式。

2) 保通路段交通组织

保通路段的交通组织方案包含路基、桥涵、互通、服务区等一般路段以及西江特大桥、上跨天桥等关键工点,也包含保通速度、中央分隔带保通开口长度等内容。

3) 区域路网分流

中江高速公路改扩建工程改扩建期间不进行大范围路网分流,以区域路网诱导分流为主,在必要时间对路段强制分流为辅,分流方案可根据实际的交通情况动态调整。

(1)交通量现状

中江高速公路自 2005 年 10 月通车以来,交通量增长迅速。2006—2019 年全线平均交通量发展变化见表 2-1。由表 2-1 可知,中江高速公路 2006—2018 年全线的平均交通量总体呈稳定增长态势,尤其是在 2007—2011 年,全线平均交通量基本保持 10% 以上的增长速度。

中江高速公路 2006—2019 年平均交通量情况　　表 2-1

年份	一类车（pcu/d）	二类车（pcu/d）	三类车（pcu/d）	四类车（pcu/d）	五类车（pcu/d）	绝对数合计（pcu/d）	折算数合计（veh/d）	绝对数年均增长率	折算数年均增长率
2006 年	8033	995	3898	252	800	13977	18703	—	—
2007 年	11582	1281	5760	436	1382	20442	28124	46.25%	50.37%
2008 年	13423	1226	6389	501	1561	23101	31732	13.01%	12.83%
2009 年	15476	1237	6550	606	1573	25441	34342	10.13%	8.23%
2010 年	19506	1301	7632	837	2195	31471	43128	23.70%	25.58%
2011 年	24749	1254	7726	830	2358	36917	49099	17.30%	13.84%
2012 年	24895	1132	7863	818	2595	37303	50246	1.05%	2.34%
2013 年	25904	996	7709	855	2550	38014	50800	1.91%	1.10%
2014 年	29250	1429	8696	1264	2578	43218	57194	13.69%	12.59%
2015 年	34456	1920	6569	1240	2434	46619	59064	7.87%	3.27%
2016 年	40779	1850	5375	975	2749	51729	64125	10.96%	8.57%
2017 年	45752	1907	5569	1002	3275	57505	71616	11.17%	11.68%
2018 年	50136	1865	5349	941	3449	61739	76171	7.36%	6.36%
2019 年	51320	1539	4643	608	2730	60841	72265	-1.46%	-5.13%

根据《公路工程技术标准》(JTG B01—2014)的公路服务水平分级标准,采用 v/C 值来衡量拥挤程度,作为评价服务水平的主要指标。中江高速公路 2006—2019 年年平均日交通量与服务水平情况见表 2-2。由于交通量大,中江高速公路个别路段达到四级服务水平,交通量稍有增加就会导致服务水平的显著降低,进而使驾乘人员身心舒适水平降低,即使较小的交通事故也可能形成很长的排队车流。

中江高速公路 2006—2019 年年平均日交通量与服务水平情况　　表 2-2

年份	年平均日交通量(AADT)(pcu/d)	v/C 值	服务水平等级
2006 年	18703	0.2	一级
2007 年	28124	0.3	一级
2008 年	31732	0.34	一级
2009 年	34342	0.36	二级

续上表

年份	年平均日交通量(AADT)(pcu/d)	v/C 值	服务水平等级
2010 年	43128	0.46	二级
2011 年	49099	0.52	二级
2012 年	50246	0.53	二级
2013 年	50800	0.54	二级
2014 年	57194	0.61	三级
2015 年	59064	0.63	三级
2016 年	64125	0.68	三级
2017 年	71616	0.76	四级
2018 年	76171	0.81	四级
2019 年	72265	0.77	四级

中江高速公路交通量较大,进行改扩建工程施工时需进行合理分流,最大限度地降低施工给社会经济和居民生活带来的负面影响。

(2)分流节点设置

改扩建期间不进行大范围路网分流,以区域路网诱导分流为主,以必要时对路段强制分流为辅,故考虑区域路网设置异地诱导分流点,项目路段设置交通管制点。

①诱导点。

诱导点设置在区域路网内各主要高速公路互通枢纽交叉口处,并通过广东省路网电子信息屏与媒体发布项目改扩建施工信息;在改扩建施工期间,以交通疏导为主,提示过往车辆择路绕行。诱导点设置位置见表2-3。

诱导点设置位置一览表　　表2-3

序号	设置位置	交叉道路
1	东涌枢纽	广州绕城高速公路与广珠北段高速公路交叉
2	鱼窝头枢纽	广州绕城高速公路与南沙港快速路交叉
3	张松枢纽	广州绕城高速公路与东新高速公路交叉
4	顺德东枢纽	广州绕城高速公路与广珠西线高速公路交叉
5	顺德西枢纽	广州绕城高速公路与广佛江珠高速公路交叉
6	九江枢纽	广州绕城高速公路与沈海高速公路交叉
7	坦尾枢纽	广珠东线高速公路与莞佛高速公路交叉
8	横沥枢纽	广珠东线高速公路与南沙港快速路交叉
9	南沙港快速交汇立交桥	东新高速公路与南沙港快速路交叉
10	放马枢纽	广中江高速公路与东新高速公路交叉

续上表

序号	设置位置	交叉道路
11	天连枢纽	广中江高速公路与广佛江珠高速公路交叉
12	狮子里枢纽	广中江高速公路与江肇高速公路交叉
13	南靖枢纽	广中江高速公路与沈海高速公路交叉
14	昆东枢纽	沈海高速公路与江肇高速公路交叉
15	司前枢纽	沈海高速公路与新台高速公路交叉
16	平顶枢纽	西部沿海高速公路与广珠东线高速公路交叉
17	月环枢纽	西部沿海高速公路与广珠西线高速公路交叉
18	斗门枢纽	西部沿海高速公路与江珠高速公路交叉
19	新沙枢纽	中开高速公路与江珠高速公路交叉

②分流点。

分流点设置在区域内路网主要互通交叉口，以强制性交通疏导为主，以必要的定向交通管制措施为辅，实现关键路段、关键节点的分方向强制性交通分流。分流点设置位置见表2-4。

分流点设置位置一览表　　　　　　　　　　表2-4

序号	设置位置	交叉道路
1	新隆枢纽	中江高速公路与广珠东线高速公路交叉
2	中江枢纽	中江高速公路与广珠西线高速公路交叉
3	龙溪枢纽	中江高速公路与龙溪路、广中江高速公路交叉
4	四村枢纽	中江高速公路与江珠高速公路交叉
5	莲花山枢纽	江鹤高速公路与江肇高速公路交叉
6	共和枢纽	江鹤高速公路与沈海高速公路交叉

③管制点。

改扩建工程施工期间，管制点设置在中江高速公路沿线所有互通出入口；在节假日及交通异常事件下，以强制交通管制为主要手段，强制疏导主线与关键相交路段各方向车辆，控制项目路段交通流量。管制点设置位置见表2-5。

管制点设置位置一览表　　　　　　　　　　表2-5

序号	设置位置	交叉道路
1	新隆枢纽	中江高速公路与广珠东线高速公路交叉
2	港口互通	中江高速公路与胜隆路、港口大道交叉
3	中江枢纽	中江高速公路与广珠西线高速公路交叉

续上表

序号	设置位置	交叉道路
4	东升互通	中江高速公路与国道 G105 交叉
5	小榄互通	中江高速公路与小榄工业大道交叉
6	横栏互通	中江高速公路与岐江公路交叉
7	外海互通	中江高速公路与江睦路交叉
8	龙溪枢纽	中江高速公路与龙溪路、广中江高速公路交叉
9	四村枢纽	中江高速公路与江珠高速公路交叉
10	龙湾互通	中江高速公路与江门市西环路交叉

（3）分流路径

中江高速公路改扩建工程在保证四车道通行的情况下，施工期间发生特殊应急情况（如节假日、交通事故及恶劣天气等）时可能要分流部分车流量，故需结合周边道路网，进行分流路径分析。选择交通分流路径时，要对现有路网和改扩建路网进行研究分析。根据广东省路网分布构成情况及建设现状，改扩建工程影响区域内主要有广州绕城高速公路、广中江高速公路、广珠东线高速公路、广珠西线高速公路、佛开高速公路、江肇高速公路、西部沿海高速公路、江珠高速公路等道路可用作分流路径。

4）作业区划分

施工作业区交通组织是高速公路改扩建交通组织最重要的部分。作业区是由于高速公路改扩建工程施工作业影响交通运行而进行交通管控的路段，也是为工程施工作业、施工人员安全、设备材料存储而预留的区域。作业区是施工人员工作的地方，除在车道与作业区之间设置隔离设施外，还需要为工程车辆提供安全的进出口，在作业区上游、中游和下游都应设置相应的交通控制设施，以确保作业区内部施工人员以及外部驾乘人员的安全。

施工作业区交通组织包括施工作业区界限控制和临时交通设施设置。确定作业区管控界限是交通组织设计的重要环节，表征界限的主要指标包括作业区通行车道数、作业区车道宽度、作业区延续长度与间隔距离、作业区内各功能分段及其长度、作业区限速、中央分隔带开口位置及长度等。

（1）作业区通行车道数：作业区应满足保通车道数的要求。在改扩建工程施工期间，通过控制通行车道数，可保障改扩建道路通行能力与交通需求的匹配，确保交通运行状态满足一定的服务水平。

（2）作业区车道宽度：道路剩余宽度需满足车道设置的基本要求。

（3）作业区延续长度与间隔距离：间隔过小，会导致车辆在道路上行驶时换道频繁，加大运行风险，因此，应合理设置作业区间隔长度，以控制行车风险。作业区过长会导致车辆行驶速度提高,应对作业区长度加以控制。

(4)作业区内各功能分段及其长度:根据功能和位置的差异,作业区可划分为警告区、上游过渡区、缓冲区、工作区、下游过渡区和终止区6种,每个区段均有相应的作用,需要根据驾驶员反应、交通流特性等因素控制各个区段的长度。

(5)作业区限速:作业区限速对车辆运行状态至关重要,需根据道路与交通条件确定合理的限速值。

(6)中央分隔带开口位置及长度:高速公路改扩建工程采用半幅封闭、半幅通车的组织方式,即半幅道路中断交通,封闭施工,另半幅供双向交通通行。此时,利用中央分隔带开口使车辆进入另半幅借道行驶,至下游中央分隔带开口再驶回原半幅道路。因此,需根据该路线的曲率、纵坡、横坡、分隔带宽度等因素确定开口位置及开口长度。

5)应急情况下的交通组织

改扩建工程进行交通组织管理时可能会遇到一些特殊情况,如恶劣天气条件和交通事故等,需在交通组织工作管理中予以特别对待,制定相应的应急预案并开展应急管理。其主要包括事件预警管理和应急处置,以解决施工期间可能出现的车辆滞留或拥堵问题,提供畅通、安全的行车环境。

施工时,对高速公路运行状态及运行环境进行动态监控,收集信息和数据,分析突发事件的影响因素、产生机理及分布特征,判断交通运行是否安全。当发现危险或异常情况时,及时发出预警信息,为启动预案提供决策依据。

基于对高速公路交通秩序的影响,结合改扩建工程实际,将突发事件的影响程度分为4级,分别为Ⅰ级预警(特别严重)、Ⅱ级预警(严重)、Ⅲ级预警(较重)、Ⅴ级预警(一般),依次用红、橙、黄、蓝4种颜色表示。按应急预案启动要求,做好项目各参建单位的协调、监督管理工作。应急响应工作按照"统一领导、分级负责"的原则,由施工单位统一组织实施,根据需要可借助应急联动指挥平台统一行动,及时启动相关应急预案。

6)交通组织配套设施

根据实际情况增加相关交通标志。改扩建工程施工期间设置临时交通安全设施,可避免不必要的交通冲突,降低事故发生率和事故严重程度,保障改扩建施工作业区及周边区域的交通安全,并为居民提供指路、指示信息服务。改扩建工程交通组织设计涉及配套设施种类选择、技术要求、各阶段布置情况等。

对于邻近作业区的防护,一般路段的保通速度为80km/h,特殊路段的保通速度为60km/h,按照广东省改扩建工程的惯用、成熟做法,采用连续钢连接的隔离墩,预计防护等级在B级与A级之间。改扩建工程所使用的临时交通安全设施主要包括隔离设施、防撞设施(永临结合护栏、塑料防撞墩、水泥隔离墩)、交通锥、防撞桶、交通标志(警告、指路、指示)、交通标线、警示灯等。

改扩建施工期间高速公路仍保持通行,两侧路基加宽施工时,为了避免因外来人员、牲畜进入高速公路而造成意外事故,路基两侧需用隔离网将作业区与通行道路隔离开。防护设施设置在双向交通之间或设置在施工作业区和通行车道之间,结合反光标识,可引导驾驶员的视线,使驾驶员清晰地看到道路轮廓及前进方向,增强行车的安全性。

交通标志包括施工标志、限速标志、车道数变少标志等。长期施工作业时考虑设置临时交通标线,中短期施工作业时可采用锥形桶、水马等代替临时标线。交通安全设施根据施工情况、交通状况设置在作业区的不同位置。

2.2.1.2　各分项施工交通组织方案

1)主线路基、路面施工交通组织方案

路面施工阶段,在开挖路肩前需要做好通行区域与施工区域的隔离防护,在中面层、上面层半幅整体摊铺前,应将交通转换至另外半幅。

(1)两侧整体式拼宽(7m、8.75m)至八车道路基路面交通组织方案

第一阶段:施工旧路两侧路基至路床顶面。路基工程的实施对高速公路交通的影响较小,一般情况下不拆除原有防撞护栏,完成路基的扩建施工,全线维持现状交通,车辆在原有路面上正常双向行驶。此阶段,主线一般路段保持原有限速,路基施工影响到原有护栏正常使用状态的路段限速80km/h,中央分隔带落墩及其他占道施工路段的限速以相关图纸为准。两侧整体式拼宽路基路面施工第一阶段示意如图2-1所示。局部路段在边坡清表阶段、泡沫轻质土路基段在开挖台阶阶段,会降低原有护栏立柱外侧土压力或使原有立柱埋深减少,影响原有护栏正常使用状态,因此施工前应在硬路肩采用连续隔离墩进行防护。

第二阶段:挖除旧路土路肩和部分硬路肩,路基段拆除旧路侧波形板,采用永临结合隔离墩在硬路肩范围实施防护,分离行车区与施工区,保证道路安全,其中新建路面拼宽范围施工至下面层(与旧路上面层平齐),拼宽桥梁上部结构施工至混凝土整体化层(含左幅临时拼接带和桥梁护栏),设置临时标线,并完成新建路基土路肩位置护栏等设施。此阶段,主线一般路段限速80km/h,占道施工路段的限速以相关图纸为准。两侧整体式拼宽路基路面施工第二阶段示意如图2-2所示。

第三阶段:完善左幅路面交通安全标准化设施,将双向四车道车流引到左幅路面(新、旧路面)半幅双向四车道通行,中间沿用第二阶段永临结合隔离墩隔离对向车流,进行右幅路面维修改造、右侧中央分隔带改造、右幅旧路面刨除及统一罩面,并施划临时标线。此阶段,主线一般路段限速80km/h,特殊路段(交通转换位置、桥头跳车严重路段、事故较多路段等)限速60km/h,占道施工路段的限速以相关图纸为准。两侧整体式拼宽路基路面施工第三阶段示意如图2-3所示。

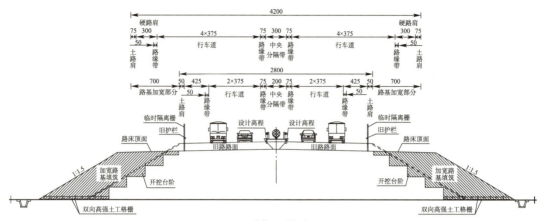

a) 现状28m断面

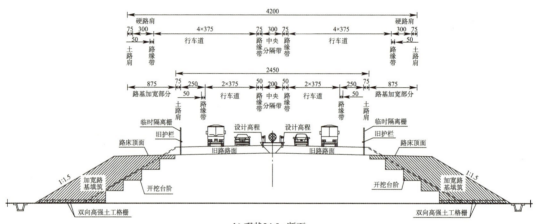

b) 现状24.5m断面

c) 第一阶段施工现场

图2-1　两侧整体式拼宽路基路面施工第一阶段(尺寸单位:cm)

2 交通组织管理

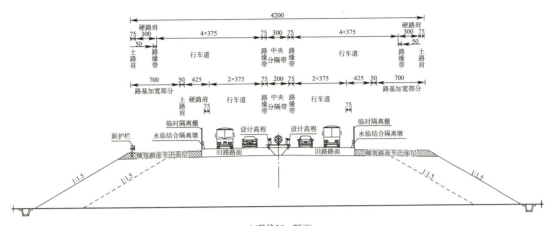

a) 现状28m断面

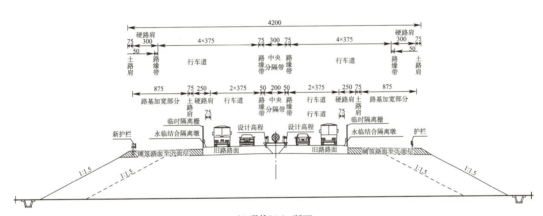

b) 现状24.5m断面

c) 第二阶段施工现场

图 2-2 两侧整体式拼宽路基路面施工第二阶段(尺寸单位:cm)

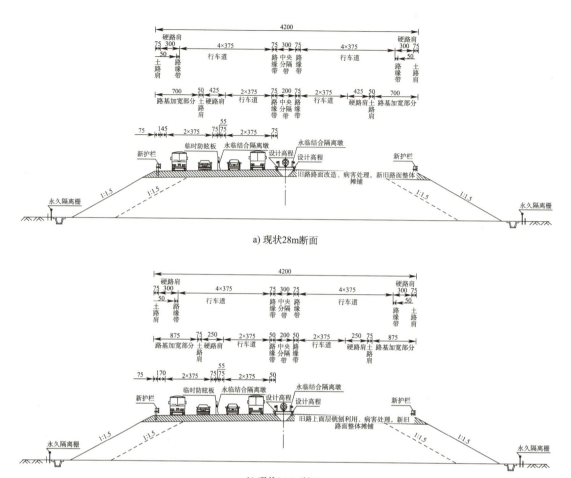

a) 现状28m断面

b) 现状24.5m断面

c) 第三阶段施工现场

图2-3 两侧整体式拼宽路基路面施工第三阶段(尺寸单位:cm)

第四阶段:右幅罩面完成后,将双向四车道交通转换到右幅,中间采用临时隔离墩隔离对向车流,进行左幅路面维修改造、左侧中央分隔带(绿化)改造;左幅路面统一罩面,并设置施工护栏等安全设施。此阶段,主线一般路段限速80km/h,特殊路段(交通转换位置、桥头跳车严重路段、事故较多路段等)限速60km/h,占道施工路段的限速以相关图纸为准。两侧整体式拼宽路基路面施工第四阶段示意如图2-4所示。

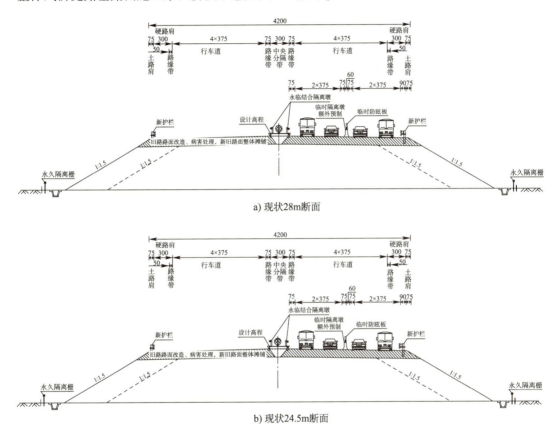

图2-4 两侧整体式拼宽路基路面施工第四阶段(尺寸单位:cm)

施工完成后,左幅路面开放交通,单向四车道通行;右幅维持两个车道通行,对右幅标线进行施工,工期较短,最后完成双向八车道扩建。

(2)单侧分离式加宽(20.75m)至八车道路基路面交通组织方案

由于分离式加宽施工对旧路主线的交通干扰较小,且加宽宽度能满足双向四车道行驶,因此,单侧分离式加宽段采用以下交通组织方案:

第一阶段:新建路基、桥涵施工。此阶段,主线一般路段保持原有限速,路基施工影响到原有护栏正常使用状态的路段限速80km/h,中央分隔带落墩及其他占道施工路段的限速以相关图纸为准。单侧分离式加宽路基路面施工第一阶段示意如图2-5所示。

第二阶段:新建路面(施工至下面层)、临时标线、永久交通安全设施、机电设施等施工。

此阶段,主线一般路段限速80km/h,占道施工路段的限速以相关图纸为准。单侧分离式加宽路基路面施工第二阶段示意如图2-6所示。

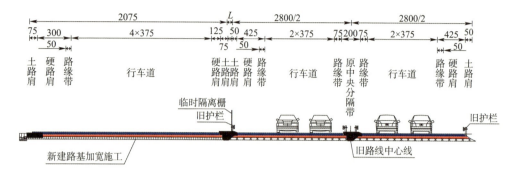

图2-5 单侧分离式加宽路基路面施工第一阶段(尺寸单位:cm)

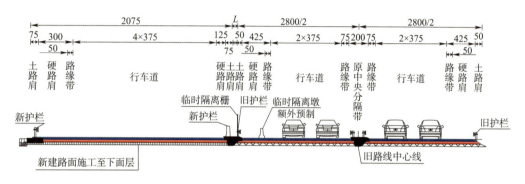

图2-6 单侧分离式加宽路基路面施工第二阶段(尺寸单位:cm)

第三阶段:将旧路左、右幅的交通转换至新建幅双向四车道通行,设置连续钢连接隔离墩分隔对向车流;旧路左、右幅进行改造施工,铺筑路面至上面层,完成永久交通安全设施、机电设施等。此阶段,主线一般路段限速80km/h,特殊路段(交通转换位置、桥头跳车严重路段、事故较多路段等)限速60km/h。单侧分离式加宽路基路面施工第三阶段示意如图2-7所示。

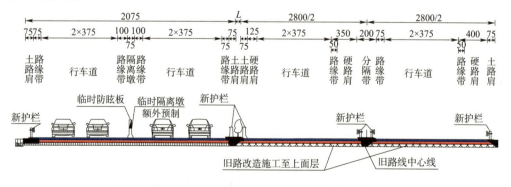

图2-7 单侧分离式加宽路基路面施工第三阶段(尺寸单位:cm)

第四阶段:旧路维修改造完成后,将交通转换至原旧路左、右幅通行,摊铺新建路面至最后一层并施划永久标线,最后实现全幅双向八车道畅通。此阶段,主线一般路段限速80km/h,特殊路段(交通转换位置、桥头跳车严重路段、事故较多路段等)限速60km/h。单侧分离式加宽路基路面施工第四阶段示意如图2-8所示。

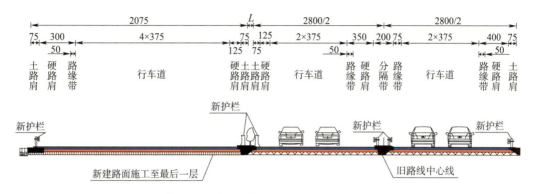

图2-8 单侧分离式加宽路基路面施工第四阶段(尺寸单位:cm)

2)主线桥涵施工交通组织方案

由于现状桥梁宽度(中江段宽度为28m,原江鹤二期段宽度为24.5m)、加宽方式和规模不同,桥梁横断面的布置存在差异。桥梁加宽方式横断面如图2-9所示。

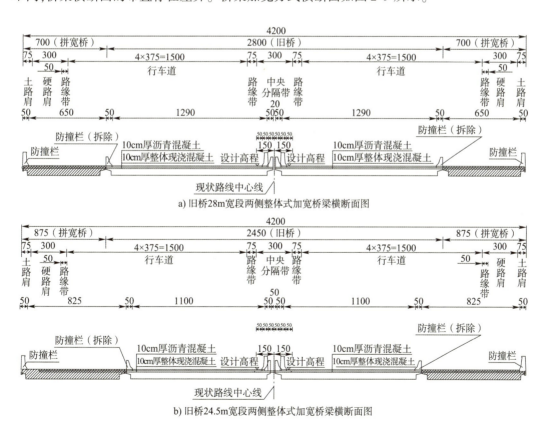

a) 旧桥28m宽段两侧整体式加宽桥梁横断面图

b) 旧桥24.5m宽段两侧整体式加宽桥梁横断面图

图 2-9

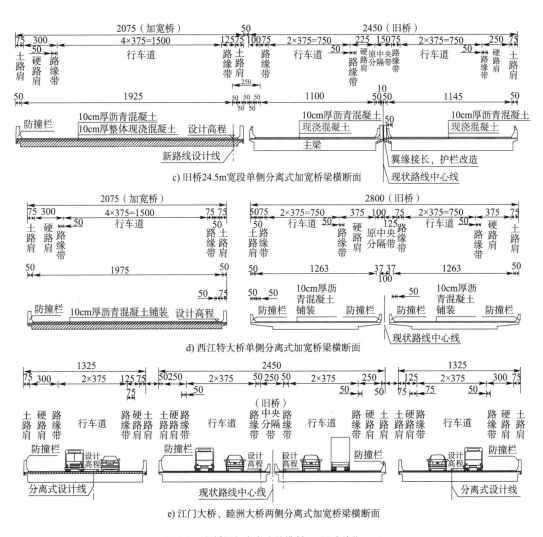

图 2-9 各桥梁加宽方式的横断面(尺寸单位:cm)

对于两侧整体式加宽的桥梁,为保证施工过程中不降低现有的通行能力,参考近期正在设计和施工的加宽项目经验,对半幅进行临时拼接,以维持双向四车道通行。按照桥梁施工方案,在新桥下部结构施工完毕,进行新桥和旧桥桥面板连接时,若旧桥正常运行,则车辆通过桥梁时产生的振动和挠度会很大程度上影响新桥与旧桥上部结构的连接质量,并且施工机具有可能占用行车道,所以在桥梁桥面铺装施工期间,采用半幅施工、半幅双向四车道通车的方案,并与主线路基部分交通组织保持协调一致,且速度限制在60km/h。按加宽后宽度为42m设计,即原中江段28m两侧拼宽2×7m,原江鹤二期段24.5m两侧拼宽2×8.75m。单侧分离式加宽段断面为20.75m,两侧分离式加宽段断面为2×13.25m。

(1) 两侧整体式拼宽(7m、8.75m)至八车道桥梁方案

第一阶段:桥梁基础及下部结构施工和各种梁板预制、吊装,桥梁施工至混凝土铺装层

(拼接带除外)。在此施工期间,保留原桥梁护栏,桥梁维持双向四车道通行。与该施工阶段相对应的交通组织方案如图 2-10 所示。

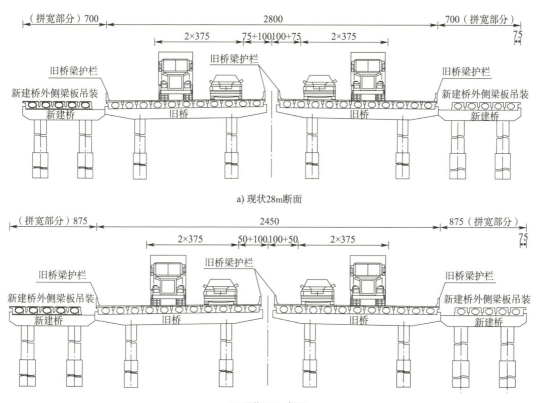

a) 现状28m断面

b) 现状24.5m断面

c) 第一阶段施工现场

图 2-10　两侧整体式拼宽桥梁施工第一阶段(尺寸单位:cm)

第二阶段:为配合路基段路面施工,需将交通转移至左侧新旧桥,即左侧新旧桥维持双向四车道通行。但由于新建桥宽度内无法满足单向两车道通行,因此,本阶段为施工新建桥至混凝土整体化层和桥护栏,摆放永临结合隔离墩(需连续纵向钢连接,设置背部型钢支撑),

切除旧桥外侧护栏,再对左幅新旧桥进行临时拼接(具备可行、可靠的工程技术方案,按一次性拼接施工方案),以满足下一阶段左幅桥梁双向四车道通行的条件,该阶段限速 60km/h。与该施工阶段相对应的交通组织方案如图 2-11 所示。

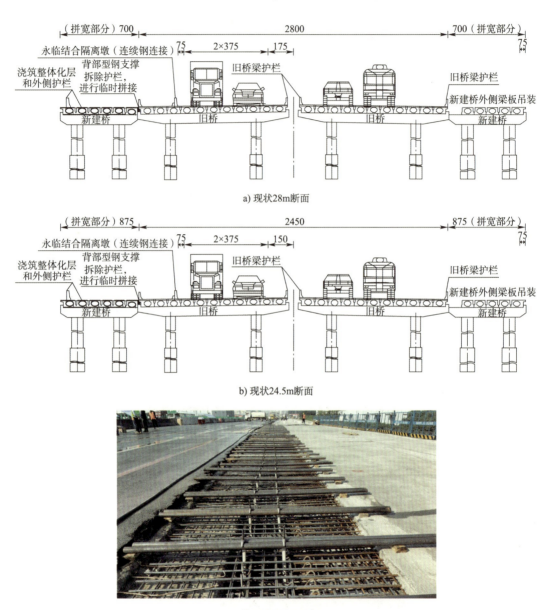

图 2-11 两侧整体式拼宽桥梁施工第二阶段(尺寸单位:cm)

第三阶段:将交通转移至左幅桥梁(双向四车道通行),进行右幅主线桥维修改造、新旧桥永久拼接、统一罩面等,完成右幅桥梁的施工。与该施工阶段相对应的交通组织方案如图 2-12 所示。

2 交通组织管理

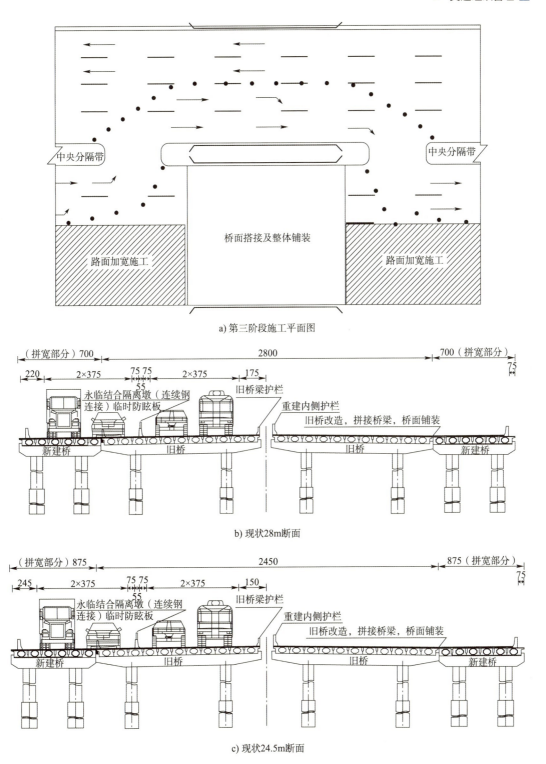

图 2-12 两侧整体式拼宽桥梁施工第三阶段(尺寸单位:cm)

第四阶段:转移交通至完成扩建的右幅道路(双向四车道通行),改造主线桥左侧旧桥部分,左幅新旧桥完成拼接、统一罩面等工作,最终完成桥梁工程改扩建。与该施工阶段相对应的交通组织方案如图 2-13 所示。

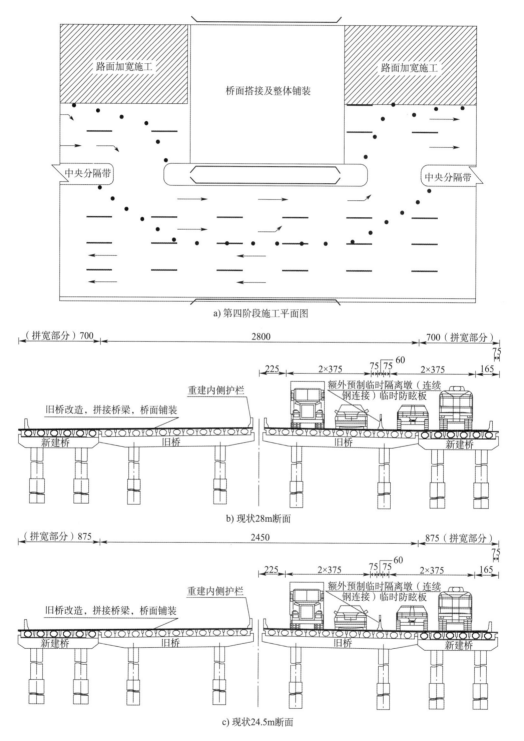

图 2-13 两侧整体式拼宽桥梁施工第四阶段(尺寸单位:cm)

(2)单侧分离式加宽(新建桥宽 20.75m)至八车道桥梁方案

由于西江特大桥南侧新建幅工期较长,施工进度无法与南侧其他加宽段落同步,因此单独作为一个转换段落;第一、二阶段进行新建加宽桥施工,包括主体结构、桥面系、永久交通安全设施和机电设施、临时标志标线等;第三阶段为完成新建加宽桥施工后,将旧桥双向四车道交通转换至新桥双向四车道通行,中间采用连续钢连接的隔离墩分隔对向车流,进行旧桥维修改造施工、永久交通安全设施和机电设施施工等;第四阶段为完成旧桥施工后,往江门鹤山方向的交通转换至旧桥四车道通行,往中山、南沙方向的交通在新桥维持两车道通行,通过间隔封闭内侧、外侧两车道完成新桥永久标线的施划,最终实现双向八车道通行。

由于东宁路跨线桥旧桥需要拆除重建并在原起点与终点各新增一孔,以满足地方道路拓宽的空间需求,因而是第三阶段交通转换的控制性工程。经现场调查,在东宁路跨线桥施工范围内有多条市政管道(污水、给水、燃气),同时施工期间南侧新桥处于通车状态,应做好管线保护和施工支护,以确保施工安全性、行车安全性。东宁路跨线桥改扩建方案桥位平面如图 2-14 所示。

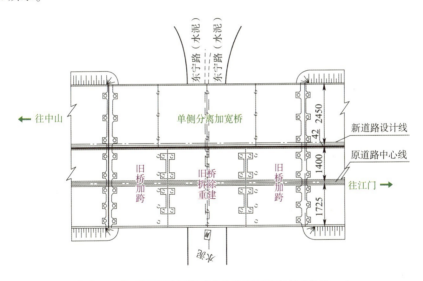

图 2-14　东宁路跨线桥改扩建方案桥位平面图(尺寸单位:cm)

(3)两侧分离式加宽(新建桥宽 2×13.25m)至八车道桥梁方案

根据桥梁扩建方案,桥梁两侧分离式加宽段在桥上已完成与两侧整体式拼宽段的过渡,且单幅加宽宽度 13.25m 能够满足单向两车道通行,因此交通组织方案参照两侧整体式拼宽段。

3)立交分组、分幅分段施工方案

为保证道路在施工期间不至于只能直行,将中江高速公路上的立交按西江两岸中山段和江门段分为两组,在道路施工时确保每组至少有一个互通立交通行,施工时道路大部分路段维持双向四车道通行,在沥青混凝土路面罩面施工、桥梁拼接及加固时,采取半幅双向四车道通行。

(1) 中山段立交组

中山段包括新隆、港口、中江、东升、小榄、横栏互通立交。主线扩建采用两侧拼宽；现状中江高速公路硬路肩宽4.25m，实施两侧拼宽路基、路面基层、桥梁上部结构时，可维持正常通车；港口立交出入口4条匝道均为桥梁，需待主线拼宽完成后建设接顺匝道桥梁，再拆除旧匝道桥；小榄立交匝道已按八车道主线预留接顺，本次无须改造匝道出入口，可作为本立交组支点立交。

路段施工组织方案如下：

第一阶段：两侧路基、路面施工至与旧路面沥青混凝土面持平，两侧加宽桥主体结构施工，匝道路基施工(对连接部或改造匝道路段为桥梁结构的港口互通、东升互通外侧新建独立匝道桥施工)。此阶段，道路交通利用旧路双向四车道正常行驶，各互通立交维持正常通行。

第二阶段：左幅新旧桥梁临时拼接、单侧双向四车道通行；右幅进行旧桥加固、新旧桥拼接、右幅路面的施工。此阶段，小榄立交维持正常通行。

第三阶段：转移交通至完成扩建的右幅道路(双向四车道通行)，左幅完成旧桥加固、新旧桥拼接、统一罩面等工作，最终完成左幅的改扩建。此阶段，小榄立交维持正常通行。

第四阶段：恢复双向八车道，路面畅通，各互通立交接顺投入使用，同时完善路面的交通安全设施、机电工程等。

(2) 江门段立交组

江门段包括外海、龙溪、四村、龙湾互通立交。主线扩建大部分采用南侧分离式加宽方案，一定时期内在旧路通行；中江高速公路龙溪枢纽匝道已按主线南侧分离增建预留接顺，本次无须改造匝道出入口，可作为本立交组支点立交。外海立交、四村立交南侧匝道采用分离新建方案，待主线建成后可直接转换交通，拆除南侧旧匝道，作为本立交组支点立交。该立交组施工组织方案如下：

第一阶段：先施工南侧路基、路面至设计高程，南侧桥梁、四村立交、外海立交南侧匝道路基和匝道桥新建施工。此阶段，道路交通利用旧路双向四车道正常行驶；各互通立交维持正常通行。

第二阶段：待南侧主线及外海立交扩建完成、四村立交南侧新建匝道与主线接顺后，将四村立交匝道交通转换至新建匝道上，完成旧路南侧匝道与主线交叉路段主线施工，进行龙湾互通立交封闭施工。

第三阶段：完成龙湾立交施工，建成双向八车道道路。

4) 服务区施工交通组织方案

中江高速公路改扩建工程包含一处服务区升级改造，在考虑交通量增长的情况下，增加服务区的规模(南侧场区由于征地拆除原因，不对其进行扩建，北侧场区扩建约48.3万m^2)。

服务区主服务楼采用广东省首座上跨高速公路主线结构连接南、北两侧场区(图2-15),在提供高质量服务的同时,也解决了征地拆迁问题。

图2-15 服务区设计效果图

该服务区采用边通车、边施工的交通组织方案。

第一阶段:双向封闭既有服务区,进行既有服务区设施拆除,新建服务楼桩基施工。本阶段,在进行主线中央分隔带钢柱吊装时短暂双向封闭高速公路主线,其余时段主线维持双向八车道通行状态(图2-16)。

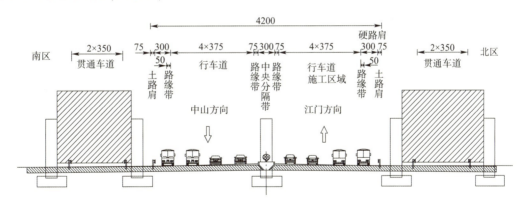

图2-16 第一阶段交通组织断面图(尺寸单位:cm)

第二阶段:封闭东行方向半幅,将交通转换至西行方向半幅双向通行。进行南区钢结构主体施工。本阶段服务区维持封闭状态,高速公路主线西行方向半幅双向通行(图2-17)。

第三阶段:封闭西行方向半幅,将交通转换至东行方向半幅双向通行。进行北区钢结构主体及上跨西行方向主线幕墙施工。本阶段服务区维持封闭状态,高速公路主线东行方向半幅双向通行(图2-18)。

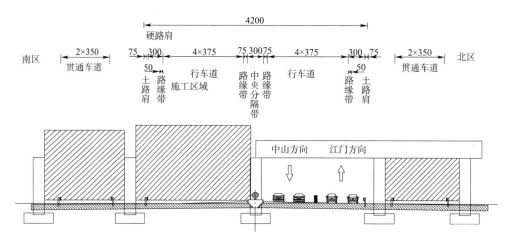

图2-17 第二阶段交通组织断面图(尺寸单位:cm)

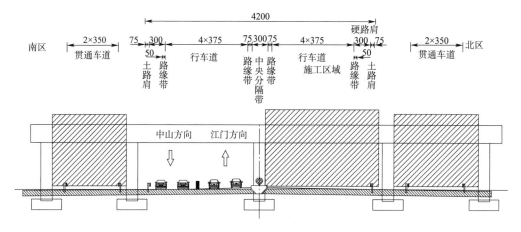

图2-18 第三阶段交通组织断面图(尺寸单位:cm)

第四阶段:封闭东行方向半幅,将交通转换至西行方向半幅双向通行。进行南区上跨东行方向主线幕墙施工。本阶段服务区维持封闭状态,高速公路主线西行方向半幅双向通行(图2-19)。

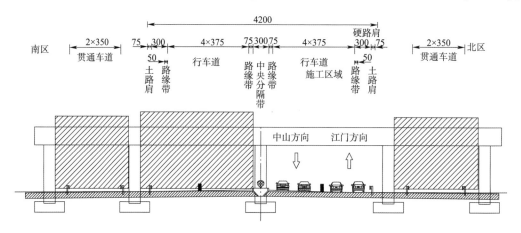

图2-19 第四阶段交通组织断面图(尺寸单位:cm)

上述施工完成后,开放主线双向八车道通行。

5)上跨主线天桥施工交通组织方案

中江高速公路改扩建工程仅有东升服务区范围内一座上跨主线的人行天桥,需对该天桥进行拆除,并新建一座车行天桥作为潮汐车道连通南、北两个场区。

现状上跨天桥桥墩由于落在主线的拼宽范围内,因此拆除施工需在交通组织总体方案第三阶段之前完成,采用主线临时改道的交通组织方案,车辆通过服务区匝道驶出主线,借道服务区的贯通车道绕行。上跨天桥拆除施工交通组织方案示意如图2-20所示。

图2-20 上跨天桥拆除施工交通组织方案示意

在交通组织总体方案第一、二阶段,完成新建上跨车行天桥盖梁及以下结构施工,然后利用第三、四阶段交通转换至半幅双向通行期间,分幅完成架梁施工。

2.2.1.3 交通组织协调与管理

为保障交通组织方案的顺利执行,需充分调动各参建单位的积极性,构建职责分明、运行高效的管理保障体系。

(1)管理处在项目初期阶段便组织设计单位深入编制交通组织总体方案,并充分征求属地交警及交通运输主管部门意见,多次修订完善。协调省公安厅、省交通运输厅多方联合审查修改完善后报备、实施。改扩建工程交通组织方案审批既是保障方案科学、合理、规范的重要关口,也是落实各级管理部门审查责任的重要过程。

(2)在项目开工前,为保证各类涉路施工手续完善、合法,管理处全面梳理涉路施工不同阶段需办理的路政许可和施工申请手续,印发《中江高速公路改扩建项目路政许可及施工申请办理流程指引(试行)》,并明确专人跟踪协调属地交警、运营及施工单位,跟进各项手续办理情况,提高审批工作效率,使改扩建工程交通组织管理工作顺利开展,保证工程建设高效、有序推进。

(3)项目实施过程中,管理处督促各施工单位严格按照《道路交通标志和标线 第4部分:作业区》(GB 5768.4—2017)、《公路养护安全作业规程》(JTG H30—2015)、《广东省交通集团高速公路占道施工安全管理工作指引》等相关要求,并遵循总体交通组织方案的设计要旨,编制专项交通组织施工方案。按规定进行内部审查,并报交警、路政等有关部门审核,规范完善审批流程,经属地交警、运营单位联合审批及现场验收合格后方可进行现场施工作业。

(4)为加强改扩建工程现场交通安全管理,做到通行、施工统筹兼顾,保障高速公路行车和施工安全,管理处加强对改扩建工程交通组织方案实施过程的监督与控制,全面、细致地制订相关监管计划、内容与手段,严格执行已审批的交通组织方案,落实好施工现场人员、车辆、设备管理及临时交通安全设施设置,做好违约管理与处罚工作,加强舆论引导,确保改扩建工程从施工方案开始至恢复交通为止的整个过程中交通管理工作有序、安全、可控。

(5)应急管理工作贯彻落实"以人为本、安全第一、预防为主、综合治理"的方针,针对不同的事件类型和预警等级,分别制定突发事件应急预案,配备相应的应急物资和施救机械设备等,成立应急救援组织。当施工路段发生突发事件时,管理处依据专项应急预案及时启动突发事件报告程序,快速有效地处置由自然灾害、事故灾害、突发公共卫生事件、社会安全事件等突发事件及其他不可预见因素造成的交通堵塞。

(6)应急组织指挥体系由交警、路政、道路建设单位、设计单位、监理单位及施工单位等组成,并成立交通组织管理三级组织机构,划分为省、地级市和沿线作业区三级。第一级组织机构为中江高速公路改扩建交通组织应急管理领导小组;第二级组织机构为中江高速公路改扩建交通组织应急协调小组;第三级组织机构为中江高速公路改扩建交通组织应急管理工作小组。各级组织机构应明确职责,结合改扩建实际情况,制定有针对性和操作性的交通组织应急预案。

2.2.2 实施方案

2.2.2.1 精细化动态调整各阶段交通组织方案

组织设计单位、属地交警、交通运输及运营等单位多方讨论,在满足现行法律法规和行业规范等要求的前提下,结合现场实际与施工进度,进一步优化细化总体交通组织,坚持保安全、保畅通动态设计的原则。

为减小对道路通行能力的影响,改扩建期间遵循以下总体保通原则:

(1)主线在施工期间原则上维持双向四车道通行,实施路肩封闭、分阶段半幅双向四车道行驶,最高限速调整为80km/h。

(2)临时保通匝道按照永久出入口匝道要求设置渐变段、加减速车道。所设渐变段和加减速车道如图2-21所示。

(3)临时紧急停车点按照2~4km一处设置,各阶段结合进度动态调整。

(4)在原出口预告标志拆除后,设置临时出口预告标志,并进行加密布设,增设300m、800m预告信息。所设预告标志如图2-22所示。

图2-21 临时保通匝道设置渐变段、加减速车道

图2-22 临时出口预告标志

(5)针对导改口、保通匝道曲线路段,设置粘贴式线形诱导标、同频爆闪灯等增强视线诱导效果,同时在主线导改口及部分匝道导改口设置路灯增加照明。所设粘贴式线形诱导标如图2-23所示。

(6)在规范要求保通开口不小于150m的基础上,结合项目实际情况进一步延长至不小于200m,确保车辆通行安全。保通匝道开口如图2-24所示。

图2-23 曲线路段设置粘贴式线形诱导标

图2-24 保通匝道开口

(7)提高临时标线逆反射系数指标,要求初始白色反光标线大于或等于$250\text{mcd}/(\text{lx}\cdot\text{m}^2)$,黄色反光标线大于或等于$125\text{mcd}/(\text{lx}\cdot\text{m}^2)$。

(8)互通立交在施工期间原则上通过"中央分隔带临时开口+临时匝道"的方式保证出入口通行,全线涉及中央分隔带开口24处、保通匝道27条,其中涉及桥梁中央分隔带开口临时拼接5处。项目所设临时匝道和中央分隔带临时开口分别如图2-25、图2-26所示。

图2-25 小榄互通临时匝道

图2-26 中央分隔带临时开口

为了进一步提升临时出入口的安全水平,项目的保通匝道根据实际线形"一点一设计";结合项目的整体施工进度情况,对主线交通转换口进行优化调整,由原总体交通组织6个转换口调整为10个转换口;同时,由于部分保通匝道出入口无法避开桥梁段落,项目开创性地对旧桥中央分隔带进行临时拼接。主线交通转换口平面布置如图2-27所示。

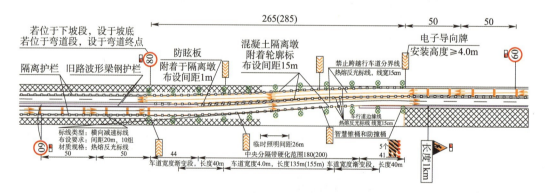

图2-27 主线交通转换口平面布置图(尺寸单位:m)

为保障施工车辆安全通过临时保通匝道,设计临时开口标准图,进一步明确临时开口的位置和相关标志、标线的设置,同时配备协管员,并进行培训和专项管理,规范临时开口管理,确保运营及施工车辆通行安全。项目设计的临时施工开口布设情况如图2-28所示。

2.2.2.2 齐抓共管,共建"一路多方"联勤保障机制

在工程建设过程中,交警、路政、运营公司、建设单位、监理单位和施工单位等立场观点不同,如果缺乏协调的渠道、联动的机制,将会严重影响工程安全及进度管理。

为充分发挥各单位优势,实现资源共享、信息互通、团结协作、高效优质的工作目标,项

目明确了各单位的主体责任,要求切实履行各自职责,建立了多部门联动机制,落实了由"统一标准、统一审批、统一指挥""联合办公、联合检查、联合应急"构成的"三统三联"行动准则,为交通组织方案的有序推进保驾护航。

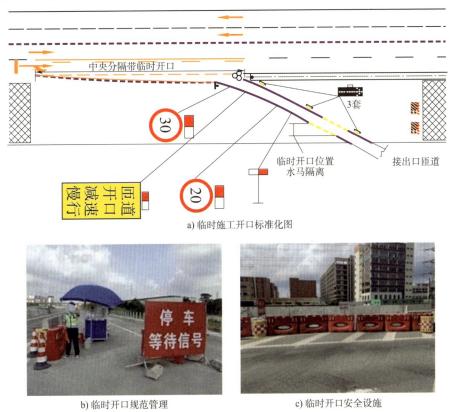

图2-28 临时开口布设情况示意图

(1)管理处积极组织与地方高速公路交警、广东江中高速公路有限公司、拯救队、各施工单位建立"一路四方"交通组织安全管理联勤联动机制,成立机构并确定联络人,制定"一路四方"道路交通安全职责清单,明确各方职责,加强协调沟通,通过实施信息共享、勤务联合、应急联动等日常协作的工作机制,强化现场安全管理能效,实现"资源共享、平安共建"。

(2)考虑到大件货物运输车辆可能对中江高速公路改扩建施工路段带来较大风险隐患,管理处协调运营单位及省交通运输厅,暂停改扩建施工路段大件货物运输的审批工作,以强化道路通行安全环境。

(3)为了进一步降低改扩建施工路段道路通行安全风险,管理处协调江门、中山两地交警部门,对改扩建施工路段进行全程限速,最高行车速度由100km/h降至80km/h。

(4)管理处与运营单位定期组织召开改扩建施工协调会议,会商施工期间扩建施工、交通组织、施工安全管理等相关问题。

(5)管理处与属地交警、运营单位、施工单位定期开展联合安全检查,发现问题时及时下发联合检查单,督促相关责任单位立即现场整改闭合。

(6)为强化交通组织安全管理,定期邀请属地高速公路交警部门对项目全体交通协管员开展业务培训,提高交通协管员综合业务水平,打造高质量交通协管员队伍。

(7)针对项目改扩建施工安全管控重点、难点,管理处与属地交警、交通运输、应急管理、消防等有关部门及运营单位联合举办占道施工路段突发事件应急演练。通过联合应急演练,验证了项目安全应急预案的有效性和可操作性,检验了在通车状态下各有关单位对突发事件应急处置及协同配合的能力,为项目占道施工突发事件联合应急管理打下了坚实基础。项目占道施工路段突发事件联合应急演练情况如图2-29所示。

a) 交警配合应急演练

b) 应急演练现场

图2-29 占道施工路段突发事件联合应急演练现场

(8)改扩建施工路段设置5个拯救车现场备勤点,重大节假日期间增设备勤点至9个,以加强拯救力量。改扩建施工路段遇突发情况时,拯救单位将于20min内赶至现场,40min内完成交通事故、故障车辆的车辆救援和清障服务工作。拯救车布设情况如图2-30所示。

a) 拯救车停放区

b) 拯救车现场备勤

图2-30 拯救车布设情况

2.2.2.3 交通转换

为确保交通转换的顺利进行,组织交警、路政、设计、监理、咨询和施工等单位对交通组织方案进行反复讨论和优化。项目交通导改开始前,派人提前到周边社区向群众发放交通疏导公告、宣传册等,引导行人及车辆正确出行,最大限度降低交通导改对出行的影响。导改时,组织交警部门、路政及参建单位对导改段落进行联合验收,确保导改段临时标识标牌、标线、隔离墩等交通安全设施按方案落实到位,及时消除各类安全隐患。交通转换导改口设置如图 2-31 所示。

图 2-31　交通转换导改口设置现场图

(1) 改扩建 S3 标第一次交通转换是中江高速公路改扩建工程首段交通转换(2.5 阶段交通导改)路段。此交通转换是将左幅旧路两车道的车流导改至新扩建的外侧两车道上,桩号为左幅 K13 + 600 ~ K23 + 800,覆盖 K13 + 970 ~ K22 + 900 承建的路段范围。

(2) 对中江高速公路 K334 + 505 ~ K344 + 745 段(横栏互通至东升互通之间)进行交通转换。将该路段东行(江门往中山)方向车辆导改至东行方向新建路面通行,之后再将路段西行(中山往江门)方向车辆导改至原东行方向路面通行。

(3) 对中江高速公路 K318 + 299 ~ K331 + 345 段(龙湾互通至外海互通之间)进行交通转换。将该路段东行(江门往中山)方向车辆导改至东行方向新建路面通行。路段施工完成后,将中江高速公路 K318 + 299 ~ K335 + 145 段西行两车道交通导改至原有东行方向路面通行,K331 + 345 ~ K335 + 145 段西行两车道交通导改至东行新建侧拼宽路面通行。

(4) 改扩建 S4 标 2.5 阶段交通转换是将江门侧左幅旧路两车道的车流导改至新扩建的外侧两车道上,桩号为左幅 K27 + 500 ~ K40 + 046 的路段范围。将东行的车辆从左幅安全引导至右幅,双向车辆转至右幅路面通行,为项目开展左幅旧路面的病害处理、新旧桥梁的永久拼接、伸缩缝施工以及旧桥护栏改造等基本无障碍施工创造条件。

（5）项目交通转换点为 K34+080 位置。联同交警、路政以及管理处、监理等单位按照交通组织施工方案，提前做好交通转换各项准备工作，将车辆从左幅安全引导至右幅，完成右幅交通转换。

（6）项目第四阶段交通导改是将东行的车辆从左幅安全引导至右幅新扩建的车道，实现双向车辆在右幅路面上面层通行。

2.3 交通组织与施工组织融合

改扩建工程的交通组织与施工组织是两项不同的工作。施工组织更侧重于改扩建工程本身，而交通组织既要考虑施工的顺利实施，又要考虑高速公路自身的通行需求。交通组织设计和施工组织设计虽然各自侧重点不同，但在高速公路改扩建工程中相互影响又相互制约，只有协调统一，才能保证两者方案的合理性和可操作性。

2.3.1 筑牢安全生产防线

2.3.1.1 专人监管

管理处配备交通协管员专门负责改扩建施工区域，实行24h巡查，并统一交通协管员专用服装与工具。交通协管员需明确岗位职责，并定时报送巡查结果，道路发生异常情况或突发事件时，及时向属地交警、路政部门报告，协助开展应急处置工作，形成统一领导、反应及时、科学决策、处置有序的应急管理体系。

2.3.1.2 安全防护设施布设

交通组织的实施满足《道路交通标志和标线 第4部分：作业区》（GB 5768.4—2017）、《公路养护安全作业规程》（JTG H30—2015）、《广东省高速公路工程施工安全标准化指南》《公路工程施工安全防护设施技术指南》等规范、指南的规定。

针对改扩建工程存在环境封闭、车流量大、车速快、涉路施工安全管控难度大等特点，管理处组织设计单位进一步优化交通组织设计，加大施工安全标准化防护设施投入，全覆盖开展占道施工标准段建设。占道施工安全设施包括临时标志、临时隔离设施、临时防眩设施、临时视线诱导设施、交通锥、水马、防撞桶、警示灯、临时照明设施等，同时，布设标志时要避免设施遮挡临时标志以及标志之间相互遮挡。

涉路施工安全设施布设如图2-32所示，分别适用于硬路肩封闭施工路段和临时施工作业区路段的安全设施布设。

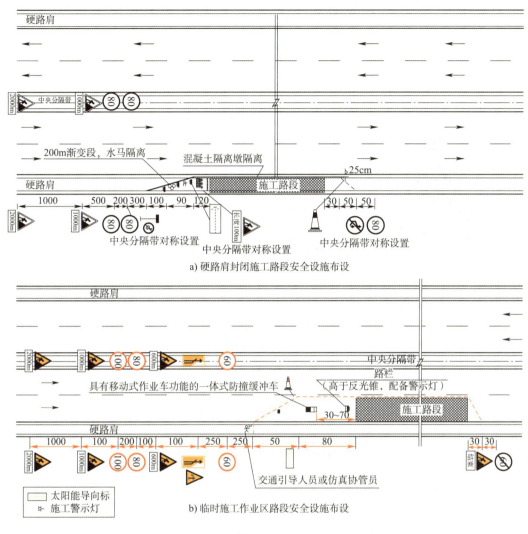

图 2-32 涉路施工安全设施布设图(尺寸单位:m)

(1)警告区布设 2000m 施工警示牌、1000m 施工警示牌、限速牌、警示频闪灯和车道变窄警示牌等安全设施。警示频闪灯的相关参数见表 2-6,项目警告区布设的安全设施如图 2-33 所示。

警示频闪灯相关参数 表 2-6

序号	项目	参数
1	光强	白天 800~2000cd,夜间 200~500cd
2	动态视认距离	晴朗的夜间,在额定电压下,动态视认距离应大于 300m
3	闪烁频率	200~300 次/min,信号亮暗时间比应为 2:1~1:1
4	安装平稳性	底座应进行配重处理,或将灯杆通过抱箍附着于护栏、隔离墩

续上表

序号	项目	参数
5	其他技术性能	材料外观、供电要求与安全/密封防护性能等应满足《交通警示灯 第4部分：临时安全警示灯》(GB/T 24965.4—2010)的相关要求

a) 2000m施工警示牌

b) 1000m施工警示牌

c) 80km/h限速牌

d) 警示频闪灯

e) 车道变窄警示牌

图 2-33　警告区安全设施布设

（2）上游过渡区起点布设智能防撞（闯入）系统，占道施工上游过渡段起点和下游过渡段终点各设置智能锥桶，同时区段内布设仿真协管员、水马/交通锥、太阳能导向标、防撞桶、路栏和施工长度警示牌等设施，且上游过渡区用水马进行隔离。

占道施工中要求使用具有遥感监测、定向声波、智能摇旗、副机爆闪、手环震动、光电图文、指挥调度等安全主动预警防护功能的智能防撞（闯入）系统，在人员或车辆接近施工区域时进行快速警报。

智慧锥桶通过对传统的交通安全设施（如反光交通锥、三角警告牌等）进行物联网化改造，并与导航App软件数据平台无缝对接，实现道路占道施工、事故和封闭管制信息的实时精准采集和快速发布，保障占道施工期间过往车辆行驶安全及现场施工人员人身安全。智慧锥桶的相关参数及配置要求见表2-7。

智慧锥桶相关参数及配置要求　　　　表2-7

序号	项目	参数	配置要求
1	灯体规格	尺寸：≤φ105mm×116mm	①预警灯×2； ②适配器×1； ③充电线×2； ④多功能夹×2； ⑤万向固定支架×2； ⑥携行包×1； ⑦含一年通信资费及高精度服务资费
2	外壳材质	聚酰胺	
3	防护等级	不低于 IP65	
4	安装方式	磁吸、支撑杆、万向夹等	
5	定位方式	北斗卫星导航系统（BDS）、全球卫星定位系统（GPS）联合定位	
6	定位精度(纯开阔地)	<1m	
7	联网方式	通用分组无线业务（GPRS）	
8	电池容量	≥7800mAh，可充电锂电池	
9	续航时间	不低于96h	
10	充电时间	约5h（充电电流最大为2A）	
11	包装规格	尺寸：≤250mm×150mm×160mm 质量：约2kg	

仿真协管员放置在上游过渡区或重要、危险路段，能提前给予驾驶员警示。交通锥的白色部分逆反射系数值不应低于《道路交通反光膜》(GB/T 18833—2012)规定的Ⅲ类，其他技术要求应符合现行《交通锥》(GB/T 24720)的规定，交通锥设在需要临时分隔车流、引导交通、保护施工现场设施和人员等场所周围或其他适当地点。水马颜色宜为黄色、橙色或红色，使用前应注水(砂)，注水(砂)量不应小于其内部容积的90%。太阳能导向标要求使用可调整箭头方向和形状的导向标，由可控制明暗的发光矩阵组成，灯光闪烁以增强警告效果，其可用作其他作业区设施的补充，用以加强警告效果。

防撞桶要求其结构及性能应满足《公路防撞桶》(GB/T 28650—2012)的相关要求；防撞桶由桶盖、桶身、横隔板、配载物及逆反射材料（反光膜）组成；直径为900mm，高为950mm，壁厚不小于6mm；桶盖、桶身、横隔板所用材料为聚乙烯、聚丙烯或其他类型合成树脂为原材料的塑料或硫化胶或热塑橡胶等，外贴Ⅴ类及以上反光膜，单条反光膜宽度不小于50mm，连续长度不小于100mm，配载物所用砂为普通中砂，细度模数在2.3~3.0之间，临时分流鼻端宜设置防撞桶，在临时紧急停车带起、终点处分别设置一个防撞桶，能够提高夜间行车的视认性，保障行车安全。

要求现场设置颜色为橙色和黑色相间的路栏，分为移动式路栏和固定式路栏两种，用以阻拦来往车辆驶入施工区域或指示车辆改道。上游过渡区安全设施布设情况如图2-34所示。

a) 智能防撞（闯入）系统

b) 智能锥桶

c) 仿真协管员

d) 水马/交通锥

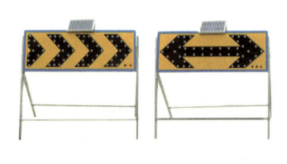
e) 太阳能导向标

f) 太阳能导向标使用现场

图 2-34

g) 防撞桶

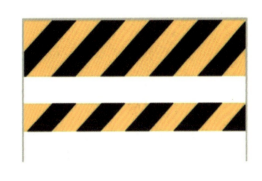

h) 路栏

i) 施工长度150m标志牌

j) 施工长度500m标志牌

图 2-34　上游过渡区安全设施布设情况

（3）施工作业区设置应急交通锥、紧急停车点、人员临时疏散出口、临时 20m 标、施工警示灯、轮廓标和背撑（桥梁段）。施工警示灯的相关参数及适用地点见表 2-8。施工作业区安全设施布设情况如图 2-35 所示。

施工警示灯相关参数及适用地点　　　　　　　　表 2-8

种类	闪光灯（黄色）	定光灯号（红色）
镜面数	单面或双面	
闪烁频率	55～75 次/min	—
发光强度	20～40cd	5～10cd
适用地点	作业区段或危险地点的起点以前	作业区边界，导向车辆行驶

涉路施工围蔽路段每隔 40m 放置一组（4 个）应急交通锥，并在交通锥上放置夜间警示灯，便于通行车辆发生故障或事故等紧急情况时，在车辆周围放置应急交通锥封闭警示，防止发生二次事故。

a) 沿线布设应急交通锥、警示灯　　　　　　　　b) 交通锥

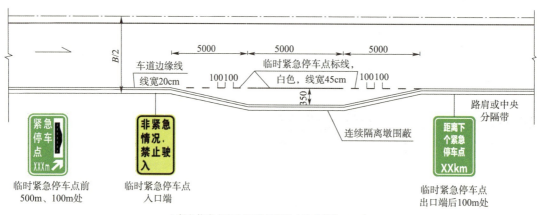

c) 紧急停车点安全设施布设图（尺寸单位：cm）

d) 紧急停车点标志牌安装样图　　　　　　　　e) 紧急停车点警示牌

图 2-35

f) 紧急停车点标志牌

g) 距离下个紧急停车点标志牌

h) 人员临时疏散出口

i) 紧急撤离口

j) 临时20m标

k) 轮廓标

图 2-35

l) 同频爆闪灯

m) 防撞缓冲车

图 2-35　施工作业区安全设施布设情况

每 2~4km 设置一处临时紧急停车点(港湾式),停车点标准段长度为(50+50+50)m,条件受限时可适当缩减。

每 200m 设置一处临时疏散口,路侧连续隔离墩封闭路段按间隔 100m 设置宽度为 30cm 的紧急撤离口,并在围蔽设施上每隔 20m 设置一处报警桩号牌,确保应急处置时相关人员及时撤离,救援车辆精准到位。

临时 20m 标设置在施工路段的路侧隔离墩上,每 20m 整桩号处共有两块(即上、下行各一块),采用双面形式、V 类反光膜,采用标牌、角钢、钢板焊接加工,然后贴反光膜,再按涂饰方法安装,标志板尽可能与道路中线垂直或成一定角度(0°~10°)。

临时附着式轮廓标的底板采用钢板制造,钢板使用《热轧钢板和钢带的尺寸、外形、重量及允许偏差》(GB/T 709—2019)规定的牌号;所有金属构件均应采用热浸镀锌处理,所有锌应为《锌锭》(GB/T 470—2008)中规定的牌号为 Zn 99.995 和 Zn 99.99 的锌锭,支架及底板镀锌量为 500g/m^2,螺栓、螺母、垫圈镀锌量为 350g/m^2,螺栓、螺母等紧固件在热镀锌后必须清理螺纹;轮廓标逆反射材料色(白/黄色)应符合 GB/T 18833—2012 的规定。

涉路施工围蔽路段每隔 10m 连续设置一个同频爆闪灯,用于夜间清晰显示道路线形,同时提醒过往驾乘人员注意施工路段安全驾驶、减速慢行,安装于路栏、临时隔离护栏或独立支架上,距路面高度为 1~1.2m。

临时占道施工作业时,为保障施工人员的安全,在施工区域后方 30~70m 设置具有移动式标志功能的一体式防撞缓冲车,在施工期间给予过往车辆醒目提示,保障现场施工人员人身安全。

(4)施工终止区布设交通锥/水马、施工结束警示牌、解除限速标志牌和拯救车停放区。解除限速标志牌设置在作业区末端、下游过渡段的终点,用以解除车辆的限速。施工终止区安全设施布设情况如图 2-36 所示。

2 交通组织管理

a) 施工结束警示牌

b) 解除限速标志牌

图 2-36　施工终止区安全设施布设情况

（5）为进一步加强高速公路改扩建施工路段安全防护水平，根据省道安办《关于商请加强高速公路封闭施工路段安全防护工作的函》（粤道安〔2021〕103 号）文件精神，结合中江高速公路改扩建工程实际情况，全线每公里设置 1 处"扩建施工，小心驾驶""遇事故、车靠边、人撤离、快报警"标志，及时给予过往驾乘人员提醒。增设的安全警示标牌如图 2-37 所示。

a) "扩建施工，小心驾驶"标志

b) "遇事故、车靠边、人撤离、快报警"标志

图 2-37　每公里增设的安全警示牌

（6）在对既有高速公路进行改道、变道前利用锥桶收放车放置锥桶，杜绝作业人员直接面对高速行驶的车辆。项目全线统一使用交通锥桶收放一体机，进一步保障占道施工围蔽过程中施工作业人员人身安全，并解决交通锥桶收放不规范等问题。交通锥桶收放一体机应用现场如图 2-38 所示。

（7）为进一步增强道路信息发布，强化交通安全宣传提醒，在通行道路右侧安装夜间激光投影灯，将道路信息、安全驾驶注意事项以激光投影的方式投影到通行路段上方桥梁，提醒过往驾乘人员注意夜间安全驾驶。项目运用的激光投影道路信息和安全注意事项如图 2-39 所示。

a) 锥桶收放一体机操作现场　　　　　　b) 全线投放交通锥现场

图 2-38　交通锥桶收放一体机应用现场

a) 道路信息激光投影　　　　　　b) 安全驾驶标语激光投影

图 2-39　夜间激光投影应用场景

（8）右幅单幅双向通行中央分隔带隔离墩双向增加临时里程牌，增加车辆故障接警定位救援系统及路侧扫码报警牌，提升车辆定位报警效率。中央分隔带增设的临时百米标及路侧增设的救援扫码牌如图 2-40 所示。

a) 临时百米标　　　　　　b) 临时救援扫码牌

图 2-40　路侧安全设施布设场景

2.3.2 强化信息化管理机制

2.3.2.1 信息化监控管理

(1)管理处主动与运营单位对接协调,充分发挥既有信息化资源能效,在项目初始阶段便接入运营单位46个道路监控资源。在此基础上,管理处在全线增设25个监控设施,做到对全线施工工点和运营路段无死角、全覆盖的视频监控,为保障现场施工安全及道路车辆通行安全,实现"一路多方"联勤联动工作机制打下坚实基础。

(2)管理处制定并印发《中江高速公路改扩建管理处施工监控室管理规定(试行)》,成立信息化视频监控室工作专班,由各参建单位抽调专业管理人员进行全线24h视频监控轮巡,对施工现场安全隐患、运营道路异常停车情况、不良天气路面积水情况、施工便道口及保通匝道口人员值班值守情况以及阶段性施工安全管控重点进行视频轮巡,并进行定时轮巡汇报,确保发现安全隐患或突发事件时能够及时上报反馈,做到快反应、快处理。

(3)建立施工安全监控群及中江高速公路改扩建联勤保畅群,用于及时汇报轮巡情况、安全隐患整改反馈及处理异常事件。项目内部成立施工安全监控群,监控轮巡发现安全隐患后上传至施工安全监控群,要求相关责任单位立即整改并跟踪整改反馈闭合。与高速公路交警、运营单位、参建单位、拯救单位共同组建中江高速公路改扩建联勤保畅群,涉及运营道路异常停车、路面积水、交通事故等突发事件时,及时通知运营单位监控中心及相关单位,充分发挥"一路多方"联勤联动机制能效。

2.3.2.2 应用智能工牌

针对项目施工班组多、施工点分布广、参建人员流动性大,以及工人的习惯性违章、不按操作规程作业等不安全行为给人员安全管理带来困难的问题,加上项目属于改扩建工程,紧邻既有高速公路行车道,从安全监控、日常动态安全管理、应急处置等角度考虑,为施工人员配置能应急呼叫、查询行动轨迹、定点追踪的电子产品。考虑作为参建人员必须佩戴工作牌,为方便携带,将工作牌与定位器合二为一,定制了含导航定位功能的智能电子工作牌,实现了人员调度、定位监控、安全作业、追踪反馈等的有效管理,为项目安全管理带来便利。

管理处全线应用智能工牌,实现人员尤其是交通协管员管理的定位与考勤、作业过程中的监管和调度、紧急情况的及时救助等功能,与视频监控联动,能更加直观地了解施工现场人员动态和轨迹。

2.3.2.3 配备工作记录仪

部分管理人员现场执行力不足、履职能力较差,安全管理压力无法传导到基层。基于安全生产的大背景,结合项目安全生产管理的特点和难点,管理处配备了 106 台工作记录仪,并将其统一接入管理处的信息化监控室。记录仪由建设单位代表、驻地监理、专职安全员以及交通协管员等现场关键岗位管理人员佩戴。工作记录仪具备记录巡查始末、约束现场管理人员及施工人员自身行为、提高管理公平性与严肃性、统一应急联动指挥等优点,可实现实时监控、定点拍摄、视频上传、实时对讲、实时定位和应急联动指挥等功能。工作记录仪使用情况如图 2-41 所示。

a) 施工人员佩戴工作记录仪摆放安全设施

b) 交通协管员佩戴工作记录仪

c) 工作记录仪监控平台

图 2-41 工作记录仪使用情况

工作记录仪成效主要体现在以下几个方面:

(1)记录事实收集证据。工作记录仪具有同步录音录像的功能,能实时记录现场管理人员巡查过程的始末,也能对一些稍纵即逝的违规行为及时取证。

(2)约束现场管理人员自身行为。工作记录仪的同步录音录像功能有利于督促现场管理人员在开展日常巡查工作时严格履行岗位职责,也有助于提升现场管理人员的管理水平。

(3)维护现场管理人员合法权益。正确使用工作记录仪,在一定程度上能够震慑现场施工人员,从而避免现场施工人员与管理人员因意见不合起冲突。

(4)提升管理的公平性与严肃性。工作记录仪的使用有助于避免"选择性"工作现象。

管理处监控中心可实时查看现场管理人员的管理行为并通过工作记录仪查看施工现场情况,记录仪能更加完善、客观地反映现场施工管理动态,有利于全员安全生产责任制的落实,进一步提升了项目安全管理工作的成效。

3

CHAPTER 3

建设安全管理

本章阐述了项目安全工作的理念与思路,从制度建设、责任制落实、风险分级管控与隐患排查治理、应急管理等方面建立安全管理体系。根据中江高速公路改扩建工程西江特大桥的工程特点,系统分析了通航安全管理的重难点及管控措施,并叙述了施工期间的安全标准化管理及"四新"技术的应用。

3.1 安全工作理念及思路

3.1.1 安全工作理念

管理处坚持"以人为本、安全发展、全员参与、全面管理"的安全理念,明确项目创建"省级平安工地"和"零生产安全责任事故"、争创"平安工程"的管理目标,确定"一保双控三抓四化"的保障思路,以打基础、夯基层为着力点,以信息化管理、培养产业工人队伍及安全技术创新为出发点,全力以赴抓好安全管理工作,打造"平安中江、与子同袍"安全文化。

3.1.2 安全工作思路

自开工以来,管理处积极开展安全管理创新,充分运用信息化系统工作平台、智能工牌与工作记录仪等开展工作;利用安全培训教育体验中心、安全生产"书记班组"等,培养知识性、技能型产业工人队伍;现场强力普及桥面专用装配式临边防护、支座垫石施工防护平台、桥缝施工安全作业车等设施设备,进一步提升安全标准化水平。积极推广创新运用,致力从根本上解决安全管理痛点,从人员、设备、环境上实现本质安全。

3.2 安全管理体系建设

项目以安全管理目标为导向,从制度建设、责任制落实、风险分级管控与隐患排查治理、应急管理及持续改进等方面建立安全管理体系。全面梳理各项安全工作线条,抓实各项工作确保落地,保障施工安全风险持续可控、安全形势平稳,从而实现"内部控制、外部监管、内业规范"的全面安全管理。

3.2.1 安全管理制度建设

(1)根据相关法律法规和制度要求,管理处在施工图阶段便进行安全管理策划,编制《深圳至岑溪高速公路中山新隆至江门龙湾段改扩建工程安全管理策划》,明确安全生产目标及管理思路,统筹策划项目全过程安全生产管理,为后续制度化、系统化安全管理工作的开展打下基础。

(2)根据项目特点,编制《中江高速公路改扩建管理处安全生产监督管理办法》,主要由安全生产监督管理办法及安全生产职责分解、安全生产责任制考核与奖惩、安全生产机构设置与人员配置、安全生产培训教育、安全生产费用、安全生产检查、安全生产风险、生产安全事故隐患督促整改、安全生产会议、生产安全事故、安全生产约谈、安全生产内业资料、危险性较大分部分项工程安全管理、标段长安全生产责任制考核、"平安工地"建设评价、内部安全检查共16项管理规定汇编而成,用于规范管理处内部员工的安全生产管理行为。

编制《中江高速公路改扩建项目安全生产标准化管理手册》,由总则、安全生产管理办法、安全生产管理制度、安全风险评估与预控、安全生产费用使用和管理、人员与机械设备安全管理、安全培训与文化建设、安全技术管理、安全生产检查、安全生产应急管理、生产安全事故管理、安全生产内业资料管理、评价与改进、考核评比与违约处罚、项目安全专家工作组管理、安全会议、实名制管理、高压线区域安全管理共18个部分组成,用于约束和规范项目参建各方安全生产管理行为。

(3)根据不同阶段的施工风险,制定高压线下施工、软基处理高耸设备施工、高空作业等专项安全管理办法,提前做好预控,采取具有针对性的管控措施,加强施工过程中的风险防控。

(4)安全生产内业资料是建设单位严格落实安全法律法规的具体体现,是事故责任追责的基础凭证。管理处制定《中江高速公路改扩建项目安全生产内业资料标准化管理细则》,从建档要求、外观样式、具体工作内容及格式要求等方面规范各参建单位安全生产内业资料标准化建设。

中江高速公路改扩建工程编制的安全管理制度见表3-1。

中江高速公路改扩建工程安全管理制度体系　　　　　　　　　　　　　表3-1

序号	制度名称	类别
1	深圳至岑溪高速公路中山新隆至江门龙湾段改扩建工程建设管理纲要	工程
2	深圳至岑溪高速公路中山新隆至江门龙湾段改扩建工程安全管理策划	工程
3	深圳至岑溪高速公路中山新隆至江门龙湾段改扩建工程施工安全总体风险评估报告	工程

续上表

序号	制度名称	类别
4	中江高速公路改扩建管理处安全生产监督管理办法	工程
5	中江高速公路改扩建项目安全生产标准化管理手册	工程
6	中江高速公路改扩建管理处安全生产责任制度	工程
7	中江高速公路改扩建项目防汛防台工作方案	专项
8	中江高速公路改扩建项目高压线区域安全作业管理办法	专项
9	中江高速公路改扩建项目高耸设备安全管理办法	专项
10	中江高速公路改扩建项目高空作业安全管理办法	专项
11	中江高速公路改扩建项目船舶管理办法	专项
…	……	……

3.2.2 全员安全生产责任制

（1）管理处成立由管理处主任、党总支书记共同领导的"双主任"制安全生产委员会，各单位成立以项目经理为组长的安全生产领导小组。在建设过程中，明确参建单位及各岗位的安全生产职责，发挥安全生产委员会在指导、协调和推动项目安全生产工作中的积极作用，实行安全管理从上到下、全员参与、齐抓共管的管理模式，建立"层层负责、人人有责、各负其责"的工作体系，夯实"纵向到底，横向到边"的全员全方位责任监管体系。

（2）各参建单位安全组织机构人员进场前，由管理处组织开展进场考核，检验安全管理队伍专业能力和素质水平。定期进行履责考核，对能力、态度欠缺的管理人员进行处理，严格履责管理。

（3）注重"最后环节"的责任落实，对工作责任区内的主要风险、危大工程、重大工点的安全技术要点及管理行为等进行细化、分解，明确、压实本单位领导班子、主要部门和关键岗位工作责任清单，对管理人员工作职责与内容实行清单化管理，每日根据工作清单对照检查，保障安全生产职责落实到位、安全生产管理工作有序开展。

（4）以现场施工工点或施工工序为一个单位，进行施工安全"网格化"管理，明确责任领导、责任管理员、责任安全员、班组负责人等网格化管理人员职责，进一步规范现场施工行为，落实各层级安全生产管理职责，形成"管到每个工点、每台设备、每个人"的良性循环，打通安全生产"最后一公里"。

（5）组织开展"明星班组""安全标兵""五佳协管员"等评选活动，定期对施工班组、施工作业人员、管理人员、交通协管员进行评比，对优秀班组及员工给予实质性奖励，激励施工单位及管理人员、现场施工班组着力提高安全管理水平及人员安全意识，落实"一岗双责"。

施工班组是高速公路建设的最小组织单元,是工程项目各项管理制度、施工方案的最终落实单位。加强以一线工人为主体的施工班组标准化建设,是推进产业工人队伍建设的重要助力,是强化工程项目基础管理、提升工程项目管理水平的重要举措。

为推进班组标准化建设,助力培养产业工人队伍,项目结合实际,开展"明星班组"建设活动,从"人员实名制、安全标准化落实情况、人员安全意识"三方面进行评选,在全线施工班组中评出优秀班组,并且通过宣传及现场观摩优秀班组现场管理及标准化施工,实现以点带面、以先进带动落后,推动全线施工班组整体素质稳步提升。通过多渠道提升一线工人队伍素质,引导形成具有专业技能的劳动者大军,促进工人向产业工人转变,提升工程建设的软实力。

(6)项目结合工程进度、关键节点以及班组施工安全水平,以"党建引领、安全发展"为指导,健全"从根本上消除安全事故隐患"的责任体系。管理处结合工程进度、关键节点以及班组施工安全水平,以党总支书记为指导、以党员干部为核心,划分责任区带头指导,将全线落后施工班组设为帮扶提升重点,组织开展"书记班组"活动,指导施工人员分"懂安全"—"能安全"—"要安全"三阶段逐步提升。

第一阶段为"懂安全"。安全意识是保证施工安全的基础和前提,此阶段以提高施工班组人员安全意识、熟练掌握操作技能为目的。项目部根据施工班组各个工种的特点,每周至少开展两次安全教育培训,通过不间断的专项培训,提升班组人员的安全意识和操作技能,达到"人人懂安全"的目的。本阶段结束前,组织施工班组人员开展专项考核,查验培训效果,达到预期效果后开启下一阶段。

第二阶段为"能安全"。施工班组人员在"懂安全"的基础上,积极主动做好个人防护,严格遵守安全操作规程,消除安全生产事故隐患,为施工现场打造"能安全"的生产条件。本阶段通过现场检查、视频监控巡查等方式进行随机安全考核,向考核优秀的小班组颁发奖状,并给予现金奖励。

第三阶段为"要安全"。施工班组通过前两个阶段的培训教育及实操,应能切实做到主动思考,提出针对安全生产管理及施工现场安全管理措施的意见和建议,项目部采纳好的意见及建议并充分落实。同时,全面梳理和总结开展"书记班组"创建活动的经验做法、成效与不足,总结提炼并固化管理行为,进一步健全完善"书记班组"创建长效机制,并达到可复制、可推广的效果。

党员、干部在重要任务面前冲在前、担重任、出实效,在实践中形成一支以党员干部为核心的攻坚克难主力军,帮扶项目较落后的施工班组稳步提升。在工作中积极探索实践"党建引领+安全生产"有机融合新路径,以党建"实",助力安全"稳",实现"1+1>2"。

3.2.3 安全风险分级管控和隐患治理双重机制

建立安全风险分级管控和隐患治理双重预防体系,项目采用单元化管理,推动安全风险管控和事故隐患治理清单化、信息化、闭环化动态可追溯管理,对主要风险管控及隐患排查治理落实责任到人,夯实安全管理基础,切实构筑防范生产安全事故的两道防火墙。

(1)根据项目情况编制《深圳至岑溪高速公路中山新隆至江门龙湾段改扩建工程施工安全总体风险评估报告》,强化桥梁、边坡、交通组织安全风险评估,施工单位根据总体风险评估结论,开展桥梁、路堑高边坡工程的施工安全专项风险评估,对Ⅲ级及以上风险源建档并落实日常监测,实现风险分级管控。

(2)内部定期开展风险辨识,根据风险辨识结果及当月施工内容,每月更新安全生产风险责任清单,制定保障措施并确定施工单位、监理单位、建设单位三方责任人,落实动态化管理。

(3)制定并定期更新项目危险性较大和超过一定规模危险性较大工程清单,对危大工程在施工前进行安全生产条件核查、联合总监办对专项施工方案开展符合性核查、对交底资料进行全面排查、常态化检查、危大工程"六不施工"等方面进行严格审核,落实危大工程管理要求。

(4)严格按照安全标准化的要求,强化落实专控工序验收和项目负责人带班制,充分调动监理和施工单位的积极性,加强现场风险管控。

(5)根据交通运输部办公厅印发的《公路水运工程施工安全治理能力提升行动方案》(交办安监函〔2023〕698号)中的重大事故隐患基础清单,结合项目施工特点,建立项目重大事故隐患基础清单,由施工单位项目经理带队每周开展排查。

(6)落实"一线三排"工作机制,开展定期、不定期安全检查以及总监办的常态化检查、施工单位的自纠自查,每季度对各类隐患问题进行分类分析,发现并解决日常安全管理漏洞。对反复出现整改不到位情况的施工单位作出处罚,并按安全生产约谈管理规定启动约谈程序。

3.2.4 安全生产宣传教育培训

以开展安全生产宣传教育培训活动为基础,提升安全素质意识。树立安全生产思想、营造安全氛围是项目安全文化建设和安全生产管理的一项重要基础工作。通过安全宣传、教育、培训等手段,帮助员工了解、掌握安全知识、安全技术、安全技能,树立正确的安全价值观、安全使命感,提升项目人员的安全意识水平,增强项目领导人、管理人员和全体员工做好安全工作的责任感和自觉性,切实做到"不伤害自己,不伤害别人,不被别人伤害",减少人的不安全行为,有效防止事故发生。

3.2.4.1 经常性教育培训

(1)制定《安全体验馆培训工作方案》,编排月度教育培训计划。全面推行安全体验区,以立体式安全生产教育培训体系为核心,旨在通过亲身体验式安全教育,提高全体项目施工人员的安全意识和自我防范意识。

安全教育体验培训中心是安全教育管理的新方式，也是安全教育管理的新方向。安全教育体验培训中心共设置8个与施工安全相关的体验区和1个电教区，以模拟现场施工环境、图片展示、案例警示、亲身体验等直观方式，对容易出现安全问题的地方进行现实演示，将施工安全教育与亲身体验相结合，模拟建筑施工现场可能发生的各种安全事故，增强施工人员的切身感受，让施工人员亲身体验不安全操作行为带来的危害。

结合工程进度，通过"认知教学＋实操体验＋现场考核"的培训方式，组织各安全管理人员、工程技术人员、施工班组长、特种作业人员在工序安全要点、个人防护等方面接受教育培训、现场实操体验及课后考核，以此达到提高安全意识、提升安全职业技能、熟练掌握安全操作规程以及面对紧急情况的安全对策的目的。

（2）由管理处牵头组织开展"安全培训教育大讲堂"活动，聘请行业专家和施工班组人员为讲师，以关键岗位、现场施工班组人员为培训对象，定期开展安全培训教育。主要通过以下方式开展：

①定期邀请行业专家，对安全管理行为、安全技术方面内容进行讲解。如项目临边软基处理高耸设备施工安全风险高、安全管理难度大，特聘请专家对软基处理高耸设备施工的全过程安全管控进行授课。

②面向全线施工班组招聘讲师，施工班组人员化身老师，针对自身工种或某一工序进行有针对性的讲解。对现场施工人员而言，授课老师同为工友，更有亲切感，且能用通俗易懂的语言进行讲解，更加贴近实际，更容易被其他工人所接受。对授课老师而言，自身在备课、讲课的同时，能更加深入地学习了解本工种的安全操作规程及安全注意事项，在讲课的同时提升了自身的能力、水平。

行业专家授课与一线工人授课相结合的方式，能进一步激发全员工作热情，提高全线施工班组的安全生产意识，使施工人员熟练掌握安全操作技能，确保现场施工本质安全。

（3）持续开展施工人员岗前教育、安全技术交底及日常教育、班前喊话等活动，通过反复培训，夯实现场基础工作，提高现场施工人员的安全意识和安全技能，使班组作业标准化、规范化和精细化。

3.2.4.2 安全座谈

管理处不定期开展安全宣传咨询日、安全座谈会等活动，管理处及各参建单位主要负责人深入基层，与现场施工人员进行面对面沟通交流，了解施工作业人员的看法与需求。

3.2.4.3 安全宣传

（1）充分利用安全宣传栏、安全文化走廊、安全生产宣传手册和安全生产会议等，开展一系列有利于提升一线作业人员安全意识和自我保护能力的宣传。

（2）加密施工现场醒目区域面向一线作业人员的宣传标志标牌及安全标语，起到警钟长鸣的作用。施工现场安全宣传标志标语如图3-1所示。

a) 安全宣传标语

b) 施工区安全标语

图3-1　施工现场安全宣传标志标语

3.2.4.4　安全驿站

施工现场设置安全驿站,内部配置应急物资、防暑药品、茶水等,供员工休息使用。驿站内配备显示屏,为施工作业人员播放操作规程、安全警示教育等视频,视频内容与施工工序同步,可有效开展具有针对性的安全培训。项目设置的安全驿站如图3-2所示。

a) 安全驿站现场

b) 内部配备显示屏

图3-2　安全驿站情况

3.2.5　安全信息化监控管理

(1) 发掘既有信息资源。在项目初始阶段接入运营单位46个道路监控资源,另在部分施工盲点区域增设25个施工监控设施,实现施工区域全天候、无死角的监控管理,协助监管全线现场施工安全。

(2) 为进一步提升项目安全管理水平,联合河南省交通规划设计研究院共同打造"信息化系统工作平台"。结合管理处的安全管理目标,运用数字化、云平台、物联网等方面的技术,进行定制化开发和维护,统一部署,形成信息化系统工作平台。

针对项目安全管理需求,信息化系统工作平台量身定制"安全巡检""安全学习""重要工点监控"等模块,通过信息化手段,将安全抽检、安全巡检和安全自检等过程留痕,发挥信息化平台的实效性,并通过系统化和可视化的统计处理,对安全问题的整改台账进行自动汇总,对安全管理人员的安全学习时长进行自动统计,以达到促进安全管理规范化、高效化的目的。

开发移动端App,实现现场随时拍照、记录和闭环处理,保证现场工作的实时性、有效性、便捷性。与客户端数据互联互通,减少人工干预,可保障数据真实可靠,能够有效地对过程数据追踪溯源。

信息化系统工作平台的应用,加强了平台及现场实践的结合,解决了传统工程管理的痛点,使管理更有目的性、针对性,可减少实施过程中成本、时间等各种损耗,实时把控工程建设质量、进度、安全、投资、征拆等情况,实现各参建方信息共享、协同工作,保障项目安全形势稳定。信息化系统工作平台如图3-3a)所示。

(3) 制定《中江高速公路改扩建管理处施工监控室管理规定(试行)》,建立信息化视频监控室组织管理机构,明确岗位职责、运作方式及工作要求。成立信息化视频监控室工作专班,通过"三班二运作"的工作方式,用视频监控开展施工现场轮巡工作,利用信息化手段对施工安全进行全过程、全天候监管。视频监控室的监控画面如图3-3b)所示。

a) 信息化系统工作平台

b) 监控画面

图3-3 施工安全信息化监控

3.2.6 应急安全管理

以切实可行的应急预案为防备,减少事故损失。"安全是相对的",生产过程中,绝对安全是不存在的,因此,安全生产管理要进行危险预知,要辨识和分析危险源,对重大危险源进行风险评估,而后采取措施加以控制;同时,要建立应急体系,加强应急管理,从而避免事故扩大,防止二次事故发生,把人员伤亡和财产损失控制在最低程度。

(1)编制《生产安全事故综合应急预案》《自然灾害事件专项应急预案》《生态环境污染突发事件应急预案》,施工单位结合属地政府及项目应急预案,建立相应的综合应急预案、专项应急预案及现场处置方案,完善应急管理程序。

(2)管理处成立项目突发事件应急管理工作机构,明确突发事件应急指挥工作分工。各施工单位组建兼职应急救援队伍,明确应急队伍的建立准则、队伍组成和人员要求等内容,组织有关人员接受专业培训,加强应急救援队伍的专业技能,确保其能在事故发生的第一时间保护现场、开展必要的紧急救援。

(3)强化异常天气的风险研判,根据施工安全风险评估的结论,明确辖区内工程可能发生的事故类型和后果严重程度,配备开展应急处置工作时必需的技术装备和必要的应急救援物资。如在台风、强降雨来临前积极做好高耸设备及场区防倾覆、设备加固、路基路面排水、人员撤离等工作。台风、强降雨前应急处置及应急物资储备如图 3-4 所示。

a) 高耸设备防倾覆

b) 场区防倾覆

c) 台风、强降雨前应急处置

d) 水马储备

e) 应急救援物资储备

图 3-4 应急管理场景

（4）吸取历次台风防御工作及应急响应中存在的不足，编制《台风灾害事件预警行动清单》《台风应急响应期间重点工作清单》，指导各参建单位防台期间预警行动及应急响应工作有序、高效开展。

（5）各参建单位根据施工主要风险及重点制订年度应急演练计划，根据项目特点，演练内容主要包括水上突发事件应急处置、占道施工路段突发事件联合应急处置、消防安全、触电、高空坠落、汛期应急等，并注意与地方安监、海事、消防、卫生等部门及运营单位的联动。通过演练，提高各岗位施工人员的安全防范意识，锻炼各应急救援队伍的实战能力，提高项目快速应对突发事件的指挥与协调能力，强化与地方属地部门、运营单位的联合应急处置能力。安全应急演练如图3-5所示。

a）水上突发事件联合应急演练

b）救援演练

c）高处坠落应急演练

d）消防安全演练

图3-5　安全应急演练

（6）应急响应期间，加强对高边坡的监测，持续对路基、涉高速公路作业围蔽区的排水口进行排查。对施工现场、交通组织施工围蔽区进行轮巡，快速处理道路隐患及现场积水，坚持现场巡查与视频轮巡"双管齐下"，确保施工现场安全可控。

3.3 安全管理重难点及管控措施

3.3.1 通航施工安全管理重难点

西江特大桥是中江高速公路改扩建工程的控制性工程,长 2740.46m,为三塔预应力混凝土梁斜拉桥,主桥长 740m,跨径布置为 130m + 2×240m + 130m,采用中塔固结、边塔半飘浮结构体系,中塔高 103.744m,边塔高 102.144m,上跨内河一级航道。

西江水系是两广水上运输的大动脉,属一级航道,日通行船舶 500 余航次,施工期需压缩航道,并进行两次航道转换,通航环境复杂。且西江特大桥主梁采用挂篮施工的工艺,挂篮部分会对西江航道的通航净空造成影响,特别是在洪水期,会对过往船舶通航造成一定的影响和限制。因此,保障"边通航、边施工"安全稳定是项目管控的重难点。

3.3.2 通航安全管控保障措施

3.3.2.1 通行安全保障措施

(1)针对通航环境复杂、安全管理难度大的问题,管理处在开工前策划协调,与江门海事局、江门航道事务中心等单位加强沟通、讨论,对西江特大桥施工期间的通航条件与安全措施进行研究,编制《施工期通航条件影响分析》《施工期间通航安全保障方案》,为交通转换、安全保障措施提出指导方案。根据方案及各施工阶段需求安装航标、通航净高显示屏、通航净高标尺、灯桩、桥柱灯和警示牌等设施;施工水域上下游增设警戒船开展观察,对水上交通给予施工信息提醒;通航孔上方加装远程可变遥控信号灯,在交通管制、通航孔转换和汛期时作为指挥船舶通航的交通信号,此设施已在海事部门引导超高船舶变更通航孔"逆行"的交通管制工作中多次应用。通航安全保障设施如图 3-6 所示。

(2)挂篮施工期间,在上行检测点(磨刀门西江特大桥和虎跳门西江特大桥)、下行检测点(滨江大桥)上均设置激光超高检测与预警系统,实时检测上下行船舶是否超高;在挂篮底部设置实时净空检测装置,并设置灯带对挂篮位置进行警示;增设 2 艘警戒船和 1 艘水上应急指挥船,主要开展日常巡查、核实船舶高度、拦截及劝引船舶等工作,进一步保障"边通航、边施工"期间安全管控到位。挂篮施工期间设施布设情况如图 3-7 所示。

a) 通航净高显示屏

b) 桥位上游航标

c) 施工水域上下游警戒船

d) 监控雷达

e) 远程可变遥控信号灯

f) 桥上可变信号灯位置

图 3-6　通航安全保障设施

（3）成立中江高速公路改扩建工程项目值班室，配备专人实现 24h 不间断监控，观测船舶通航情况并发出大桥施工信息提示，在出现异常或突发事件时及时向相关单位发出预警。

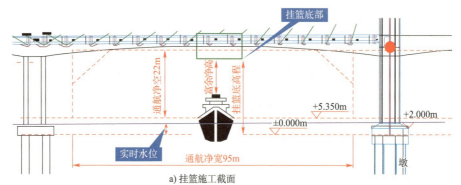

a) 挂篮施工截面

b) 激光超高检测与预警系统　　　　　c) 系统检测区

图 3-7　挂篮施工期间保障设施

（4）考虑中江高速公路改扩建工程交通密集、通航环境复杂的情况，为解决通航需压缩航道并进行两次航道转换导致安全管控难度大的问题，管理处协同第三方单位开展"交通密集复杂水道单向封航桥梁施工安全保障标准化"研究，精准辨识通航水域桥梁施工风险，从管控方法、管控设施、管控技术等方面制定交通密集复杂水道单向封航桥梁施工安全保障标准。研发河道防船撞系统，实现通航安全管理标准化，保障改扩建施工期间通航安全。

3.3.2.2　优化应急管理体系

（1）与江门市益心救援队签订水上救援合作协议，在发生水上突发事件时及时提供救援，通过充分调动社会救援力量，为西江特大桥水上施工提供有力保障。

（2）为做好防台防汛安全管理，管理处与江门海事局召开联席会议，深入项目施工现场检查防汛情况，结合工程建设实际，汇集过往切实有效的防汛经验，从防汛设施、物资配备到西江特大桥建设过程安全通航，全方位落实各项针对措施，筑牢项目建设安全屏障。

（3）管理处联合江门海事局、江门港口海事处等多个单位在西江特大桥现场联合举办"水上突发事件联合应急演练"活动。模拟船舶撞击、人员落水和溢油事故，进行实战式应急救援及处置,检验了各应急救援部门和企业协同配合的能力,锻炼了各应急救援队伍的实战能力,有效提高项目快速应对突发事件的协调能力。

3.4 施工安全标准化管理

为有效管控中江高速公路改扩建工程施工现场的危险源、风险点,实现物的安全管控和隐患治理,结合《广东省高速公路工程施工安全标准化指南》等的要求,中江高速公路改扩建工程结合实际,在施工现场全面推行安全设施标准化,并持续开展全过程评价、改进,有效提高项目的安全生产管理水平。

3.4.1 场地建设与临时用电

3.4.1.1 场地建设

(1)场区规划

因地制宜做好施工场地整体规划,进行场地硬化和划片分区,生活区与生产区分开,保持一定安全距离(防火距离和倾覆距离)。项目场区实景如图3-8所示。

a) 场区实景　　　　　　　　　　b) 混凝土输送中心

图3-8　项目场区实景

场地设置安全标志标牌,落实安全宣传栏、班前讲台、安全驿站、应急物资储备室等,保持良好工作环境。

(2)安全通道

施工场地入口设置安全通道,入口处配备红外语音提示系统,对进入施工现场的人员进行安全提醒。项目所设安全通道如图3-9所示。

a) 安全通道整体情况　　　　　　　　　b) 入口处红外语音提示系统

图 3-9　安全通道设置

（3）拌和站

项目地处珠三角区域，施工现场周边居民点多，拌和站、拌和楼与料仓采用全封闭式管理。项目对拌和作业区、材料堆放区、运输车辆停放区、试验区等进行合理划分，拌和楼与办公区、生活区或周围其他建筑物的距离不得小于单个储料罐的高度且不小于 20m；拌和站场地须硬化，沉淀池宜设在洗车池与排水系统的对接位置；重点部位（如拌和区）设置视频监控系统，并确保通信联络畅通。

储料仓由具备专业资质的设计单位进行设计，并按各地厂房抗风设计标准进行分级验算；储料仓和储料罐应抗 12 级风力；若需降低抗风等级，施工单位必须进行论证。地锚分为全埋式和半埋式，地锚尺寸、埋置深度应根据地基承载力、抗风等验算确定。地锚采用钢筋混凝土制作，混凝土强度等级不低于 C30。吊环应采用直径不小于 20mm 的圆钢制作，预埋在地锚上时，吊环呈几字形，预埋深度不宜小于 0.5m。

储料罐钢直梯主要由踏棍、梯梁、护笼、防护栏杆等组成。钢直梯上端基准面至下端基准面间的垂直距离大于 3m 时，宜设置护笼；钢直梯上端基准面距地面高度大于 7m 时，应设置护笼。护笼宜采用圆形或其他等效结构，采用圆形结构时，护笼应包括一组水平笼箍和至少 5 根立杆；水平笼箍宜采用不小于 50mm×6mm 的扁钢，垂直间距不应大于 1.5m；立杆间距不应大于 0.3m，均匀分布，且护笼各构件形成的最大间隙不应大于 0.4m^2。储料罐设置钢直梯，爬梯应设置背笼，背笼最下层与地面高差不得大于 2m。

电子地磅侧面设置临边防护。喂料池设置防撞措施，并涂以黄黑安全警示色。拌和站设施如图 3-10 所示。

工地洗车台设置在施工现场进出地段，洗车台设置情况如图 3-11 所示。合理布置蓄水池、沉淀池、排水系统等，蓄水池、沉淀池四周采用金属隔离栅封闭，并设置安全警示标识牌。

a) 钢直梯

b) 避雷针

c) 封闭电子地磅

d) 喂料池防撞措施

图 3-10　拌和站设施

a) 户外洗车池

b) 智能洗车池

图 3-11　洗车台设置情况

(4) 钢筋加工场

钢筋加工场采用封闭式管理,合理划分材料堆放区、钢筋下料区、加工制作区、半成品区、成品区、运输及安全通道、员工休息区等功能区,并在生产过程中推行"定置"管理;场地进行硬化处理。钢筋加工场设施如图3-12所示。

a) 钢筋加工厂功能分区

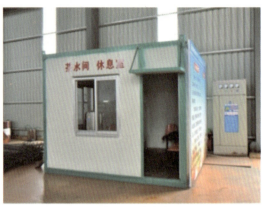

b) 场区员工休息亭

c) 清扫机

d) 红外语音报警装置

e) 钢筋构建展架

f) 标准化推车

图 3-12　钢筋加工场设施

钢筋加工场设置有员工休息区,亭内配备空调、饮水机、座椅、药箱、担架等。

现场配备清扫机、红外语音报警装置、钢筋构建展架,并配备专用二氧化碳保护焊小推车,车身张贴警示标志,并配有灭火器。

(5)预制场

预制场采用封闭式管理,场地硬化;科学合理设置钢筋绑扎区、制梁区、存梁区等功能区域,生产区与生活区分离,并保持一定的安全距离(防火距离和倾覆距离);生产过程中推行"定置"管理;制梁台座处合理布设养生管线、用电管线(部分管线宜预埋在台座内,三级电箱设置在台座端头);重点部位设置视频监控系统,并确保通信联络畅通。

预制场临时用电应满足规范要求,门式起重机用电线路应设置架空滑线槽(高度不低于2.5m),横向线路应设电缆槽。预制箱梁施工根据梁体高度设置可移动的上下检修爬梯,爬梯两侧设置扶手,并设置车轮刹车装置。预制场设施如图3-13所示。

a) 线路设置

b) 检修爬梯

图3-13 预制场设施

(6)环境监管

通过洒水降尘、洗车池清洗车辆、定期清理工程废料及垃圾等方式加强对施工现场的废气粉尘、固体废物及其他环境风险的处理,做到文明安全施工,推动建设项目与环境保护和谐发展。

(7)消防管理

落实施工场地消防安全管理,包括施工现场平面布置、临时建筑的搭建位置、动火用电和易燃易爆物品的安全管理、工地消防设施配置和消防责任制等。明确划分动火作业区、易燃易爆材料堆放场所、仓库地点、易燃废品集中点和生活区等,各区域之间的间距要符合防火规定;按照国家有关规定要求配置消防安全标志,并定期组织检验、维修,确保场地消防设施完好、有效。

3.4.1.2 临时用电

(1)所有电箱内禁止设置零线端子排,总配电箱、分配电箱应设置接地端子排和安装重复接地。开关箱按"一机一闸一漏一箱"的要求设置,配置工业防水防爆插座,箱外设置开关按钮,开关箱在使用过程中上锁,由电工负责开关箱门并进行检修维护工作,禁止作业人员随意打开箱门。

(2)临时用电采用带航空插头的开关箱,且所有配电箱标识牌全线统一,编号规则为"项目简称-标段名称-电箱级别-具体编号"。

(3)施工电缆加设防护套管,防护套管内径不小于电缆外径的1.5倍。如无法加设套管,也可采用绝缘挂钩悬挂或采用三脚架架空固定形式,全线禁止电缆线拖地及悬挂不规范现象发生。

电缆线穿管可采用软管穿管的方式,电缆线采用阻燃的塑料波纹管或阻燃缠绕管,防止日晒雨淋及高温环境导致老化破损。塑料波纹管穿管根据施工现场情况采用开口或者闭口方式。

架空移动电缆支架的高度不宜小于0.5m,支架布设间距宜为3~5m,且电缆线悬空高度不宜低于0.2m。电缆线的架空也可以通过S形电缆挂钩实现,电缆挂钩的尺寸可以根据电缆线的尺寸考虑,可以挂设在挂篮或现浇施工的防护栏杆上。临时用电设置情况如图3-14所示。

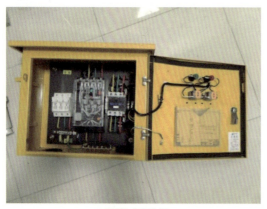

a) 插拔式开关箱

b) 分配电箱

c) 一级配电箱标识牌

d) 移动电缆支架

图3-14 临时用电设置情况

(4)变压器、配电房、配电柜等用电设施需设置安全防护屏障或网栅围栏进行隔离,变压器台座应高于室外地面0.6m,并悬挂"禁止攀爬、当心触电、请勿靠近"等明显的禁止、警告标志及责任标识牌。用电设施防护情况如图3-15所示。

a) 变压器防护　　　　　　　　　　　　b) 配电箱防护

图3-15　用电设施防护

3.4.2　栈桥与桥涵施工

3.4.2.1　栈桥施工

(1)栈桥出入口设置门禁及实名制通道,带有体温自动检测、人数自动统计、车辆出入控制等功能,用以掌握现场人员与车辆出入情况。入口派专人值守,限制外来车辆及人员进入施工区域。栈桥出入口门禁设置如图3-16所示。

图3-16　栈桥门禁

(2)因栈桥搭设位置涉及航道,栈桥两侧需设置灯带及爆闪灯等安全设施,对过往船只进行警示。栈桥两侧布设的灯带和爆闪灯如图3-17a)、b)所示。

（3）栈桥护栏每隔50m配置一个救生圈，两侧错开设置；栈桥外侧设置品字形防撞墩，强化防护措施。栈桥布设的救生圈和防撞墩如图3-17c)、d)所示。

a) 栈桥设置灯带

b) 爆闪灯

c) 救生圈

d) 防撞墩

图3-17　栈桥安全设施

（4）采取日常巡查、专项检查等方式，对贝雷架、承重梁、钢管桩、型钢分配梁等主要构件脱焊、松动的螺栓进行加固，并做好维修保养记录。

3.4.2.2　桥涵施工

（1）泥浆池按"两池一墙"建设，即沉淀池、储浆池、中隔墙。中隔墙宜采用砖砌或钢板，缺口位置增设钢丝滤网。砖砌墙应抹面处理，池壁使用砂浆封闭。泥浆池所设围栏如图3-18a)所示。

（2）桩基施工孔口采用钢筋网片覆盖，同时设置安全警示标志。施工孔口布设的防护及警示标志如图3-18b)所示。

（3）墩柱施工采用标准梯笼，设置一体化作业平台及安全通道，墩顶浇筑平台封闭式防护。

(4)盖梁施工采用一体化作业平台,行走通道铺满木板,通道四周安装踢脚板,施工转梯与盖梁平台间、盖梁平台到盖梁顶面安装带扶手的步梯。项目施工期间的盖梁施工标准化作业平台如图3-18c)、d)所示。

a) 泥浆池围蔽

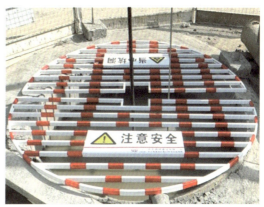
b) 孔口防护及警示标志

c) 盖梁施工标准化作业平台

d) 盖梁施工安全爬梯

图3-18 桥涵施工设施

(5)梁板安装完成后统一设置临边防护栏杆,在湿接缝、整体式桥梁中央分隔带处设置防坠、防落网;防护栏杆上设置"禁止翻越""当心坠落"等警示标志。

3.4.3 特种设备与一般设备

3.4.3.1 特种设备

特种设备进场前应严格把关,严格履行特种设备相关管理规定,编制设备安拆方案并按规定评审,安拆由专业机构进行,并经施工单位和监理联合验收后投入使用;对于超过5年的设备,主要构件在做探伤检测合格后方可使用,确保设备安全。特种设备如图3-19所示。

a) 液压夹轨器

b) 门式起重机防撞缓冲装置

c) 门式起重机行走限位器

d) 架桥机上的电子监控

e) 架桥机监控画面

图 3-19　特种设备示意图

（1）门式起重机停止使用时锁紧夹轨器，夹轨器应使用电动液压式夹轨器。

（2）门式起重机应设置行走限位器，行走端头应设置防撞缓冲装置和车挡，并保证其灵敏有效，液压夹轨器处需安装红外线防撞器。

（3）架桥机上需安装电子监控系统，推进施工现场信息化管理。

3.4.3.2　一般设备

（1）施工现场禁止使用交流电焊机，所使用的电焊机为已加装二次侧空载降压保护器（Voltage Reduction Device，VRD 保护器）的逆变直流电焊机或二氧化碳保护电焊机，逆变直流电焊机 VRD 保护器常开、正常工作（空载电压低于 36V）方可投入使用。使用专用的电焊机小推车装载电焊机，小推车顶上设防雨棚，保护电焊机免受雨淋。

（2）氧气、乙炔瓶均要求配置小推车，并随车配备灭火器，确保消防安全；设置专门的气瓶存放处，落实出入库管理。

项目施工使用的一般设备情况如图 3-20 所示。

a) 电焊机防护车安全操作规程　　　　　　b) 电焊机防护车实物图

c) 气瓶小推车

d) 气瓶存放处

图 3-20　项目施工使用的一般设备情况

3.4.4　个人防护与标志标牌

3.4.4.1　个人防护

（1）安全帽

建设、监理、试验检测、施工单位人员根据单位、工种佩戴不同颜色的安全帽，其中，建设单位、监理单位和试验检测单位佩戴白色安全帽,施工单位管理人员、班组长佩戴红色安全帽,特种作业人员佩戴蓝色安全帽,一般作业人员佩戴黄色安全帽。

应急救援电话粘贴在安全帽帽檐正中间,且选用可粘贴的防水材料,联系人为安全副经理和安全部部长,确保发生突发事件时,现场人员能第一时间联系到项目部应急责任人。

安全帽产品参数规格满足《头部防护　安全帽》(GB 2811—2019)的要求;不得使用有毒、有害或引起皮肤过敏等伤害人体的材料;不得使用回收、再生材料作为安全帽受力部件(如帽壳、顶带、帽箍等)的原料;材料耐老化性能应不低于产品标识明示的使用期限,正常使用的安全帽在使用期限内不能因材料原因导致防护功能失效。

(2)反光衣及肩灯

建设、监理、试验检测单位人员的反光衣自带发光二极管(LED)+红白蓝三段爆闪肩灯,反光衣颜色为黄色;施工单位人员穿着带有红白蓝三段爆闪肩灯的红色反光衣,安全员反光衣在背面进行标注;肩灯使用可充电款的红白蓝三段 LED 爆闪肩灯,加印"中江扩建"标志。

覆盖部位仅含上身躯干的反光衣,基底材料应环绕上身躯干,宽度不小于 50mm(基底材料被反光带中断的区域不算入内),2 级和 3 级反光衣的反光带最小宽度为 50mm,1 级反光衣的反光带最小宽度为 25mm。仅覆盖上身躯干的反光衣应至少有一条环绕躯干的反光带,反光带与水平线之间的最大可倾斜角度为 ±20°,左右两肩应各有一条反光带从胸前延伸到后背,从肩缝向胸前和后背各延伸至少 15cm 或者与躯干部位的反光带相连接。躯干部位最下面的反光带的底端距衣服底边的距离不小于 50mm,如果服装有多条水平方向的反光带,相邻两条间距应不小于 50mm。两侧开口的套头背心在设计时应确保穿着者穿上适合的尺码后,两侧开口的任何部位的水平间距不大于 50mm;由反光材料或组合性能材料组成的条带在长度方向上的间隙(如门襟或接缝处)应不大于 50mm,同时如果该条带环位,则该条带上的总间隙应不大于 100mm。项目使用的带肩灯的反光衣如图 3-21 所示。

a) 反光衣　　　　　　　　　　　　　　b) 肩灯

图 3-21　带 LED 灯的反光衣、肩灯

3.4.4.2 标志标牌

(1)标志标牌设置。

安全标志标牌选用镀锌铁皮、铝合金板、薄钢板等坚固耐用的材料制作,一般不使用遇水变形、变质或易燃的材料,有触电危险的场所使用绝缘材料。选用的反光膜应符合现行《道路交通反光膜》(GB/T 18833)的相关规定。钢筋加工场、拌和站、预制场等设置的安全标志牌如图 3-22 所示。

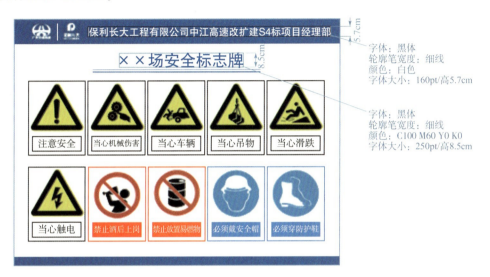

图 3-22 安全标志标牌

标志标牌上的图形应清晰,材料表面应光滑,不能出现毛刺、孔洞;边缘和尖角应适当倒棱,呈圆滑状,带有毛边处应打磨光滑。应统一安全标志标牌的尺寸,多个标志牌在一起设置时,按禁止、警告、指令、提示顺序,先左后右、先上后下排列。

(2)禁止、警告、指令、提示和说明标志的图形及设置部位见表 3-2 ~ 表 3-6。

禁止标志设置　　　　　　　　　表 3-2

图形	禁止放置易燃物	禁止入内	禁止攀登	禁止停留	禁止乘人
设置部位	具有明火设备或高温的作业场所,如各种焊接、切割等动火场所	易造成事故或对人员有伤害的场所,如高压设备室、配电房等入口处	不允许攀爬的危险地点,如有危险的建筑物、构筑物、设备处	对人员具有直接危险的场所,如危险路口、吊装作业区、输送带下方、预制梁架设区等处	有载物升降吊篮的场所

续上表

图形					
	禁止合闸	禁止靠近	禁止抛物	禁止通行	禁止烟火
设置部位	用电设备或线路检修时，相应开关处	不允许靠近的危险区域，如高压线、输变电设备的附近	抛物易伤人的地点，如高处作业现场、深沟(坑)等	占道施工作业，或能对行人构成伤害的高空作业，或已经废弃通道的两端入口处	有乙类火灾危险物质的场所，如氧气、乙炔存放区，油罐存放处及其他易燃易爆处
图形					
	禁止堆放	禁止酒后上岗	禁止跨越	禁止吸烟	
设置部位	应急通道、安全通道及施工操作平台等处	场地、驻地的进出口处	桥梁左右幅临时护栏上	有乙类火灾危险物质的场所，如氧气、乙炔存放区，油罐存放处及其他易燃易爆处	

警告标志设置　　　　　　　　　　　　　表3-3

图形					
	注意安全	当心碰头	当心吊物	当心车辆	当心坠落
设置部位	易造成人员伤害的场所及设备等处	施工现场狭小低矮通道处	有吊装设备作业的场所	工区内车、人混合行走的路段，道路的拐角处；车辆出入较多出入口处	易发生坠落事故的作业地点

续上表

图形	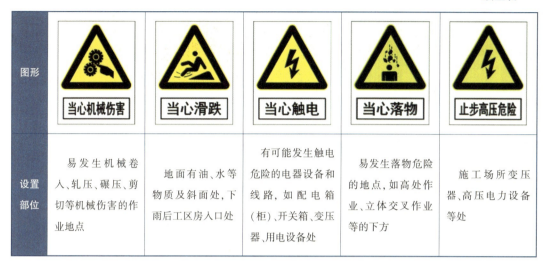				
设置部位	易发生机械卷入、轧压、碾压、剪切等机械伤害的作业地点	地面有油、水等物质及斜面处,下雨后工区房入口处	有可能发生触电危险的电器设备和线路,如配电箱(柜)、开关箱、变压器、用电设备处	易发生落物危险的地点,如高处作业、立体交叉作业等的下方	施工场所变压器、高压电力设备等处

指令标志设置　　　　　　　　　　　　　表3-4

图形	必须戴安全帽	必须系安全带	必须戴防护眼镜	必须戴防护手套	必须戴防护面罩
设置部位	头部易受外力伤害的作业场所	易发生坠落危险的作业场所	对眼睛有伤害的作业场所,如需打磨、切割、预应力施工等的作业场所	易伤害手部的作业场所,如具有腐蚀、污染、灼热及触电危险等的作业场所	易造成受人体紫外线辐射的作业场所,如电焊作业场所

图形	必须穿防护服	必须穿防护鞋	必须接地		
设置部位	易发生溺水的作业场所	易伤害脚部的作业场所,如具有腐蚀、灼烫、触电、砸(刺)伤等危险的作业地点	防雷、防静电场所,易出现外壳带电的设备设施使用场所		

提示标志设置　　　　　　　　　　　　　　表3-5

图形	 ![紧急出口]	 ![可动火区]	 ![灭火器]	 ![火警电话]
设置部位	便于安全疏散的紧急出口处，与方向箭头结合设置	可使用明火的场所	灭火器设置点（专用提示标志）	驻地及现场的重点消防部位（专用提示标志）

说明标志设置　　　　　　　　　　　　　　表3-6

图形	乙炔存放处	氧气存放处	禁止向水中排放泥浆	机房重地闲人免进	禁止掉落焊花
设置部位	乙炔瓶存放处	氧气瓶存放处	水上施工作业场所	拌和站、预制场的控制室和发电机房、抽水机房等处	跨越通航河道、公路等施焊场所
图形	禁止暴晒	禁止翻越防护栏	禁止排放油污	施工重地闲人免进	
设置部位	使用氧气、乙炔等压缩气瓶的场所	高度有限的防护栏杆	水上施工作业场所	拌和站、加工场、预制场、现浇梁、施工工地等的出入口、重点部位的醒目位置	

3.5　安全"四新"技术应用

3.5.1　桥缝施工安全作业车

（1）存在的问题

高速公路改扩建工程中，桥梁拼宽需拆除旧桥防撞护栏及翼缘板后进行植筋，常规自制吊篮存在安全标准低、安全性能不稳定，并需机械设备配合施工人员进行作业，安全隐患大等问题。

（2）解决措施

根据现场施工实际需求，改良桥缝施工安全作业车。桥缝施工安全作业车主要由车体结构和悬挑挂篮两部分组成。车体结构由车架、驱动系统、千斤顶和配重箱组成。悬挑挂篮由悬挑钢梁、升降爬梯、挂篮和调节系统组成。改良后的桥缝施工安全作业车如图3-23所示。

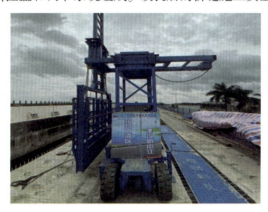

图 3-23　桥缝施工安全作业车

整个结构可以在驱动系统作用下机动行驶，同时吊篮的水平、竖直位置均可由调节系统调节。车身配备2个1.2t配重箱，底盘设置4个液压千斤顶，确保施工安全及安全性能稳定，可折叠式吊篮收缩后仅10cm，操作灵活、占用空间小，具备电动式上下伸缩、折叠、行走等功能。相较于常规施工安全吊篮，能最大程度地满足现场施工安全需要，尤其能够满足改扩建工程桥梁拼宽现场施工安全需求。桥缝施工安全作业车的组成结构为：

①底盘是作业车的主要受力构件，采用型钢和钢板焊接而成，与立柱框架连接。

②立柱框架采用方钢和钢板焊接而成，安装在底盘之上。

③滑轨组件采用方钢焊接而成，安装在立柱框架之上，起前后上下移动作用。

④吊篮导轨采用方钢焊接而成，分别安装在滑轨组件上，用于与吊篮连接。

⑤吊篮采用方钢和钢板、钢板网焊接而成，安装在吊篮导轨上，用作工人作业平台。

⑥配重箱采用钢板与型钢焊接而成，安装在车架上，用于保持台车平衡。

3.5.2　桥梁防撞护栏施工作业车

（1）存在的问题

原有桥梁防撞护栏施工采用小装载机或叉车配合吊篮进行作业，安全性能差，操作复杂。

（2）解决措施

项目桥梁防撞护栏施工作业车在原有施工作业车基础上进行改良，由底盘、立柱框架、主横梁、连接横梁、连接桁架、吊篮导轨、吊篮、模板横梁、配重箱吊臂、配重箱、电机、手拉葫芦、电动葫芦、电控箱、电缆等基本构件组成。桥梁防撞护栏施工作业车在模板安装、拆除作

业过程中,有效地保障了施工人员自身安全,其组成结构为:

①底盘是作业车的主要受力构件,采用型钢和钢板焊接而成,与立柱框架连接。

②立柱框架采用方钢和钢板焊接而成,安装在底盘的两端。

③主横梁采用方钢和型钢焊接而成,分别安装在两立柱框架上。

④连接横梁采用方钢焊接而成,分别安装在主横梁前后两端。

⑤连接桁架采用方钢焊接而成,安装在两立柱框架之间,起支撑作用。

⑥吊篮导轨采用方钢焊接而成,分别安装在主横梁上,用于与吊篮连接。

⑦吊篮由方钢和钢板、钢板网焊接而成,安装在吊篮导轨上,用于工人装拆模板。

⑧模板横梁采用型钢与电机焊接而成,安装在主横梁上,用于安装电动葫芦。

⑨配重箱吊臂采用钢板与型钢焊接而成,安装在主横梁上,用于保持台车平衡。

该桥梁防撞护栏施工作业车集吊装和作业平台于一体,能够满足小半径弯桥及各种桥梁作业需求,具有经济实用、安全性好、结构简单和操作方便等优点。与以往的防撞护栏施工相比,进一步提高了桥梁防撞护栏施工效率,降低了劳动强度,保障了施工安全,可有效防止人员坠落。改良后的桥梁防撞护栏施工作业车如图3-24所示。

图3-24 桥梁防撞护栏施工作业车

3.5.3 桥面专用装配式临边防护

(1)存在的问题

以往的高速公路桥梁施工临边防护采用钢管+密目网+踢脚板的形式,存在焊接质量差、安全性能不稳定、不牢固、密目网易损、安装烦琐、受力不足等缺点;常规装配式护栏存在受力不足、不可调节、护栏立杆本身不够牢固等缺点。项目根据施工特点,自行设计并全线采用新型桥面专用装配式临边防护。

(2)解决措施

新型桥面专用装配式临边防护立杆上设有活动套及固定套,可通过立柱上的活动套随意调节防护网高低。底部设有连接板,可使用固定套连接预埋钢筋或膨胀螺栓两种固定形式,将固定套与后面的连接板连接,把预埋的钢筋用 M12mm×60mm 螺栓连接并锁紧,根据现场需要将立柱上的活动连接套高度调到同一水平后拧紧连接套上的反顶螺栓,连接套固定好后,把防护网安装在两端的连接板上,使用 M12mm×30mm 螺栓固定即可。

新型桥面专用装配式临边防护结构简单、无须焊接、不易损坏、重复利用率高,可承受 1kN 可变荷载,能够有效防止因意外撞击造成的事故。护栏上设有警示标语板,用以达到安全防护及安全警示的目的。新型桥面专用装配式临边防护如图 3-25 所示。

图 3-25　新型桥面专用装配式临边防护

3.5.4　桥梁湿接缝防护盖板

(1) 存在的痛点

在以往公路桥梁建设施工过程中,桥梁湿接缝防护常采用竹胶板防护或密目网+防坠网防护,存在容易受损、重复利用率不高、安装复杂、安全性差且不能有效防止人员坠落及落物等缺点。项目根据施工现场实际情况,自行设计制作桥梁湿接缝防护盖板。

(2) 解决措施

桥梁湿接缝防护盖板可根据实际湿接缝宽度进行加工,边框与加强筋均使用 20cm×1.0cm 方管进行制作,盖板为 1mm 厚板,挂钩由 $\phi10$ 圆钢制作而成,表面处理采用环保水性漆,具有附着性强、硬度好、抗划性好、漆膜户外抗粉化、保光保色性好等优点。塑钢网网眼密度大,能有效防止小型碎渣和人员坠落;盖板刚度大,人、车均可通过,材料经久耐用,可反复使用而不变形。

湿接缝防护盖板具有结构简单、安装方便、外观大方、安全防护设施可靠等优点,钢材均采用国家标准型材,主要采用焊接工艺,尺寸精准,焊接点牢固,能有效达到安全防护的目的。桥梁湿接缝防护盖板如图 3-26 所示。

图 3-26　桥梁湿接缝防护盖板

3.5.5　桥梁支座垫石施工安全防护平台

(1) 存在的问题

以往公路桥梁建设施工中,由于盖梁支座垫石施工与盖梁施工不同步,导致支座垫石施工时,盖梁施工操作平台已经拆除,支座垫石施工人员在无任何安全防护措施下施工,极易发生高处坠落事故。若保留盖梁施工操作平台至支座垫石施工结束,会降低平台材料周转速度,增加成本的同时又延误工程进度,且一般盖梁施工平台安全高度无法达到垫石上方1.5m,不能满足防护要求。

(2) 解决措施

项目自行设计研发制作了一种专门用于支座垫石施工的安全防护平台,符合高处作业平台临边防护1.5m高的标准,并可为作业人员提供可靠的安全带系挂点,作业人员系挂安全带时符合"高挂低用"的使用要求,且可自由在平台内行走,无须反复系挂解除安全带,可进一步提高施工安全性。支座垫石施工安全防护平台如图3-27所示。

a) 支座垫石施工安全防护平台侧面

b) 支座垫石施工安全防护平台正面

图 3-27　支座垫石施工安全防护平台

此平台安拆方便,安全性较高,能显著提高施工效率,且可反复周转使用,节约了临时搭设施工平台的时间,大大提高支座垫石施工安全防护的效果。

3.5.6 锥桶收放一体机

(1)存在的问题

项目涉高速公路交通组织施工长度约40km,交通组织施工需要在既有高速公路通车的情况下摆放交通锥桶设置工作围蔽区。以往传统作业中,交通锥桶的摆放依赖人工,作业效率低,危险性大,交通影响时间长,且锥桶摆放不规范。因此,交通锥桶收放作业自动化是实现车辆通行安全和施工人员作业安全的关键保障。

(2)解决措施

锥桶收放一体机采用侧向抓取装置,可达到自动收放的效果。使用锥桶收放一体机放置锥桶时,工人只需站在作业车上,将锥桶放置在机械臂的端头,机械臂能自动把交通锥桶横置在路面上,收放车向前行驶时,固定的卡口和挡板经过锥桶时能将其扶正;回收锥桶时,收放车倒退行驶,卡口经过锥桶时将其放倒,机械臂顺势将锥桶拎起,车上的工人就能把锥桶从机械臂上拿出,收进车厢。对比人工摆放,更加符合锥桶摆放间隔的标准和要求,且经过改良的自动收放机安装灵活、选择性强、高效便捷、安全性能稳定,锥桶收放速度达到10~20km/h,与安全防撞缓冲车搭配使用,可让工作人员和驾乘人员更安全,实现改扩建高速公路交通组织施工本质安全。

3.5.7 智能锥桶和智能防撞(闯入)系统

(1)存在的痛点

高速公路改扩建工程存在环境封闭、车流量大、车速快、涉路施工安全管控难度大等特点,因驾驶员无法预知前方占道施工情况或导航更新不及时,易造成交通事故,影响出行人员与施工人员安全。且因改扩建施工无法实行全区段封闭,施工点多面广,巡查人员无法实时开展全方位检查,若有人员或车辆闯入施工现场,在未配备安全防护用品的情况下,极易受到伤害。

(2)解决措施

结合项目改扩建实际情况,在各占道施工上游过渡段起点设置智能防撞(闯入)设备,在人员或车辆误入施工区域预警范围时能够自动报警,给予巡查人员警示,能有效减少施工路段内的交通事故,大大提高施工区段内安全监管效率。

占道施工上游过渡段起点和下游过渡段终点各设置智能锥桶,并与定位系统相结合,实现道路占道施工、事故和封闭管制信息的实时精准采集和快速发布,可保障占道施工期间过往车辆行驶安全和现场人员施工安全。

3.5.8 智慧用电系统

(1)存在的问题

临时用电一直以来是公路建设项目管理的重点,因施工现场临时用电使用范围广、使用人员多,容易出现临时用电管理混乱、安全隐患整治不彻底、监管过程中容易忽视等情况。

(2)解决措施

项目试用智慧用电系统,实行智能化用电管理。在电箱上安装智慧用电监控器和智能剩余电流动作断路器。智慧用电监控器通过无线网络将本机下级终端传感器的实时数据及报警信息发送给管理监控平台,完成监控、报警的综合处理,具有传感器故障自诊断、报警精度高、可靠性强(能有效防止漏报、误报)、小型化、多功能、无线传输、简单实用、安装方便等特点。智能剩余电流动作断路器能够及时监测电气线路的漏电、过载、短路和接地等安全隐患,并与互联网技术相结合,通过无线通信模块将设备的实时运行数据推送至大数据平台,实现用电设备的在线监测和远程控制,可大幅提升智慧安全用电的管理水平。

智慧用电系统可通过计算机、移动端 App 实时监控现场数据,实现电气设备透明化监测管理,随时随地掌控电气设备的健康状况和能效情况。它既可监控设备电源的电压、电流、功率、电能,又可监控电气线路中的剩余电流和电缆线温度,并可进行远程控制,在发现安全隐患的第一时间进行预警,隐患消除后方可送电,可有效防止电气火灾。智慧用电设备及监控器显示界面如图 3-28 所示。

a) 智慧用电设备

b) 智慧用电监控器显示界面

图 3-28 智慧用电设备及监控器显示界面

3.5.9 智能工牌

(1)存在的问题

本项目施工班组多、分布点广、参建人员流动性大,并且工人存在习惯性违章、不按操作规程作业等不安全行为,给人员安全管理带来困难。

(2)解决措施

全线应用智能工牌,实现人员定位与考勤、作业过程中的监管和调度、紧急情况的及时救助等功能,智能工牌与视频监控联动,可更加完整、客观地反映施工现场的日常动态。其主要功能为:

①人员定位与考勤。通过电子工牌的智能定位技术,能够实时查看作业人员的分布状况和实时位置,可在电子地图上把人员的地理位置直观地反映出来。工牌支持北斗卫星导航系统(BDS)+全球定位系统(GPS)+移动热点(Wi-Fi)+位置服务(LBS)+辅助全球卫星定位系统(AGPS)多重融合智能定位,不仅能够满足不同场景下的定位精准度,同时能够降低电子工牌的功耗,续航时间更长久。当作业工人进入作业区域时,可设置安全围栏,当工牌位置超出(或者进入)设定的围栏区域地点时,及时上传至云端管理平台,实现远程考勤管理。

②作业过程中的监管和调度。应用电子工牌,可以实现科学合理的作业规划与调度,基于作业工人的实时位置,进行统一指挥与调度。通过人员定位对人员考勤、作业状态等信息进行实时监管,借助电子工牌收集到的位置信息,实时掌握作业人员的工作状态、工作信息和工作历史,进而实现智能规划、实时调度与管理。

③紧急情况的及时救助。当作业工人在作业过程中发生突发事件时,作业工人可以通过电子工牌在第一时间请求援助,电子工牌支持一键紧急呼救,操作简单快捷。管理者结合实时位置,可第一时间为作业人员提供紧急援助。

同时,为全线施工人员制作"一人一码"并粘贴在智能工牌上,通过扫码可查看该人员的基本信息、工种、安全教育培训情况等,给项目安全管理带来便利。

3.5.10 工作记录仪

(1)存在的问题

部分现场管理人员执行力不足、现场履职能力较差,安全管理压力无法传导到基层。针对这一痛点,管理处配备106台工作记录仪,由现场关键管理人员佩戴。

(2)解决措施

工作记录仪具备记录巡查始末、约束现场管理人员和现场施工人员自身行为、提高管理公平性与严肃性、统一应急联动指挥等优点,且管理处监控中心可实时查看现场管理人员的管理行为并通过工作记录仪查看施工现场情况,有利于全员安全生产责任制的落实。其主要功能为:

①管理处监控中心可实时查看现场管理人员的行为并通过工作记录仪查看施工现场情

况，方便管理，有利于全员安全生产责任制的落实。

②多种使用方式，可定点拍摄，可对存在问题的部位现场拍摄视频并标记、收藏，指挥中心自动对标记的视频分类保存。

③视频支持上传保存，可随时调出录像查看现场人员的安全管理工作痕迹。

④实时对讲及集群对讲，可以通过前端工作记录仪实现终端与终端之间对讲、终端与监控中心实时对讲、视频语音，以及组群对讲。

⑤实时定位，通过工作记录仪自带的定位功能来定位人员位置、回放行动轨迹，第一时间掌握人员的位置情况。

⑥应急联动指挥，在突发状况发生时，可通过按下工作记录仪一键报警按钮，将现场的视频、位置信息迅速推送给应急指挥中心以及同组人员；可通过电子地图查看所有人员的位置分布，圈选出范围内的工作人员并下发紧急支援通知，实现全程留痕，确保隐患排查、落实整改、复查验收等环节实现有效闭合管理。

4

CHAPTER 4

施工质量管理

施工质量管理直接关系工程质量的优劣和项目的投资效益。本章对中江高速公路改扩建工程施工质量的管理目标、保证体系、质量管理的重难点及标准化施工等内容进行阐述。

4.1 施工质量管理框架

4.1.1 施工质量管理目标

为确保工程建设质量，建设品质工程，项目认真贯彻质量管理体系要求，以"质量第一、预防为主、防治结合、持续改进"为指导方针，以全面落实质量责任制为基础，以规范、合同规定的质量强制性标准为前提，以"中江高速公路改扩建工程项目质量控制红线"为底线，以解决扩建项目结构拼接、旧桥加固、深厚软基处理、斜拉桥及刚构桥质量通病问题为导向，以《广东省公路工程施工标准化指南》为纲领，以"双标"管理为抓手，以"双优竞赛""平安百年品质工程"活动为载体，推行全面质量管理，杜绝重大和一般质量事故，消除质量通病，实现桥头"零跳车"、路面"零沉陷"、边坡"零滑塌"，确保"优良工程"的质量管理目标。中江高速公路改扩建工程施工过程及实体质量目标如下：

(1)达到国家及交通运输部现行的工程质量验收标准及设计要求，实施精品战略，打造国家优质工程。

(2)施工各工序、分项、分部工程的检验率与合格率均达到100%。

(3)工程质量一次验收合格率达到100%，工程质量完工验收评定为合格，竣工验收评定为优良。

(4)力求消除质量通病。

(5)无重大质量事故。

4.1.2 施工质量管理保证体系

(1)认真贯彻质量管理体系标准，加强质量体系建设

严格按照管理体系文件进行管理，细化责任落实，强化质量过程管控，确定以争创国家优质工程为质量目标，全力打造精品工程。

(2)深化全面质量管理，广泛性开展质量控制(QC)小组活动

成立全面质量管理领导小组，由项目经理任组长，技术负责人任副组长。工程部、质量

部、试验室成立 QC 小组,结合工程任务特点,广泛开展科研攻关,为工程全面创优打下坚实基础。

(3)开展前期策划,加强创优预控

前期进行创优策划,明确创优机构、创建路径、节点时间,深入分析技术难点,详细规划优质工程目标,细化技术创新点和质量亮点措施,规划预期成果形式与技术指标,加强早期创优计划管理。

(4)强化主体责任,严格质量控制

成立以项目经理为组长的质量领导小组。落实各级质量责任、施工生产总结及施工计划、考核奖罚,层层传导责任。

(5)实行"双标"管理,驱动措施落地

落实标准化施工,推行"双标"管理。施工前从人员、临时建筑设施、材料进场及施工工艺、安全等方面进行标准化建设,使标准化管理制度化、规范化、程序化。在施工过程中着力使制度落地,做到"干有标准,比有标杆,奖优罚劣"。

(6)实行首件验收,落实样板引路

推行关键工序首件工程,并按照首件验收程序组织检验、评估,各工艺指标完全达标后,完善工艺以指导后续施工,确保工序质量达标。

(7)开展质量培训,提高作业能力

结合现场进度扎实开展质量培训、技术交底、实测实量,对标先进、观摩交流,提升现场标准化作业水平,及时组织无损检测评定质量,优化管理环节与流程,确保工程质量。

(8)健全质保体系,落实过程创优

按照施工规范、验收标准要求,扎实开展质量培训、技术交底、样板引路、实测实量。同时,加强自检、互检和交换检。定期组织质量专项大检查,对存在的质量隐患、管理问题进行分析整改,制定多层面的预防措施,有效保证体系运行质量,确保过程精品打造。

(9)规范采购检测,保障材料质量

招标采购过程公开透明,选择诚信、合格的供应商。对已进场的材料,如地材、钢筋、水泥、管桩等,严格按照规范自检,并接受监理单位的抽样检测。

(10)建立质量档案,实现责任追溯

设置专业资料室及专职资料员对施工过程中工程质量资料进行收集、整理、归档,确保资料完整。同时,建立登记制度,实现质量责任可追溯。

4.2 改扩建工程质量管理重难点

4.2.1 深厚软基施工

软土地基处理是公路建设中的难点之一，会显著影响公路工程质量和全生命周期造价。中江高速公路改扩建工程施工区域软土分布广泛且深厚，为确保路基稳定性，对深厚软土地基进行了重点处治。

4.2.1.1 软基地质条件复杂

（1）施工难点

项目区分布地层主要为第四系河流相砂、砾、卵石和黏性土层及三角洲相淤泥质土、粉细砂层，基底为白垩系上统南雄群砂泥质碎屑岩。路基处于平原区第四系松散沉积区，普遍存在软弱地基，在地表硬壳层下分布着1~3层淤泥、淤泥质粉质黏土，淤泥多呈流塑状，含大量腐殖质和贝壳碎片，夹大量薄层粉细砂，其层底深度为5~42.8m。软基土层层状分布复杂，各层物理力学性质不同，如不处理或处理不当，可能会导致路基工后沉降过大而引起差异沉降，同时会影响桥梁桥台台背填土的稳定及填土固结过程中对桥位桩基产生的负摩阻力大小。

（2）应对措施

路基施工前完成静力触探，本着因地制宜、就地取材、经济合理的原则，考虑工程的重要性、破坏后的影响及修复难易程度等因素，选择合适的软基施工方案，对地基进行综合治理。软基施工处理方案见表4-1、表4-2。

施工受限路段软基处理方案　　　　　　　　　　　　表4-1

施工条件	是否存在二次施工平台	软基埋深 H (m)	路堤高度(m) ≤2.5	路堤高度(m) >2.5
桥头路段（减少挤土效应）	是	$H \leq 12$	双向水泥搅拌桩	双向水泥搅拌桩
		$12 < H \leq 16$	素混凝土桩(桩顶采用筏板)	素混凝土桩(桩顶采用桩帽)
		$16 < H$	钻孔灌注桩(桩顶采用筏板)	钻孔灌注桩(桩顶采用桩帽)
	否	$H \leq 14$	双向水泥搅拌桩	双向水泥搅拌桩
		$14 < H \leq 18$	素混凝土桩(桩顶采用筏板)	素混凝土桩(桩顶采用桩帽)
		$18 < H$	钻孔灌注桩(桩顶采用筏板)	钻孔灌注桩(桩顶采用桩帽)
高压线、跨线桥底施工净空受限路段			钻孔灌注桩(桩顶采用筏板)	钻孔灌注桩(桩顶采用桩帽)

非施工受限路段软基处理方案 表4-2

施工条件	是否存在二次施工平台	软基埋深 H（m）	路堤高度(m)	
			≤2.5	>2.5
非施工受限路段	是	$H≤12$	双向水泥搅拌桩	双向水泥搅拌桩
		$12<H≤16$	素混凝土桩(桩顶采用筏板)	素混凝土桩(桩顶采用桩帽)
		$16<H$	管桩(桩顶采用筏板)	管桩(桩顶采用桩帽)
	否	$H≤14$	双向水泥搅拌桩	双向水泥搅拌桩
		$14<H≤18$	素混凝土桩(桩顶采用筏板)	素混凝土桩(桩顶采用桩帽)
		$18<H$	管桩(桩顶采用筏板)	管桩(桩顶采用桩帽)

4.2.1.2 软基引发路基病害防治

（1）施工难点

道路等级高，路堤填土高，易引起路基沉降、路堤失稳，且车辆在高速行驶的情况下，桥头路堤与桥台的沉降差易引起桥头跳车；若软基沉降量超出工后允许范围，软基上的结构物沉降，可导致涵管弯曲。

软土拼接路基以及其荷载作用下的沉降变形问题会影响道路的稳定；较大的不均匀沉降会导致路面出现横坡变缓、积水等问题，进而造成路面损坏，导致结构物以及路堤衔接位置出现差异性沉降，进而诱发桥头跳车、通道凹陷以及沉降缝拉宽而引发的漏水等问题。

（2）应对措施

采用质量控制方法、加强施工管理是确保公路软基处理施工质量、减少工后沉降和桥头跳车的重要途径。

①在设计阶段即重点研究桥头跳车、路面沉陷等通病，通过对旧路台背浅层采取注浆处理，深层软基采取钻孔灌注桩、预应力管桩、挤扩支盘桩等工后沉降相对小的刚性桩相结合的处理方式，消除隐患。

②通过测量精准放样，以白灰标识设计线、超宽线并撒网格逐层回填压实。

③采用软基强力就地固化技术，强力搅拌头对土地边搅拌边喷浆（固化剂），使土体与固化剂充分混合并凝固，从而形成一定的强度或达到其他使用要求的原位土体加固效果。

④采用液压夯加强拼接处的夯实，及时完善路基临时排水系统；采取措施严防雨水冲刷损坏路基边坡，提高路基施工质量。

在进行软土地基施工时，应严格遵循以下原则：

①软基施工前，收集并熟悉有关施工图、工程地质报告（静力触探及咨询意见）、土工试验报告，以及地下管线、构造物等资料；编制施工组织设计或施工方案；进行原材料、半成品、成品的检验；进行施工机械设备的调试；进行必要的成桩试验。

②做好施工期间的排水措施。对常年地表积水、水塘地段,按设计要求先做好抽水、清淤、回填工作。

③在施工中遵循"边观察、边分析"的方法和"按图施工"的原则。在发现现场地质情况与设计提供资料不符或原设计的处治方式因故不能实施需改变设计时,应及时报告并根据有关规定报请变更设计。

④贯彻因地制宜、就地取材的原则,对所有运至工地的材料,必须进行分类堆放,妥善保管,按照有关标准进行质量检验,不合格材料不得用于工程建设。

⑤在软基施工中认真做好原始记录,积累资料,总结经验,提高软基处治施工技术水平。

⑥对软基施工必须进行科学组织设计,加强工地技术管理,严格按照有关的操作规程实施,认真做好工程质量检查和验收工作。

⑦在软基施工中严格执行有关安全和环境保护的规定。

4.2.1.3 线路沿线管线复杂

(1)施工难点

沿线两侧密布工商业区和生活区,道路下有各种管线,包括高压电缆、给水管、污水管和燃气管等,这些管线是经济和生活的必要设施。项目扩建长度约40km,原有沿线下穿管线多达50余处,部分管线的埋设时间比较久,管线位置及走向难以判断,其中位置不明确且难以改迁的有10余处,扩建区域内采用桩基处理,存在较大潜在隐患。

(2)应对措施

组织人员提前对沿线进行摸底,特别是对红线内管道(水、电缆、光纤、燃气等)、高压电线及铁塔进行排查,避免管桩、钻孔灌注桩等软基处理时出现安全事故。采用柔性探测孔钻孔,避免损伤地下管线;开发基于定向源-地井电磁感应的地下管线探测系统及探测方法,减小计算误差,较好地满足实际探测的需要。

4.2.1.4 雨季长,对施工质量影响大

(1)施工重点

项目地区每年4—9月为雨季,热带气旋及暴雨是本区主要灾害性气候,多集中在7—9月,降水丰富,土壤天然含水率高,土质松软,大型机械设备在原地表施工有很大难度,容易陷机,对路基路面施工影响显著。

(2)应对措施

在软基施工前,在原地表清淤除杂,做好排水工作,用碎石或石渣铺一层工作垫层,用压路机进行压实和整平,避免机械设备陷机和桩身施工不竖直。

4.2.2 桥梁拼接施工

与新建工程相比,公路改扩建工程中桥梁拼接的设计和施工存在一系列的技术难点,桥

梁上部结构拼接是工程质量管控的重难点。桥梁拼接施工过程中遇到的主要重难点体现在以下几个方面。

4.2.2.1 拼接带出现裂纹

（1）施工难点

桥梁拼接过程中，若混凝土配合比控制不严格，硬化后易出现不规则裂缝；若原材料质量控制及混凝土振捣施工不严格，未按照要求进行收浆，早期养生质量不合格，早期表面干燥或温差较大，易产生裂缝。

（2）应对措施

①加强原材料质量控制，严格设计混凝土成分，特别要控制使用外掺剂。

②主要受力构件的集料要进行机械水洗，然后储存水洗后集料及天然砂，并增加对水泥技术性能（硬化时间、强度、抗裂性和耐久性等）的检验频率，施工时应使用安定性合格的水泥。

③严格控制混凝土的拌和，使用可以自动计量且可以逐盘打印级配数据的拌和设备，严格按标准规范控制施工级配。

④浇筑混凝土方案必须经过监理工程师批准，浇筑过程中监理人员必须旁站；振捣工艺应程序化，杜绝随意振捣，保证振捣均匀密实。

⑤混凝土构件浇筑中，严格控制收浆工艺，拆模时间需经试验确定，不能过早或过晚。拆模时不得强烈扰动混凝土构件。

⑥严格控制养生工艺，不得采用塑料薄膜直接覆盖或包裹养生，要求采用透水性材料覆盖或包裹洒水养生，养生时间应大于7d，且混凝土浇筑宜避开高温时段。桥梁拼接施工现场如图4-1所示。

a）混凝土坍落度检测

b）混凝土抗压强度检测

图 4-1

c) 拼接带覆盖土工布

d) 拼接带洒水养生

图 4-1　桥梁拼接施工现场图

4.2.2.2　拼接带开裂

（1）施工难点

采用吊杆支模方式施工，后期吊杆孔位置容易因应力集中而在周边产生横向不规则裂缝；上部结构拼接带主要依靠现浇湿接缝混凝土实现，需待新桥沉降稳定后施工，需保证拼接混凝土强度，确保新旧混凝土充分黏结。新旧混凝土之间的黏结面较为薄弱，若处理不善，拼接带新旧混凝土交界位置容易产生纵向裂缝。

（2）应对措施

拼接带底模拆除后，吊杆孔需及时用相同强度等级的微膨胀瓜米石或砂浆进行封堵，或者在支模时，吊杆处不设置聚氯乙烯（PVC）管，直接将吊杆埋入混凝土中，拼接带模板吊杆安装如图 4-2 所示。新旧桥拼接带混凝土达到设计强度前禁止大型车辆、设备通行。

影响新旧混凝土黏结的重要因素之一是浇筑新混凝土前旧混凝土表面的性质和状况。新旧混凝土黏结面性能取决于黏结面（旧混凝土表面）的粗糙程度、黏结面的完好程度、黏结面的洁净程度等。

为了使旧混凝土表面形成凹凸不平的表面，确保新旧混凝土表面的处理质量，新旧混凝土表面处理施工时可采用高压水射法、电动钢丝刷或人工凿毛法。拼接带混凝土浇筑前需对混凝土拼接面喷涂二次界面剂，喷涂第一层界面剂后，应让界面胶渗入混凝土，待成胶凝状后，再涂敷第二层，并将其用作黏结层。应控制两层界面胶的涂敷厚度，用量可控制在 $0.35 L/m^2$。结合界面胶喷涂如图 4-3 所示。

4.2.2.3　新旧桥拼接带横隔板错位

（1）施工重点

拼宽桥预制梁板吊装完成后，新旧桥梁的预制梁拼接带横隔板易错位较大，出现横隔板角度与设计不符的情况。

图 4-2　拼接带模板吊杆安装　　　　　　　　图 4-3　结合界面胶喷涂

(2) 应对措施

实测旧桥横隔板的位置,以保证旧桥横隔板的尺寸、位置准确,与设计图纸的参数进行对比,误差较大时根据实际情况进行调整。模板设计应充分考虑横隔板位置和角度调整的需要,加强梁板预制过程中对横隔板位置与角度的检查,架梁过程中控制梁位准确并适当根据横隔板对位情况稍加调整,使横隔板互相对齐。

现场尽量缩短预制横隔板的预制长度,增加现场横隔板现浇段的长度,以加大现场的可调整空间,确保拼接后的横隔板顺直、美观。桥梁拼接前后情况如图 4-4 所示。

a) 新旧桥拼接带横隔板模板安装　　　　　　b) 新旧桥拼接带横隔板浇筑效果

图 4-4　桥梁拼接前后对比图

4.2.2.4　新旧桥拼接带厚度不均

(1) 施工重点

中江高速公路改扩建工程桥梁拼宽采用上部结构相连、下部结构分离的结构形式,拼宽部分桥梁必须与原有旧桥高程相衔接,实际施工中可能由于旧桥周边环境复杂或测量条件有限导致新旧桥的桥面高程偏差较大,导致新旧桥拼接带混凝土厚度不均,甚至出现过薄的情况。

(2)应对措施

桥梁拼接施工前,复测旧桥的坐标和高程,计算并复核其在图纸上的位置和高程是否正确,拼宽桥的高程调整必须在浇筑垫石前完成,待预制梁架设后发现高程有出入,只能通过桥面结构层进行调整,可调整的幅度很小。因此,浇筑支座垫石前必须对旧桥进行高程复查,确保旧桥和新桥桥面的最小铺装厚度,以保证新旧桥的拼接带厚度。拼接带抽芯过程如图4-5所示,厚度检测如图4-6所示。

图4-5 拼接带抽芯

图4-6 拼接带厚度检测

当新桥桥面设计高程比旧桥桥面实测高程低且差值小于2cm时,按原施工图设计高程实施,除此之外均需调整拼宽桥的设计高程。为防止拼接带模板梁底两侧位置漏浆,且保证拼接混凝土梁底纵向平齐,一般在模板两侧贴5mm厚的止浆条。

4.2.2.5 拼接带旧混凝土局部拆除

(1)施工难点

在对旧翼缘和桥面铺装的局部拆除中,传统的混凝土结构局部破除、清除主要采用人工风镐、电镐、机械锤打、液压劈裂机等小机具进行作业,此作业方式不可避免地会对邻近破除面的剩余结构部分造成损伤,产生大量的微裂纹,从而导致结构性能劣化以及在桥梁使用过程中连接部位混凝土出现病害和失效。

(2)应对措施

引进高压水射流切割混凝土技术,用高压水射流进行劣化混凝土清除、混凝土表面凿毛、附着物清洗等工作,对桥梁拼宽部分的旧翼缘板及部分旧桥面铺装进行保护性局部破除,减少对旧桥的扰动破坏,保留旧桥翼板钢筋,保障新旧桥梁拼接质量。旧混凝土局部拆除现场如图4-7所示。

4.2.2.6 边通车边施工新旧桥梁拼接

(1)施工重点

在不中断交通的条件下,行车荷载作用下桥梁扰动对桥梁修复用混凝土产生不利影响。

目前,桥面铺装抗扰动开裂仍然是一个技术难题。我国现阶段水泥混凝土桥面路面铺装采用钢筋网片+普通混凝土或钢纤维混凝土的技术措施抵抗扰动导致的破损开裂。重载行车条件下,混凝土终凝后的12h内最容易受扰动而开裂。

a) 翼缘板及整体化层水破除工艺

b) 高压水射流破除施工

图4-7 旧混凝土局部拆除现场

(2)应对措施

在边通车边进行拼接带施工的情况下,可采用桥面拼缝抗扰动混凝土技术,抗扰动剂与水泥基材料在混凝土终凝前后形成三维骨架网络和收缩抑制材料,在受行车荷载引起桥梁扰动时提高混凝土的韧性,补偿水化收缩,提高混凝土材料的均匀性(抗扰动离析性能)、新旧混凝土黏结性能、钢筋与混凝土黏结性能、补偿扰动导致混凝土收缩特性等,进而抵抗扰动带来的混凝土沉降断裂。建议翼板湿接缝及桥面整体化层尽量一次性施工,增强抗扰动混凝土的施工效果。抗扰动混凝土施工现场如图4-8所示。

a) 抗扰动混凝土搅拌

b) 抗扰动混凝土浇筑

图4-8 抗扰动混凝土施工现场

4.2.2.7　新旧桥不均匀沉降导致拼接带开裂

（1）施工重点

已建高速公路运营时间较长，正常情况下桥梁的基础沉降已稳定。新拓宽桥梁基础施工后，新旧桥梁基础之间会产生沉降差，进而导致新旧桥拼接带出现裂缝，影响拼接带的质量。

（2）应对措施

在施工阶段，应考虑采取以下措施：新拼宽部分的梁板应尽早架设到桥墩、台上，采取措施对其进行预压。板梁架设后应根据桥位处具体地质情况放置一段时间，使拼宽部分基础充分沉降，再与旧桥部分一起进行桥面现浇混凝土及湿接缝的施工作业。拼宽桥预制梁吊装现场如图4-9所示。

施工过程中，必须对差异沉降进行控制，除严格控制基底沉淀土厚度外，还应注重施工过程中的沉降观测。新拼接桥施工结束、整体化桥面混凝土浇筑完成后，新旧桥拼接前应测定新桥沉降情况，当沉降差大于5mm时要分析原因，与设计单位代表共同研究拼接方案。新桥完成桥面混凝土现浇层后，拼接部位湿接缝暂缓施工，使新桥有一定的自然沉降时间、混凝土收缩徐变时间，时间控制在30～50d为宜。各施工单位应做好施工组织，尽可能延长暂缓时间。桥墩沉降观测点设置示例如图4-10所示。

图4-9　拼宽桥预制梁吊装

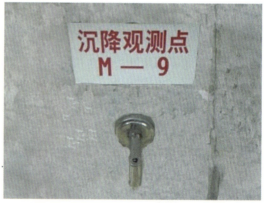

图4-10　桥墩沉降观测点设置

4.2.3　旧桥维修加固

随着交通运输量的不断增加，公路桥梁在长期运营状态下出现病害情况，已经很难满足交通运输量迅速增长的要求。且旧桥采用老的荷载标准，经多年运营，多处旧桥已不满足现行规范要求。为恢复乃至提高旧桥的承载能力和通行能力，延长使用寿命，需对旧桥进行维修与加固。旧桥维修加固重点施工内容有以下几个方面。

4.2.3.1 混凝土桥梁表面缺陷处理

(1)必要性

混凝土桥梁表面病害主要有蜂窝、露筋、表面腐蚀、剥落等。病害在初期阶段只是外观表现,对桥梁结构的安全及正常运营不会产生影响。随着时间的推移,在外界因素影响下,危害会不断发展扩大,使结构损伤逐渐向内部发展,导致混凝土保护层减薄,钢筋外露并锈蚀,进而逐步削弱结构的强度和刚度,致使桥梁结构破坏,危及结构安全,缩短桥梁的使用寿命。

(2)应对措施

混凝土桥梁表面缺陷常用的修补材料有混凝土(砂浆)、聚合物水泥混凝土(砂浆)及改性环氧混凝土(砂浆)等。采用的修补材料为:Ⅰ级改性环氧类聚合物砂浆、高强度Ⅰ级改性环氧类聚合物细石子混凝土和改性环氧类聚合物水泥浆。桥梁表面缺陷修补前后对比如图4-11所示。

a) 修补前

b) 修补后

图4-11 桥梁表面缺陷修补前后对比图

采用敲击法,全面检查梁底及梁侧松散、黏脱、空洞及不密实部位,敲击间距小于10cm,对存在黏脱、空洞及不密实等情况的混凝土进行凿除,露出混凝土坚实部位,凿毛,用高压水清洗干净。对于锈蚀的钢筋,除锈并涂阻锈剂(喷涂阻锈剂的混凝土表面应为面干状态);对于钢筋锈蚀截面面积达到钢筋面积20%以上的主筋,完全凿出并进行除锈处理后,在侧面焊接相同直径的接长钢筋。

①采用Ⅰ级改性环氧类聚合物砂浆修补混凝土表面缺陷和较浅区的病害。

②钢筋或波纹管出露区及缺陷深度超过30mm区,对钢筋进行除锈、涂阻锈剂后,用高强度Ⅰ级改性环氧类聚合物细石子混凝土修补(1d抗压强度不小于30MPa,7d抗压强度不小于50MPa,28d抗压强度不小于60MPa),粗集料最大粒径不超过10mm,细集料采用中砂;钢筋最小保护层厚度不小于25mm。

③采用改性环氧类聚合物水泥浆进行涂装,统一全桥色泽。

4.2.3.2 混凝土裂缝的处理

(1)必要性

混凝土桥梁工程内部结构中存在气体缝隙是一种常见现象,由于外界因素作用加剧了桥梁结构裂缝的产生,如交通流量过大、重型货车碾压、天气变化等,使得桥梁的承受阈值逐渐下降,进而对原有裂缝进行扩展。混凝土桥梁结构裂缝会对混凝土桥梁的构件造成破坏,使混凝土层碳化、钢筋锈蚀,严重影响混凝土桥梁的使用年限,并且存在一定的安全隐患。

(2)应对措施

裂缝的处理形式有两种:对于裂缝宽度小于 0.15mm 的混凝土表层微细独立裂缝或网状裂纹,可采用表面封闭法;裂缝宽度大于或等于 0.15mm 时,采用灌压浆封闭处理。

裂缝表面封闭是对宽度小于 0.15mm 的裂缝使用环氧封闭胶进行封闭,以达到恢复并提高结构耐久性和抗渗性的目的。先用细铁钩将裂缝中的灰尘、砂粒和污物打扫干净,并将缝口散裂的混凝土勾除,再用钢丝刷清除缝口表面浮浆并打毛,然后用压缩空气吹尽缝口浮尘,最后用甲苯或工业丙酮清洗缝口后,刷上两层裂缝封闭胶进行裂缝封闭。

裂缝宽度大于或等于 0.15mm 时,采用化学灌浆方式修补裂缝,一方面是靠黏结剂的黏结力将结构内部组织尽可能地结合为整体,使其恢复应有的强度。另一方面,阻断空气和水分进入梁体,避免腐蚀钢筋和风蚀混凝土,提高结构耐久性。裂缝缝口表面处理,应使工作面平顺、干燥、无油污,处理范围为沿裂缝走向宽 30~50mm;注浆嘴沿裂缝走向布置,间距视裂缝宽度而定,一般为 200~400mm;压力注浆修补裂缝应根据浆液流动性选择注浆压力,一般为 0.1~0.4MPa,竖向、斜向裂缝压浆应自下而上进行。压力注浆修补裂缝处理前后对比图如图 4-12 所示。

a) 处理前　　　　　　　　　　　　b) 处理后

图 4-12　压力注浆修补处理前后对比图

4.2.3.3 梁板加固

(1)必要性

自 2005 年中江高速公路建成通车以来,随着交通量的日益增大,桥梁面临巨大的运输压力,急需解决加固。上部结构加固主要针对按《公路钢筋混凝土及预应力混凝土桥涵设计规范》(JTG 3362—2018)和《公路桥涵设计通用规范》(JTG D60—2015)要求验算主梁承载能力不足、桥面板承载能力不足以及现状局部病害。结合旧桥梁板 8m、10m、13m、16m、20m 空心板的病害和验算情况,部分梁板按《公路钢筋混凝土及预应力混凝土桥涵设计规范》(JTG 3362—2018)和《公路桥涵设计通用规范》(JTG D60—2015)要求荷载验算抗弯;部分小箱梁(内边梁)抗弯承载能力不足;部分连续箱梁抗弯或抗剪承载能力不足。

(2)应对措施

针对梁板承载力不足、纵向主筋严重锈蚀、梁板桥主梁严重开裂的情况,采用钢板黏结加固,用胶黏剂和锚栓将钢板黏结锚固在混凝土结构的受拉边缘或薄弱部位,使其与结构成为一体,用钢板代替附加钢筋,提高桥梁的承载能力和耐久性。

4.2.3.4 桥梁基础及下部结构加固

(1)必要性

桥梁能否正常作用,不仅取决于上部结构原设计荷载标准与完好程度,作为其重要组成部分的基础及下部结构,墩台和基础将直接承受上部结构的荷载,并将荷载传递给地基,因此,桥梁的基础及下部结构的质量好坏也直接影响其能否正常使用。有的旧桥承载能力的降低和主要病害的产生正是由于下部结构的病害引起的,因此,在旧桥加固改造中,对基础及下部结构的加固改造是非常重要的。

(2)应对措施

进行桩身加固。清除桩身混凝土表面的松动石子、浮浆、污物,并对锈蚀钢筋除锈;清理后的混凝土表面应坚实、粗糙;水下混凝土或灌浆料连续灌注,不得出现断层;桩身的新旧混凝土应连接紧密;钢护套的强度、刚度、水密性应满足混凝土或灌浆料的灌注和成型要求。

4.2.3.5 桥梁支座更换

(1)必要性

中江高速公路旧桥既有支座病害较为严重,板式橡胶支座出现老化开裂、剪切变形、支座脱空、钢垫板锈蚀、被泥沙掩埋等病害,盆式支座存在滑移、钢盆锈蚀等病害。考虑抗震需求及拼宽后新旧桥的整体受力需求以及《公路钢筋混凝土及预应力混凝土桥涵设计规范》(JTG 3362—2018)和《公路桥涵设计通用规范》(JTG D60—2015)中荷载等级的提高,对全线既有桥梁支座进行更换。但受交通及地理位置影响,施工条件相当复杂,顶升支座工期相对较短,但顶升时支点多、设备复杂,人员协调较困难,工程不可预测性较大,具有较大的不确定性和风险性。

（2）应对措施

①板式橡胶支座更换。支座更换时根据实际情况可单跨单侧支座进行更换（需保证同一盖梁上的板同时顶升）。更换前后对比图如图4-13所示。

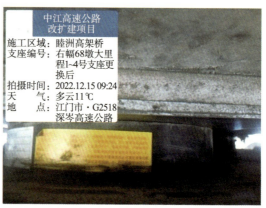

a) 更换前　　　　　　　　　　　　　b) 更换后

图 4-13　支座更换前后对比图

施工时应查找桥梁原始记录，保证千斤顶顶升吨位需大于 2 倍的梁体重量。对于支座脱空、不密贴的，需要加装钢板的，先测量脱空的高度或不密贴尺寸，制作不同尺寸楔形不锈钢板，使用联动千斤顶将桥梁上部结构顶起，过程中需采用楔形钢板不断塞垫密实，梁体上部结构支撑牢固后，取出支座，清理支座垫石的尘土、砂石，用结构胶将钢板粘贴固定在支座垫石上，再将支座复位，千斤顶缓慢回油观察，待支座与上下钢板完全密实并不再出现偏歪、不均匀受力和脱空现象后彻底回油拆除千斤顶等设备。

②对于预应力混凝土连续箱梁，拆除既有盆式橡胶支座，结合新旧桥拼接、抗震分析等因素推荐更换为拉索盆式减隔震支座。支座宜采用四周环向拉索或钢丝绳（适应水平任意方向的地震力），拉索水平承载力为竖向承载力的 40%，具体垫石、梁底调平尺寸及高度需结合采购产品规格做必要的调整。

支座与梁底、墩柱（盖梁）之间的连接，尽量利用既有盆式支座的锚栓，并按不小于更换后支座的连接件进行补强。补强方式为在梁底支座周边植入锚栓，然后将梁底与支座上钢板连接，支座上钢板可定制加大尺寸，预留植入锚栓孔；支座下钢板可采用类似梁底方式，对于无盖梁墩帽，可采用外包钢套箍的方式，现浇箱梁需要一联内同步顶升，顶升偏差应小于或等于 3mm。

4.2.3.6　伸缩装置更换

（1）必要性

为满足桥面变形要求，通常在两梁端之间、梁端与桥台之间或桥梁的铰接位置上设置伸缩装置。桥梁伸缩装置质量好坏和使用耐久性直接影响车辆行驶速度、交通安全和行车的舒适性,也影响桥梁的使用寿命。桥梁伸缩装置出现损坏,必须进行维修和更换。随着交通量逐年迅速增加,桥梁梁体挠度位移以及对伸缩缝的撞击、反复荷载作用等,增加了伸缩缝材料的磨损和疲劳概率,损坏桥梁伸缩装置。伸缩装置施工时,预埋钢筋数量不足、锚固焊接不牢、模板安装不紧密、混凝土振捣不密实、伸缩缝高速控制不准、后期混凝土养生不规范、过早地拆除定位角钢等情况,都会影响伸缩缝使用寿命,造成伸缩缝过早损坏。

(2)应对措施

伸缩装置设计以常用的标准跨径预制装配式结构为主,型号主要采用80型、160型两种模数式伸缩装置,最大伸缩量分别为80mm、160mm。当地震位移较大时,可适当加大伸缩缝装置。上部结构联长与伸缩装置选型包括:当联长$L≤125m$时,一般采用80型伸缩装置;当$125m<联长 L≤150m$时,一般采用120型伸缩装置,主要结合旧桥联长在局部采用;当$150m<联长 L≤220m$时,一般采用160型伸缩装置。

①本项目旧桥伸缩缝槽口破除后,发现伸缩缝位置旧桥梁端孔洞较多,因此在安装伸缩缝装置前,需把孔洞用同等强度等级混凝土进行修补,再进行伸缩缝装置安装。

②安装好的伸缩缝应保证上部结构能自由伸缩,安装时间避开一天中最高温度时段。

③伸缩缝顶面及两侧混凝土面应与相邻铺装底部抹平,用3m直尺检查,最大间隙不大于2mm。

④混凝土表面应坚实、平整,并具有一定粗糙度。

⑤伸缩缝开槽前应用3m直尺测量槽口两侧整体化层的平整度,确保3m范围内平整度不大于3mm/3m,如不满足,应适当扩大切割范围。

⑥路侧护栏伸缩缝预留槽口应及时封闭,采用与护栏同强度等级混凝土+膨胀剂,确保新旧混凝土结合密实,线形平顺,颜色一致。

⑦钢纤维混凝土材料及用量应符合设计要求。

⑧伸缩缝生产前应进行实地测量,宜单幅整体制作成型、整体安装(渐变加宽段、斜交桥梁宽度大于15m除外),吊点应根据生产厂家要求进行设置。伸缩缝槽口破除与安装如图4-14所示。

4.2.4 旧路面处治

中江高速公路全线软基分布较多,路基以填砂为主,日通行量已超10万辆,现状道路服务等级为四~五级。随着运营时间的增加,既有沥青路面性能严重下降,路面陆续出现纵横向裂缝、松散和车辙等病害,在管养过程中也采取整车道铣刨重铺、封闭灌缝等方式进行了处治。但路面仍存在明显的横向裂缝与纵向裂缝病害,特别是纵向裂缝,病害严重,裂缝长、宽度大,规律性地分布于超车道右轮迹带。为了保证扩建后路面的施工质量和耐久性,需根据检测评估结果,制定针对性处治方案。

a) 伸缩缝槽口破除　　　　　　　　　　　　b) 伸缩缝装置安装

图 4-14　伸缩缝槽口破除与安装

4.2.4.1　旧路面检测结果

(1)破损调查

慢车道换算横向裂缝间距为 50m,超车道换算横向裂缝间距为 16.9m,路表横向裂缝病害相对可控,慢车道纵向裂缝段占路段路基总长的 14.7%,超车道纵向裂缝段占路段路基总长的 73.3%,超车道纵向裂缝破损严重。

(2)雷达检测

路面结构层纵向裂缝长度占比为 95.1%,即大部分纵向裂缝集中在路面结构层内部。横向裂缝开裂至底基层(56~76cm)的比例为 28.5%,横向裂缝开裂至土基(>76cm)的比例为 6.9%,即横向裂缝主要存在于路面结构层内部。对比分析沥青层裂缝和基层裂缝位置,裂缝基本处在同一位置,大部分横向裂缝贯穿至底基层。

(3)路面弯沉检测

超车道弯沉单点值分布范围为 5~35.7(0.01mm),慢车道弯沉单点值分布范围为 5~46(0.01mm),超车道弯沉代表值大于慢车道弯沉代表值,超车道路面结构强度相对较差;分析弯沉单点值,超车道弯沉单点值大于 30(0.01mm)以上占比为 1.7%,慢车道弯沉单点值大于 30(0.01mm)以上占比为 1.1%,单点弯沉较大位置相对较少;裂缝位置路面结构承载力较差,裂缝处弯沉相对于裂缝旁弯沉更大,纵向裂缝处弯沉远大于无病害路段,裂缝处弯沉大是影响整段路面结构承载力的主要原因。

4.2.4.2　旧路面处治重点

分析认为:路面纵向裂缝主要是在软基路段不均匀沉降加之填砂路基填料黏聚力小、路基整体性差以及车辆荷载等多因素共同作用所致,横向裂缝成因主要为水稳基层的收缩裂缝反射。

旧路处治重点主要为:采取有效措施稳固路基及基层,提高路面整体性及结构强度,抑制纵向裂缝的发展;采取相应的防范措施及对沥青面层进行维修。

4.2.4.3 处治方案

为保证扩建后路面的质量和耐久性,需依据检测评估结果,深入分析病害原因及路面残余性能评估后,制定科学合理的处治方案:

(1)有纵向裂缝路段采用注水泥浆处治,沿裂缝纵向设置3排注浆孔,对于已铣刨重铺的主车道,注浆前应通过地质雷达等无损检测手段探明裂缝具体位置;对于局部弯沉值大于23(0.01mm)路段,应采用整车道花管水泥注浆处治补强。

(2)加铺厚度小于或等于16cm的路段,纵、横向裂缝以上采用开槽回填沥青混合料处治,开槽宽度为0.5m,开槽并将槽内清理干净后撒布改性乳化沥青,并在裂缝处铺设抗裂贴,然后回填4cm GAC-13改性沥青混合料并压实。对于部分坑槽密集路段,可视病害严重程度,铣刨重铺至上面层或中面层。

(3)加铺厚度大于16cm的路段,对裂缝灌缝处治后铺设抗裂贴。

4.2.4.4 旧路面病害处治效果

基层及土基采取合理的注浆工艺处治,对面层病害采取开槽回填或整体铣刨重铺处治后,在有效抑制病害发展的基础上,进一步巩固加强了既有路面结构强度,检测结果表明,注浆后路面纵向裂缝位置水泥浆填充效果较好,同时路面强度提升效果明显,与注浆前相比,注浆后路表弯沉平均可降低50%以上,注浆后路面弯沉均100%满足设计要求。对路面裂缝进行开槽、灌封、铺设抗裂贴及回填沥青混合料,有效防止和延缓了反射裂缝的产生和发展,保障扩建路面施工质量和整体耐久性。旧路面处治效果如图4-15所示。

a) 路面纵向裂缝病害

b) 旧路面纵向裂缝位置进行水泥注浆处治

图 4-15

c) 土基裂缝填充效果

d) 基层裂缝填充效果

e) 纵横向裂缝开槽、贴抗裂贴及回填沥青混凝土

f) 旧路面处治整体效果

图 4-15　旧路面病害处治效果示例

4.2.5　路面拼接高程控制

高速公路改扩建工程中，新旧路面拼接高程控制尤为关键，是改扩建实施过程中问题出现最多、问题暴露时间较晚、影响范围较广的控制问题。对路面拼接高程控制方案如下：

4.2.5.1　施工重点

高速公路改扩建工程中，新旧路面拼接高程控制方案有两种，方案一是新路按旧路高程强行拟合；方案二是新路按设计高程控制施工。

方案一，可使新旧路面结构层层对应，且便于施工，交通转换阶段通行舒适，新旧路无高差、无排水困难。由于面层按厚度进行摊铺，不按高程进行摊铺，导致新旧路横坡差异，中面层调平量较大，且桥头段落需要进行二次调坡。由于横坡不断变化，边部结构物均已按设计高程施工完成，路肩型挡土墙、轻质土、平缘石等影响边部护栏高度和平缘石排水，封闭交通后，中央分隔带护栏需立即施工，但此时无参考高程，导致施工困难。

方案二，严格按照设计高程施工，路面纵横坡、平整度较好；中面层调平量仅发生在旧路,调平量少。但由于纵断面拟合无法做到与路面加铺厚度完全一致,交通转换阶段,新旧路存在高差,影响临时通行和临时排水,部分旧路需要铣刨。

4.2.5.2 应用情况

考虑项目软基路段多、不均匀沉降大、新拼宽路基已施工且采用轻质泡沫土等因素,结合已有改扩建工程经验,如果采用传统的新旧路面强行拟合的拼接方案,将导致新路平整度不良,后期调平费用高。因此,采取基于新路按设计高程控制的路面拼接方案,同时对以下问题进行重点关注:

(1)施工单位进场后,采取必要的安全防护措施,立即对所有拼接位置的高程进行水准测量,复核拼接高程,并将测量数据反馈给设计单位,由设计单位再次复核设计高程,提前发现和解决问题。

(2)对于长挡墙路段,挡墙墙顶护栏基座施工前,必须测量并复核拼接位置的高程,将测量结果反馈给设计单位,由设计单位复核确认高程无误后,再施工护栏基座,避免后续高程不一致,致使返工或用路面面层调整高程的情况。

4.2.5.3 应用效果

项目新旧路面拼接高程控制主要采用基于新路按设计高程控制的路面拼接方案,临时拼接后,新旧路面不可避免地存在高差,但确保了新拼宽路面拥有良好的平整度,同时也大大减少了后期全幅沥青混合料调坡所产生的巨额费用。对于部分路段,设计互通立交主线加宽段及临时交通转换点,采取新路按旧路高程强行拟合方案,新旧路面顺接平顺,确保临时交通转换期的行车安全。路面拼接高程控制方案实施效果如图4-16所示。

图 4-16 路面拼接高程控制方案实施效果

4.2.6 路面排水施工

高速公路扩建宽幅路面排水路径加长,汇水面积增大,排水困难,为了保证扩建后路面排水效果,提升雨天行车安全,项目对扩建路面排水进行了优化设计施工,主要体现在以下几个方面:

4.2.6.1 横向排水管优化施工

(1) 施工重点

原设计扩建范围内顺接的旧路横向排水管及新建路段部分新设的横向排水管采用 PVC 排水管,管径为 30cm,运营养护期间因管径小容易淤塞,且 PVC 排水管较双壁波纹管易老化。改扩建后,因横坡改变和汇水面积增大,原路面横向排水管已无法满足排水要求。

(2) 应对措施

新增并加密直径为 50cm 的超高段横向排水管,选用新型的高强度、轻质、节能、环保、安装简便的双壁波纹管,减少施工时间,提升管道使用寿命,降低后期维护成本。部分路段旧路反开挖,铺设 50cm 管径横向排水管,提高排水能力,保证行车安全。

4.2.6.2 临时排水优化施工

(1) 施工重点

扩建拼接方案以新路高程作为控制高程,而临时交通转换期间新旧路面横向高程存在高差,存在排水不畅、积水问题,影响行车安全。

(2) 应对措施

新旧路面高差大于 2cm 且长度大于 70m 的非超高路段,在既有道路临时纵向开槽、设置集水井和临时横向排水管,引排新旧路面高差处积水,保证行车安全和顺利完成首次导改。临时排水优化施工如图 4-17 所示。

a) 新旧路面积水情况

b) 临时纵向开槽施工现场

图 4-17 临时排水优化施工

4.2.6.3 排水路面施工

(1) 施工重点

原设计提出对于主线合成坡度小于 0.5% 的路段,采用 4cm OGFC-13① 型排水路面上面

---

① OGFC:Open Graded Friction Course,开级配抗滑磨耗层。

层,未充分考虑竖曲线凹曲线底部、直缓段、缓圆段等缓坡段及互通范围超宽路段的排水特点,排水路面设计范围考虑不足。

(2)应对措施

提高扩建路面全线排水效果和耐久性,主线合成坡度小于0.5%的路段、超高过渡段、凹曲线底部路段、长陡坡路段、互通加宽路段等排水不畅路段,均设计为PAC-13① 排水沥青上面层。

4.2.6.4 Ω形超高性能混凝土(UHPC)排水沟施工

(1)施工重点

主线凹曲线底部汇水量大,排水不畅,匝道加宽路段汇水面积增大,排水缓慢,水膜厚度大,易导致车轮打滑失控从而引发交通事故,影响高速行车安全。传统的排水槽通常采用不锈钢排水槽,虽其抗压强度在25~40MPa,耐久期限在70~100年,但不锈钢排水槽在运营过程中易和沥青路面产生分离,经常需要人工维护,成本较高,同时影响高速公路通行能力;而采用玻璃钢排水槽,其抗压强度虽然大于45MPa,但耐久性较差,耐久期限约为30年,需要多次更换。

(2)应对措施

Ω形排水槽具有排水性能好、体积小、强度高、抗冲击性能好的特点,且施工工艺简单、快捷,在部分高速公路路面积水处治过程中试点应用效果良好,因此采用安装装配式Ω形排水槽对中江高速公路部分排水不畅或积水路段进行处治,实现病害处理快速化。

在凹曲线底部及匝道路段分合流鼻端分别设置Ω形UHPC横向排水沟及纵向排水沟,截流路面水。选用UHPC材质排水槽,其与沥青路面结合力强,不易分离,可以长时间使用,材质强度较高,耐腐蚀性超强,并兼具良好的韧性、黏结性能和抗冲击、抗疲劳性能,而且体积小、可预制、简单实用。Ω形UHPC排水沟施工如图4-18所示。

a) 凹曲线底部横向排水沟

b) 分合流鼻端纵向排水沟

图4-18 Ω形UHPC排水沟施工

---

① PAC:Porous Asphalt Concrete,排水沥青路面。

4.3　改扩建工程标准化施工

4.3.1　施工工艺标准化

4.3.1.1　路基施工标准化

在拼接新路段施工前,先对旧路进行边坡喷混防护或钢板桩防护,避免拼接施工对正在通车的旧路造成不良影响。软基施工前,严格按方案整平场地并通过报检验收,布置纵横向临时排水沟,保证排水通畅。边坡喷混防护及钢板桩防护分别如图4-19a)、b)所示。

路基填筑采用网格上土,严格控制填筑松铺厚度。路基填筑做好排水设施,包括路拱横坡、拦水埝、临时急流槽等,损坏的应及时修复。路基填筑施工如图4-19c)、d)所示。

轻质土规范化施工,对规范绑扎顶板钢筋、轻质土与钢板桩使用塑料薄膜隔离、顶部铺设防水板、搭接使用热熔焊接等进行明确并落实,效果明显,如图4-19e)~h)所示。

a) 边坡喷混防护

b) 钢板桩防护

c) 土工格栅施工

d) 临时排水沟设置

图 4-19

e) 规范绑扎顶板钢筋

f) 用塑料薄膜将轻质土与钢板桩隔离

g) 顶层铺设防水板

h) 防水板搭接使用热熔焊接

图 4-19　路基施工标准化

4.3.1.2　涵洞施工标准化

涵洞采用大面积不锈钢模板,拉杆孔采用新型遇水膨胀止水条加橡胶塞进行封堵,能与混凝土紧密贴合,具有良好的止水效果。沉降缝采用沥青麻絮、自粘式防水卷材进行沉降缝封堵处理,不污染环境且防水效果良好。涵洞台背防水及沉降缝防水处理情况如图 4-20 所示。

a) 涵洞台背防水

b) 涵洞沉降缝防水

图 4-20　涵洞防水施工

4.3.1.3 桥梁施工标准化

桥梁桩基施工采用渣样架、标准化泥浆池（图4-21a），统一定制带雨棚的渣样盒（图4-21b），并采购统一样式的渣样袋和名片大小的渣样卡片，留样标识清楚明了，对照钻孔记录表可快速查找对应留样，大大方便了桩基定岩、终孔工作的开展。桩基成孔采用超声波检孔仪进行检孔，引进泥浆沙石分离机，切实保障桩基质量。超声波检孔仪和泥浆沙石分离机分别如图4-21c)、d)所示。桥梁桩基破桩头施工中应用液压破碎机，先用环切法切到桩头主筋外保护层，然后把主筋外包混凝土剥离，最后通过液压破碎机分节凿除桩头。液压破碎机及环切法凿桩如图4-21e)、f)所示。

墩柱施工平台（图4-22a）统一采用厂家定型一体化钢平台，护栏高度为1.5m，上升阶段由起重机整体起吊，有效避免拆装安全隐患。墩柱模板（图4-22b）采用整体式大型冷轧组合钢模，符合标准化要求。墩身拆模后立即采用塑料薄膜包裹和墩顶滴灌方式进行养生，如图4-22c)所示。墩柱外露钢筋采用涂刷水泥浆和套PVC管进行防锈处理，如图4-22d)所示。

a) 钢套箱泥浆池

b) 渣样盒

c) 超声波检孔仪检孔

d) 泥浆沙石分离机

图 4-21

4 施工质量管理

e) 液压破碎机凿桩头

f) 环切法和液压破碎机凿桩效果

图 4-21 桥梁基桩施工

a) 墩柱施工平台

b) 墩柱模板

c) 墩柱养生

d) 墩柱外露钢筋防锈处理

图 4-22 墩柱施工

盖梁采用"摩擦双钢抱箍托架法"施工,新加工的抱箍均进行了预压试验,检验抱箍承载力。双钢抱箍托架如图 4-23a) 所示。盖梁钢筋安装采用卡槽定位,确保钢筋间距准确、均匀,盖梁钢筋骨架片及卡槽分别如图 4-23b)、c) 所示。盖梁混凝土浇筑终凝后及时采用土工布覆盖和顶部滴灌方式进行养生,如图4-23d)所示。

a) 双钢抱箍托架

b) 盖梁钢筋骨架片

c) 卡槽辅助定位

d) 盖梁养护

图4-23 盖梁施工

预制梁采用整束穿束台车(图4-24),可实现整束钢绞线的快速对孔、自动连续穿束,避免了单根穿束引起的钢绞线相互缠绕、无序缠绕而导致的钢绞线张拉后受力不均的问题,提高了钢绞线整束穿束效率,保证了穿束质量,降低了劳动强度,节省了人工成本。预应力施工采用智能张拉和压浆设备(图4-25),有效避免了人工操作失误造成的质量隐患。

图4-24 钢绞线整束穿束台车

a) 智能张拉设备　　　　　　　　　　　b) 智能压浆设备

图 4-25　智能张拉和压浆设备

4.3.1.4 "四新"技术应用

(1) 以建筑信息模型(BIM)为载体,推进项目信息化管理

根据交通强国建设广东省试点任务要点,结合立交密集、间距小、交通量大,涉路涉铁交叉多,扩建期间交通疏解、交通组织难度大、安全风险点多等特点,以 BIM 为载体搭建工程一体化管理平台,利用 BIM + 地理信息系统(GIS) + 物联网(IoT) + 倾斜摄影 + 大数据技术,通过统筹各参与方的工程信息,实时把控工程建设质量、进度、安全、征拆等信息,实现工程建设数字孪生和工程管理数字化转型升级,助力智慧建造,提高项目管理信息化与精细化水平。

(2) 就地固化技术应用

就地固化施工主要由挖机动力系统、强力搅拌头和自动供料系统组成。开工前,采用就地浅层固化技术快速形成施工便道,推动各工点、各工序快速具备施工条件。其代替换填法,工程无弃土,无开挖,无须使用大量的置换材料,减小砂石用量,减少环境污染。就地固化技术对高大设备无法到达的狭长场地和空间受限场地具有较强适用性。

(3) 水泥搅拌桩远程实时监测系统

针对水泥搅拌桩施工监管难度大,仅靠抽芯与荷载检测方法单一、无法对整个场地处理的均匀性做整体评价的问题,引进水泥搅拌桩远程实时监测系统,实时监测水泥搅拌桩的桩长、钻进速度、垂直度、喷浆量等主控参数。水泥搅拌桩桩位放样如图 4-26 所示。

(4) 集智聚力,广泛开展"微创新"活动

吸取总结"十四五"期项目建设经验,结合改扩建工程特点,鼓励大众创新,充分发挥广大参建者的智慧,集智聚力。通过设立奖励机制,调动每一位参与"微创新"活动人员的积极性,解决工程建设中遇到的难题,助力品质工程建设。"微创新"项目见表 4-3。

图 4-26　水泥搅拌桩桩位放样

"微创新"项目表　　　　　　　　　　　　　　　　　表 4-3

项目名称	使用部位	微创新效果
精轧螺纹钢与钢绞线连接器装置	连续刚构	解决连续刚构0号块支架反拉问题,具备埋件预埋方便、安拆简单、安全可靠的特点
管桩机械接头螺栓安装工具(手持电钻+改进套筒)	预应力管桩机械连接螺栓安装	解决预应力管桩机械连接螺栓安装困难问题,提高工效与螺栓安装质量
桩基钢筋保护层垫块	桩基	解决垫块卡入需切断纵向主筋的问题
预制箱梁梁端防开裂改良台座	预制箱梁	防止梁端开裂通病问题

4.3.2　临时建筑工程标准化

(1)驻地、钢筋加工场、混凝土拌和站按照"三集中"管理要求设计,整体规划布局合理,便于日常管理及检查。罐车清理污水设置七级沉淀池,设置砂石分离机,减少周边环境水污染。临时建筑工程整体布设如图 4-27 所示。

a) 拌和站全封闭

b) 项目部驻地

图　4-27

4 施工质量管理

c) 沉淀池

d) 污泥处理装置

图 4-27 临时建筑工程整体布设

（2）建设大型钢筋加工中心，配置数控弯曲中心、数控钢筋切断套丝生产线、二氧化碳保护焊等加工设备，智能操作、使用便捷、运行稳定、节省人工，实现全过程控制，确保钢筋加工质量；配置检测工具专用小推车，检测器具集中存放，方便检测；半成品存放采用专用架，既整齐又便于日常检查管理。钢筋加工场设施如图 4-28 所示。

a) 钢筋加工场功能分区

b) 全自动剪切弯曲生产线

c) 数控钢筋切断套丝生产线

d) 钢筋锯切机

图 4-28

e) 自动弯箍、焊接、锯切一体化设备

f) 钢筋笼滚焊机

g) 钢筋丝头分层存放

h) 钢筋丝头保护套

图 4-28 钢筋加工场设施

（3）建设预制构件场，建设新泽西护栏与隔离墩互相兼容的自动化生产线，新泽西护栏从放置构件钢筋笼、下料、震动、运输、养护等过程自动化控制，解决传统施工工艺依赖人力和产能低下等问题，实现自动化、批量化生产，减少人员投入，降低劳动强度。同时，实现"手艺和经验"标准化，提高施工质量的稳定性。小型构件场设施如图 4-29 所示。

a) 自动化生产线

b) 构件成品外观

图 4-29 小型构件场设施

(4) 工地试验室场地布局合理,功能分区齐全,室内整洁有序,仪器摆放整齐、标识清晰。试验室配备视频监控设备,可实时监视试验室内部情况,随时查看试验室动态信息,防范试验过程造假。工地试验室如图 4-30 所示。

a) 工地试验室

b) 力学室

c) 水泥混凝土室

d) 试验室视频监控

图 4-30　工地试验室

(5) 预制梁场。布局合理,规模满足需要,各项设备、设施按标准化要求配置。预制梁场实景如图 4-31 所示。

a) 预制梁场布局鸟瞰图

b) 预制梁场局部鸟瞰图

图 4-31　预制梁场

5

CHAPTER 5

绿色建造创新与实践

在中江高速公路改扩建工程中全面推行绿色公路建设新理念、新技术和新制度，对打造绿色典型示范改扩建工程至关重要。本章主要阐述项目建设中的全过程绿色管理与绿色建造创新技术实践，包括沥青路面再生材料利用、玻璃纤维筋应用、施工期便道设计永临结合、废旧混凝土集中利用、低碳沥青摊铺和就地固化技术等内容。

5.1 绿色公路建设管理

5.1.1 绿色公路建设目标

为推进绿色发展理念，中江高速公路改扩建工程将"绿色建设理念"贯彻落实到各阶段，在设计、施工阶段全方位落实环保工作的各项措施要求。以《建设项目环境影响报告表》中关于环保的要求为基础，从源头控制并将措施落实在设计阶段；在施工阶段，从制度制定、技术保障、过程管理等方面多举措保证落到实处，保证绿色理念落地，打造绿色典型示范改扩建工程。

绿色建造管理目标即"以人为本，打造绿色典型示范改扩建工程"。具体工作目标为在项目施工过程中全面推行绿色公路建设新理念、新技术和新制度，坚持创新、协调、绿色、开放、共享的新发展理念，在保证工程质量的前提下，最大限度地控制资源占用、降低能源消耗、减少污染排放、保护生态环境，注重建设品质提升与运行效率提高，提供安全、舒适、便捷、美观的行车环境，建设与自然和谐共生的公路。

项目沿线环境敏感点多，绿色发展要求高。建设过程中，坚持公路与自然和谐相处的理念，结合中江高速公路改扩建工程实际情况，采用有效、可行措施，最大限度地降低项目施工对沿线生态环境的干扰，取得了良好的建设效果。

5.1.2 绿色建造组织实施

（1）组织机构

为加强组织领导，统一部署和指导，管理处成立"平安百年品质工程"创建活动绿色建造管理领导小组，按照"生产工厂化、驻地人本化"的原则，实施驻地、工地试验室、混凝土拌和站、钢筋加工棚、预制梁场等临时建筑标准化建设。

（2）激励政策

充分调动参建各方打造"绿色公路"的积极性，在监理、检测、施工等方面制定具体措施，对"绿色公路"示范项目实行"双优竞赛"，将"绿色公路"建设与年度考核、信用评价等工作挂钩,在标段间建立竞争机制,将"绿色公路"建设与已设立的各类优质工程质量奖项有效衔接,对"绿色公路"创建工作中成绩突出的单位和个人予以奖励或表扬。

5.1.3 全过程绿色管理

(1) 健全制度管理

组织编写印发《广东省路桥建设发展有限公司中江高速公路改扩建管理处制度汇编》,从环保与水保、工程技术、计划合同、安全生产、征地拆迁、党群综合等方面进行制度建设,明确各项工作开展流程。同时,要求监理、检测、施工单位等各方也建立相应制度、列明工作计划,健全施工指挥系统及岗位责任制,工序衔接交叉合理,交接责任明确,确保各业务井然有序开展,编制并印发《环保与水保管理规定》和《文明施工管理规定》,从制度层面约束施工行为,落实环保措施。

(2) 多方案环保选线

建设前期和设计阶段,通过改扩建路线多方案比选、优化线形,最大限度地减少对居民集中居住区、饮用水源地保护区、基本农田保护区等生态环境敏感区的占用,降低对自然、生态与水资源环境的影响。将扩建线位选择、生态保护和环境保护融为一体,从根本上控制生态环境保护问题。

(3) 植物生态防护

路基防护设计中贯彻绿色环保理念,在充分考虑边坡稳定的前提下,采用工程防护和植物防护相结合、以植物生态防护为主、工程防护为辅的措施。

(4) 环境敏感区噪声防治

沿线声环境敏感区主要集中在居民区和学校,施工期噪声主要为旧路基和桥梁拆除、扩建路基和桥梁过程中施工、临时堆放场等作业机械噪声及施工便道交通运输噪声。一方面,加强施工过程中的机械噪声防治,施工区域通过彩钢板围蔽,钢筋加工场、混凝土拌和站等场所采取全封闭形式,靠近居民区域的桥梁桩基采用旋挖钻机、软基处理采用静压机等方式减少噪声;另一方面,对全线噪声敏感点进行仔细调研,优化声屏障设计,合理设置隔声窗,全线共设置声屏障约17km、隔声窗约2万m^2。

(5) 采用轻质土路基

项目沿线土源奇缺,取土十分困难,因此,采用泡沫轻质土路基替代原本的路基填筑材料,避免路基高挖高填对环境的破坏,可节约永久占地,减少占用基本农田保护区,减少对居民集中居住区的拆迁,对自然环境的保护有重大意义。

(6) 施工过程动态监测

为加强对高速公路施工阶段的环境管理与监控,落实施工期环境影响减缓措施,控制施工阶段的环境污染和生态保护,满足环境保护"三同时"制度的要求,项目邀请环保第三方监测机构对施工期环境进行动态监测。

(7)桥面径流收集处理

根据《建设项目环境影响报告表》的要求,西江水道为Ⅱ类水体且为饮用水源保护区,禁止排污,另外考虑到沿线跨越多处水系河涌,共设置45座隔油应急池。正常降雨产生的初期雨水经隔油应急池隔油沉淀后,排至当地水系;当危险化学品运输事故发生时,事故水进入隔油应急池暂存,交专业部门处理,最大限度地降低由事故引发次生水环境污染事件的发生概率,保障环境安全。

(8)扬尘防治措施

"三集中"场内设置洗车槽、雾炮机、扬尘监测系统,围墙周边设置喷淋降尘系统,如图5-1所示。施工区域便道出入口、施工便道进行硬化处理,并安排了洒水车进行洒水降尘,便道出口设置洗车槽。对裸露边坡、场地进行植草或覆盖,在施工作业区域设置雾炮、扬尘监测系统等。

a) 料仓水雾降尘

b) 洗车槽

c) 工点安装雾炮机

d) 裸土覆盖

图5-1 扬尘防治措施

全过程、全方位实施扬尘污染控制,重点区域建筑施工工地实现周边围挡、物料堆放覆盖、路面硬化、出入车辆清洗、渣土车辆密闭运输的"五个百分之百"覆盖,全线扬尘排放达标率为百分之百。

(9)施工废水与泥浆分类处治

①拌和站及混凝土罐车清洗用水集中收集,并配备一套砂石分离设备进行分离,分离后水进入五级沉淀池处理并循环使用。定期采用泥浆处置设备对沉淀池内的沉积物进行脱水处理,用于便道、场地填筑等临时工程。

②设置雨水疏排系统,对初期雨水进行汇集,并在场外雨水排放口处设置沉砂池。

③设置隔油池和化粪池,集中收集生活污水,定期交由环卫单位进行抽排处置。

(10)施工固体废物百分之百处置

"三集中"固体废物分类存放,与固体废物处理单位签订处理合同,对"三集中"固体废物进行处理。施工现场固体废物主要有清表土方、建筑物拆除废物、桥梁钻孔钻渣等,清表土方、钻渣临时存放在施工红线范围内,后期用于中央分隔带、边坡绿化,建筑物拆除废物用于施工便道、场地硬化等。施工固体废物处置如图 5-2 所示。

a) 垃圾分类存放　　　　　　　　　　b) 钢筋加工场焊渣收集

图 5-2　施工固体废物处置

(11)轻质土+复合地基代替填土+地基处理

为克服项目取土困难,避免软基路堤中桥涵跳车、公路路基填筑时填筑材料的不均匀沉降,减少旧路填方路堤的开裂,降低工程造价,节省昂贵的用地成本和拆迁成本,充分有效地利用土地资源,项目采用泡沫轻质土进行路基施工。

设置轻质土挡墙主线 17.921km,匝道 2.720km。大规模增加轻质土路段,优化细化轻质土和复合地基软基处理设计。较初步设计优化减少管桩 120.1 万 m,增加钻孔灌注桩 25.5 万 m(桥头软基和净空受限路段),轻质土路基较常规借土填筑占地面积减少约 12.1 万 m^2,减少借土约 18.4 万 m^3。

(12) 打造"两型"服务区

为加强绿色服务区建设和提升公路行业服务水平及社会形象,开展了基于特色服务理念的安全舒适与绿色低碳"两型"服务区(特色服务区、便捷服务区)建造技术研究,并落实规划建设,力求最大限度提升服务区的服务能力。

(13) 环保竣工验收内容

项目建设严格执行同时设计、同时施工、同时投产使用的环境保护"三同时"制度,落实各项生态保护和生态恢复措施以及污染防治措施。建成运营时,建设单位组织对环保设施进行验收,验收不合格不准投入使用。

(14) 定期开展环保大检查

由管理处联合总监办、环保监测单位定期开展环保检查,形成问题清单,现场举一反三,立行立改,专人跟踪落实,确保施工环保措施落实到位。

5.2 沥青路面再生材料利用

5.2.1 概述

在高速公路改扩建工程中,由于旧路面病害处治及路面拼接施工不可避免会产生大量废旧沥青材料,如不采取有效措施进行处理利用,不仅将占用大量堆积场地,也将对环境造成污染。同时,随着国家相关矿产资源开采及管理制度的逐渐完善,在扩建过程中也时常面临优质矿石资源匮乏、碎石等原材料价格暴涨等问题。此外,在"十四五"期间,国家也对低碳环保提出更高要求,即"双碳"目标。在此背景下,废旧沥青路面材料的再生利用技术经济效益和社会效益日益凸显。不同再生利用技术适用性不同,具体比较见表5-1。

不同再生利用技术适用性比较表　　　　表5-1

再生利用技术	性能指标	利用率	应用层位	适用性	设备造价
厂拌热再生	好	20%~30%	中面层、下面层	大中修、改扩建	昂贵
就地热再生	较好	100%	表面层	预防性养护	昂贵
就地冷再生	较差	100%	基层	除高速公路外	较昂贵
泡沫沥青厂拌冷再生	较好	80%	基层、下面层	除大修外	较昂贵

续上表

再生利用技术	性能指标	利用率	应用层位	适用性	设备造价
乳化沥青厂拌冷再生	好	100%	中面层、下面层、基层	大中修、改扩建	中等

中江高速公路改扩建工程在建设过程中将产生大量的废旧路面材料,据测算,共计产生废旧沥青材料约 3.48 万 m^3（路基段铣刨料 1.69 万 m^3,桥面铺装铣刨料 1.79 万 m^3）。现状路面结构方案复杂,施工过程碳排放多,管理处采用多种路面"低碳"方案和成熟先进施工经验,从节能减排、经济适用、绿色建造等角度出发,同时考虑项目工程技术要求和施工便利等因素,实施废旧沥青混合料乳化沥青厂拌冷再生低碳技术,将废旧沥青路面材料经过再生后应用于非临时保通扩建加宽部分的路面结构中,全过程、全方位践行绿色建设理念,助力实现"双碳"目标。

5.2.2 厂拌冷再生技术

厂拌冷再生技术是一项有效的回收再利用技术,即通过对既有路面废旧沥青材料进行现场铣刨、后场筛分,并根据旧料中沥青含量、沥青老化度、集料级配等指标,合理掺入一定数量的新集料、水、冷再生胶结料（乳化沥青、泡沫沥青等）、再生剂（必要时）,在常温下通过拌和楼进行充分拌和,使混合料达到规定的各项指标,按常温沥青混凝土的施工工艺重新铺筑于部分扩建加宽的路面结构中,形成路面基层或者下面层。厂拌冷再生可广泛应用于高速公路、城市快速路、机场跑道、大型停车场、工业园区等道路修建领域。沥青厂拌冷再生技术可有效缓解砂石料紧缺的问题,节约不可再生资源,且冷再生技术无须加热处理,节约燃料,实现无碳排放。其主要优点为：

（1）充分发挥旧沥青路面材料的利用价值,减少新材料用量,降低材料成本,缓解旧路面材料堆放、处理难度大的问题。

（2）相比传统热拌和沥青混合料,具有更加突出的绿色、环保特性。

（3）高温稳定性好,质量可靠,路面抗反射裂缝的能力提升。

（4）施工便捷易控,能耗低、污染小,且基本能够实现旧料 100% 利用。

乳化沥青厂拌冷再生混合料强度形成机理主要是靠内摩阻力和内聚力,沥青本身具有的黏聚特性和矿物材料于沥青之间的黏附作用是内聚力的主要组成部分,集料互相存在的摩擦和嵌挤主要组成内摩阻力,冷再生混合料通过水分蒸发,破乳分解,集料和乳液的黏附作用才能使得混合材料原本的黏结能力获得恢复,然后经过压路机的碾压,在集料和沥青黏结紧实的作用下产生高强度。

5.2.3 再生材料应用

在充分考虑施工组织的条件下,对中江高速公路旧路挖除和铣刨产生的废旧沥青路面材料采用乳化沥青厂拌冷再生方案,应用于非临时保通扩建加宽部分路面结构的上基层。铣刨旧路路面存在病害的沥青面层,集中运输至拌和站,对回收料旧料进行破碎、筛分后,以一定的比例与新矿料、再生结合料、水等在常温下拌和为混合料,再运输至施工现场铺筑形成沥青路面。具体施工工序为铣刨—运输—筛分—拌和—运输—摊铺—碾压—养生。

经过科学合理的施工配合比设计、严格的拌和及现场施工质量管控,中江高速公路改扩建工程共使用乳化沥青冷再生柔性基层混合料 $5298m^3$,摊铺路段长度约为 7.7km。路面实体质量检测结果表明,冷再生施工路段面厚度、压实度、平整度、渗水系数及路面弯沉测试结果均满足相关规范或设计要求,混合料骨架结构明显、性能良好。

中江高速公路改扩建工程沥青路面乳化沥青厂拌冷再生技术的应用,实现了废旧沥青材料零废弃,有效节约建设成本,同时避免了资源浪费和环境污染,具有较高的社会经济效益。废旧沥青材料的应用如图5-3所示。

a) 沥青洗刨料筛分

b) 再生沥青路面摊铺

c) 再生沥青路面碾压

d) 再生沥青成品

图 5-3　废旧沥青材料应用

5.3 玻璃纤维筋应用

5.3.1 概述

常规钢筋混凝土护栏中钢筋比重大、易发生腐蚀,而玻璃纤维筋质量轻、耐腐蚀,以玻璃纤维筋代替常规钢筋的新型玻璃纤维筋混凝土护栏能有效解决常规混凝土护栏质量大、易腐蚀等问题。

玻璃纤维筋的应用可以弥补行业薄弱环节,据测算,每公里桥梁类似的工况使用玻璃纤维筋代换后可节省约40万元的钢筋成本,具有显著的经济效益。从潜在的全生命周期角度看,后期养护会为类似未来项目创造巨大的便利性和经济效益。改性乙烯基的玻璃纤维筋的使用不会改变现有的桥面钢筋的施工工艺,经济上具备的优势如下:

(1)乙烯基改性纤维筋密度小,相当于4倍同等体积的钢筋,经核算,玻璃纤维筋价格比钢筋价格低20%以上。

(2)$\phi 12mm$以下直径纤维筋针对铺装项目可以实现连续布置,不需要焊接,如有需要切断即可,工人熟练后可提高施工速度。

(3)同体积玻璃纤维筋的重量仅有(常规)钢筋的25%,可减轻工人的劳动强度,提高铺装效率达30%,试验段没有发现混凝土开裂的现象。

(4)抵抗原有钢筋的潜在的氯离子破坏,进而拥有混凝土耐久性的潜在效益。

(5)纤维筋抗拉强度超过800MPa(弹性破坏),对桥面铺装和混凝土护栏这类以受拉力为主且应力不会太大的工况而言,该设计强度具备相当高的安全系数。

(6)抵抗电磁,可以扩展到收费站的应用,为5G时代助力。

玻璃纤维筋替代普通钢筋作为混凝土护栏的加强筋可节约大量钢材,同时,玻璃纤维筋比重小,所用玻璃纤维筋总重量较小,可降低护栏工程造价。表5-2为某常规SS级钢筋混凝土护栏和SS级玻璃纤维筋混凝土新型桥梁护栏每延公里造价的对比。

每延公里SS级钢筋混凝土护栏与玻璃纤维筋混凝土新型桥梁护栏造价对比　　表5-2

项目		类型	工程量	单价	总价	总重
常规钢筋混凝土护栏	竖向钢筋	直径10mm	34.5t	5500元/t	37.1万元	57万元	1245t
	纵向钢筋	直径12mm	33.0t				
			67.5t				
	混凝土	C30	498m³	400元/m³	19.9万元		

续上表

项目		类型	工程量	单价	总价	总重
玻璃纤维筋混凝土新型桥梁护栏	竖向玻璃纤维筋	直径18mm	1.3t	15000元/t	12.6万元	27万元	852t
		直径12mm	3.9t				
			8.4t				
	纵向玻璃纤维筋	直径12mm	3.2t				
	混凝土	C30	362m³	400元/m³	14.4万元		

由表 5-2 可知，玻璃纤维筋混凝土新型桥梁护栏每延公里造价为 27 万元，远小于常规钢筋混凝土护栏每延公里 57 万元的造价，玻璃纤维筋混凝土新型桥梁护栏具有较好的经济性。

5.3.2 工程应用

玻璃纤维（GFRP）筋是纤维增强复合材料的一种。纤维增强复合材料是由高性能纤维与合成树脂基体、固化剂采用适当的成型工艺所形成的材料。玻璃纤维筋的全称为玻璃纤维增强复合材料筋，是由高性能的含碱量小于 0.8% 的无碱玻璃纤维无捻粗纱或者高强玻璃纤维无捻粗纱和树脂基体（环氧树脂、乙烯基树脂、不饱和聚酯树脂等）、固化剂，采用成型固化工艺复合而成表面形状为全螺纹式的杆体。

玻璃纤维筋防撞护栏已在梅州华陆高速公路、深圳外环高速公路、珠海鹤港高速公路、江门中开高速公路、云南昌保高速公路、惠州盐洲大桥等项目中应用，使用效果良好。中江高速公路改扩建工程交通组织第三阶段设置约 60.6km 临时混凝土隔离墩，主要用于行车区与施工区、对向行车区的隔离，在临时隔离墩中应用玻璃纤维筋新材料。用玻璃纤维筋代替临时隔离墩中的部分钢筋，在保证临时隔离墩连接整体性的同时，达到绿色环保、节约总价的效果。

（1）应用情况

中江高速公路改扩建工程有 6 种不同类别的钢筋混凝土防撞护栏，分别为新建桥梁护栏、中央分隔带改造护栏、路侧改造护栏、互通 A 匝道护栏、永临结合护栏（用于中央分隔带路基段）和临时隔离墩（单幅双向通行时用于中间隔离）。

在中江高速公路改扩建工程中，玻璃纤维筋绑扎整体情况可行，试验中无论是现场钢筋还是玻璃纤维筋，均与现有绑扎模具存在差异，但微调后未出现问题，并进行第二次打样。

①玻璃纤维筋护栏绑扎整体情况良好，现场操作及绑扎效果如图 5-4 所示。

②玻璃纤维筋骨架改进，钢筋直接电焊并在直筋上搭接，骨架改进效果及玻璃纤维筋护栏的制作如图 5-5 所示。

5 绿色建造创新与实践

a) 现场操作

b) 绑扎效果

图 5-4　玻璃纤维筋护栏绑扎情况

a) 骨架改进前

b) 骨架改进后

c) 护栏制作过程

d) 玻璃纤维筋护栏效果

图 5-5　玻璃纤维筋护栏

(2) 应用建议

中江高速公路改扩建工程的临时隔离墩用于交通转换后单幅双向隔离双向车辆。建议临时隔离墩将原设计的钢筋变为玻璃纤维筋,临时隔离墩项目费用测算见表 5-3。

中江高速公路改扩建工程临时隔离墩项目费用测算表　　表 5-3

序号	子目号及名称	临时隔离墩数量(个)	钢筋混凝土单价(元/m)	玻璃纤维筋混凝土单价(元/m)	单价差(元/m)	金额(万元)	备注
S2 标	1000-1-6 临时混凝土隔离墩	38600	390.97	380.08	-10.89	-42.0	钢筋 112.21 元/m,玻璃纤维筋 101.32 元/m,价差为 -10.89 元/m
S4 标	1000-1-6 临时混凝土隔离墩	22044	471.13	466.77	-4.36	-9.6	钢筋 105.68 元/m,玻璃纤维筋 101.32 元/m,价差为 -4.36 元/m
合计		—	—	—	—	-51.6	

(3)应用中存在的问题

①由于玻璃纤维筋外形固定后不能修改,因此在护栏使用过程中现场的后处理较为麻烦,需要对玻璃纤维筋形态与现场匹配做充分的尝试。

②玻璃纤维筋的表面纤维扎手,需要穿戴必要的手套和袖套进行劳动保护,工人反馈进行防护后工作不方便。

③玻璃纤维筋只能绑扎,不能焊接,对整体化层应用影响不大,但对布置护栏有一定的影响。

经过测算,临时隔离墩采用玻璃纤维筋护栏,仅从材料方面便可节省造价约 101 万元,如果综合考虑物价起伏,可以降低造价约 144 万元。造价对比见表 5-4。

临时混凝土隔离墩中钢筋变更为玻璃纤维筋的材料造价指标分析对比表　　表 5-4

标段	材料类别	4m 隔离墩材料数量(个)	材料单价(元/kg)	材料费用(元/m)	临时混凝土隔离墩数量(m)	材料费用(万元)	物价起伏费用(万元)	降低造价(万元)	备注
S2 标	HRB400 钢筋	96.03	4.674	112.21	38600	433	59	—	钢筋价格近半年上涨13.9%
	玻璃纤维筋	23.84	17	101.32	38600	391	0	—	材料费用降低9.7%
	小计	—	—	-10.89	—	-42	-59	-101	—
S4 标	HRB400 钢筋	96.03	4.402	105.68	22044	233	34	—	钢筋价格近半年上涨13.9%
	玻璃纤维筋	23.84	17	101.32	22044	223	0	—	材料费用降低4.1%
	小计	—	—	-4.36	—	-10	-34	-43	—
合计		—	—	—	—	-52	-93	-144	

注:材料费(玻璃纤维筋较钢筋)降低6.1%;钢筋自 2020 年 11 月至测算期 2021 年 6 月的钢材价格涨幅为13.9%;综合两个因素,故可降低20%。

5.4 施工期便道设计永临结合

5.4.1 概述

高速公路施工便道作为高速公路建设过程中的必要措施项目,对建设产生重要影响。而由于高速公路往往起着连接主要经济中心的作用,沿途需要穿过较多的村镇,这就对高速公路便道的设计施工提出了更高的要求。

以往建设施工便道面临的技术问题有:

(1)临时道路修筑的质量标准远不如永久性道路,施工过程中,经大型车辆来回碾压,势必对路面造成破坏,影响临时道路的正常施工。

(2)施工期间,必定会产生施工污水、水土流失、路基坍陷等影响临时道路通行,为保证工期及减少沿线环境破坏,临时道路将无法通行,进而影响整个主体结构施工工期。

(3)临时道路在后期一般都会破除,项目尾期时,现场大量脚手架需拆除,机电安装设备大量进场,若破除,将严重影响工期,若不破除,部分路面标及机电标将无法按时完成工期。

永临结合即对永久与临时设施建设进行统筹考虑,施工便道的永临结合设计不仅能极大地提高便道建设的经济性,也避免了大规模的征地拆迁,符合低碳、环保要求。同时,在结合地方道路进行综合设计的情况下,还能方便后期当地居民出行,具有良好的社会效益。

5.4.2 施工永临结合设计

项目施工永临结合,即将正式工程中的一部分提前施工,使施工过程更加便捷,减小临时建筑投入消耗。永临结合不仅可以节约资源、增加效益,提高施工效率,还可以有效地推进现场节能环保与绿色施工。

遵循"永临结合"的设计理念,根据施工需要,结合现场乡村道路实际情况,在前期勘察统计的基础上,综合考虑经济效益、环保生态效益、行洪排涝安全、地方灌溉、社会效益等因素,通过对可用的村道进行整修、加宽,修建临时桥涵和加铺路面,以达到便道设计方案最优,实现施工便道永临结合。

5.4.3 工程实践

结合改扩建工程建设区水系发达、工点两侧鱼塘多、受地形和地方道路因素制约、施工便道量大的情况,在设计阶段对便道进行合理规划,充分考虑与地方道路永临结合。例如K8+880~K9+120路段,便道设计采用与改路相同的路面结构等。

项目开工前,采用就地浅层固化技术快速形成施工便道,对施工便道进行硬化处理,安排洒水车进行洒水降尘,并在便道出口设置洗车槽。对裸露边坡、场地进行植草或覆盖,在施工作业区域设置雾炮、扬尘监测系统等;施工完成后,便道作为改路的一部分永久使用,为周边居民出行提供便利,降低便道实施对周边环境的影响。通过永临结合,有效避免拆除施工便道,体现绿色公路建设理念。施工期便道设计永临结合如图5-6所示。

a) 施工便道与三改道路永临结合

b) 拆除废弃结构物填筑便道

图5-6 施工期便道设计永临结合

5.5 废旧混凝土集中利用

5.5.1 概述

施工固废基本由渣土、混凝土、砖石、瓦块、金属等组成,其中混凝土占比最高,约占建筑垃圾总量的41%,是施工固废的主要组成部分。目前,国内废弃混凝土基本采用填埋或堆料场方式进行处理,这样不仅占用土地资源、影响生态环境,还会造成资源浪费。因此,废旧混凝土再生利用是城市发展的必然趋势,也是推进绿色高质量发展的重要环节。

废旧混凝土资源充分利用不仅会减少一部分新建材的生产,避免一些环节所产生的二氧化碳,还有利于环境保护,维护生态平衡,更好地发挥自然环境对二氧化碳的净化作用。

中江高速公路改扩建工程位于粤港澳大湾区腹地中山、江门两地,沿线居民区密集,废旧混凝土弃运运距长,成本高。为有效解决弃渣问题,节约土地资源,降低建设成本,中江高速公路改扩建工程将拆除的废旧混凝土结构物进行集中破碎,作为集料或填充料生产道路基材等制品,应用于施工便道、三改垫层等之中。

5.5.2 废旧混凝土再利用

5.5.2.1 工作流程

废弃混凝土的回收主要是利用砂石分离器将废弃混凝土和残余混凝土分离成砂子、石子和水泥浆。具体操作过程如下:

(1)将水和剩余混凝土灌入料罐后,形成的混合料浆从进料口进入搅拌分离器。

(2)连续往里倒入循环水,残留的混凝土会在水流的冲击下完全被清理干净。

(3)通过清洗将残余物料中的砂石分离。

(4)分离后的浆水会流到一级沉淀池中,经过一段时间沉淀后,再将之引入二级沉淀池,在池中的搅拌器间歇性周期运行下,保证浆水的均匀性,进而实现二次回收利用。

5.5.2.2 回收使用方式

(1)采取填埋手段,将废旧混凝土打碎、筛选,再经过相关工艺处理,用于工程项目桩基平台填筑和临时便道修筑。

(2)将废旧混凝土打碎,经过筛选、冲洗、干燥等手段处置后,生产成为再生性的集料,将其同水泥、砂、外加剂等材料混合搅拌,加工制作成草坪砖、广场砖、盲孔砖、透水砖、隔墙砖、模块砖、保温砖、砌块砖等数十种环保砖。

(3)将混凝土废弃物打碎,经过筛选、冲洗、干燥等手段处置后,加工得到粗、细再生性集料,并以此来代替一些天然的粗、细集料从而得到再生性混凝土。这类方式,一方面可以降低混凝土废弃物的产生率,另一方面,也减少了施工中消耗的天然性自然资源。

(4)对废弃混凝土砌块的来源进行筛选,剔除条状和尖角形状,选用表面裂缝少、强度高的混凝土砌块取代部分石料进行抛石施工,实现废弃混凝土砌块的再次利用。

(5)将废弃混凝土粉碎分离得到石灰石颗粒,用作水泥熟料煅烧的钙原料,但废弃混凝土制备的水泥早期强度较低。

5.5.3 工程应用

中江高速公路改扩建工程对拆除的混凝土结构物进行有针对性的分类利用。拆除的空心板及梁体利用到施工期间的施工便道、线外地方改路上的跨河、跨沟的小桥;拆除的素混凝土构件,机械破碎后用于软基施工的工作垫层;铣刨的旧路路面材料全部利用到新建路面的密级配沥青稳定碎石混合料(ATB)基层。废旧混凝土再利用如图5-7所示。

a) 大型施工设备采用废旧混凝土支垫

b) 废旧混凝土回填便道

c) 铣刨料筛分

d) 混合料摊铺

图 5-7　废旧混凝土再利用

　　混凝土性能主要从和易性、强度、收缩形变、耐久性、经济性等方面进行衡量,对废旧混凝土循环利用制品的性能进行分析如下。

　　(1)和易性。因为废旧混凝土循环利用得到的再生集料的表观密度要比天然集料低,孔隙率也相对较大,导致其具有更高的吸水率。在水灰比相同的情况下,再生混凝土无论是流动性、可塑性、易密性还是稳定性,都会弱于天然集料制备的混凝土,从而影响其和易性及其使用性能。也正因为如此,废旧混凝土循环利用制品的孔隙更多,导热系数更小,能够获取更高的隔热保暖效果,有一定的可取之处。

　　(2)强度。对于废旧混凝土循环利用制品,因为再生集料的孔隙大、裂隙大、吸水率更高,且杂质问题难以完全处理,导致废旧混凝土循环利用制品的强度受到影响,不宜用于高强度要求的建筑工程。

（3）收缩形变。在同等水泥用量的情况下，因为废旧混凝土循环利用制品的孔隙较大，具备较强的吸水性，在拌和及投入使用后，收缩形变的幅度相对较小，因此在收缩形变方面还是比较理想的。

（4）耐久性。废旧混凝土循环利用时经过锤击、破碎等处理后，性能会较原本有所降低，而且制备过程中或多或少会混入一些杂质。因此从整体来看，废旧混凝土循环利用制品的耐久性要低于常规的混凝土材料。

（5）经济性。常规的混凝土材料需要开采原材料，并且每年需要消耗大量的石油、煤炭、天然气等用于混凝土的制备，不仅会耗费大量成本，还会增加碳排放。废旧混凝土循环利用制品，不需要重新开采、炼化，省去了这些环节的成本以及碳排放，而且建筑废料混凝土这类材料的成本非常低，大幅降低了工程成本投入。

5.6　低碳沥青摊铺

5.6.1　概述

中江高速公路改扩建工程践行绿色、低碳、环保、节能的项目管理理念，在建设施工中应用新工艺、新材料，全力打造一条绿色低碳环保的高速公路。

在施工阶段，对大气的污染除扬尘外，另一主要污染源是沥青烟气，主要出现在沥青熬炼、搅拌和路面铺设过程，其中，沥青熬炼过程沥青烟气排放量最大。中江高速公路改扩建工程使用的沥青混凝土是外购的低碳沥青，只在铺设的过程中有少量沥青烟气产生。施工过程中，对成品沥青混凝土采用密封罐车运输，尽量使用密封性能好的设备进行沥青的铺设。

低碳沥青是指在其生产、使用和处理过程中，相比传统石油基沥青，产生更少的碳排放的一种沥青产品。低碳沥青通常通过降低能源消耗、采用可再生能源、使用碳捕集和储存技术等方式来减少其碳足迹。这种类型的沥青在道路建设和修复等领域中的应用逐渐增多，因为其有助于降低对环境的影响，符合可持续发展的要求。

由于项目现有路面结构方案复杂，施工过程碳排放多，固体废弃物工程量大，在充分调研的基础上，采用了多种路面"低碳"方案，并借鉴成熟先进施工经验，从节能减排、经济适用、绿色建造等角度出发，引进低碳沥青，全过程、全方位践行绿色建设理念，助力实现"双碳"目标。

5.6.2 工程实践

中江高速公路改扩建工程是全国首条使用低碳沥青铺设的高速公路。项目遵循更绿色、更低碳的理念,在全路段应用低碳沥青进行铺设。低碳沥青摊铺如图5-8所示。

a) 低碳沥青施工现场　　　　　　　　　　b) 全国首船低碳沥青摊铺

图5-8　低碳沥青交付与摊铺

在改性沥青生产工厂,采用绿色电力、实施旧沥青路面再生、利用路基边坡进行植物生态防护、沿线设施推行节能照明等方式,实现全产业链减碳。

(1)采用电喷技术的沥青摊铺机设备,能精准确定喷油量。

(2)沥青摊铺机烫平板,采用自动电加热方式代替传统的燃料加热方式,加热效率更高,效果节能更明显。

(3)在沥青拌和站,采用天然气加热方式代替传统的重油加热方式,减少了大气污染和碳排放,提高了拌和站的运行效率。沥青拌和站天然气加热如图5-9所示。

图5-9　沥青拌和站天然气加热

5.7 就地固化技术

5.7.1 概述

中江高速公路改扩建工程位于珠三角平原,沿线地质条件复杂。珠三角平原地势低平开阔,地表水系极为发达,河流沟渠交织成网,鱼塘遍布,深厚软基广泛分布。项目建设过程中环保要求颇为严格,路基软基如何高效且有质量地施工至关重要。项目部拟采用传统水泥搅拌桩形式对原位路基软基进行固化处理,需使用大量设备并取弃大量泥土。改扩建工程不同于新建高速公路,是在既有高速公路旁进行扩建施工,由于既有高速公路旧小桥众多,周边厂房林立,空间狭小,很多区域路基软基处理设备无法到达。项目存在深厚软基,软土分布特征见表5-5,软土物理力学指标统计值见表5-6。

软土分布特征表 表5-5

里程范围	分布特征
K0+000～K3+443	淤泥厚15～47.8m
K5+637.3～K18+753	淤泥层位不稳定,厚度变化大,厚4.3～21.8m
K18+753～K19+010	淤泥缺失,相变为淤泥质亚黏土,厚12.7～21.1m
K19+010～K20+890	淤泥层位不稳定,厚度变化大,厚4.2～11.9m
K20+890～K24+550	淤泥厚度变化大,厚2.3～13.2m,局部缺失
K24+550～K27+273	淤泥缺失,为淤泥质亚黏土,厚4.4～30.90m
K27+273～K29+323	淤泥厚6.0～16.7m
K29+323～K31+056.55	淤泥厚19.4～35.5m
K31+056.55～K34+247	淤泥厚10.0～22.0m

软土物理力学指标统计值 表5-6

里程范围	厚度(m)	天然含水率(%)	孔隙比	液性指数	压缩系数(MPa^{-1})	固结系数(10^{-3} cm^2/s)	渗透系数(10^{-6} cm/s)	直接快剪 内聚力(kPa)	直接快剪 内摩角(°)
K0+000～K5+613	20～41	79.4	1.419～2.162	0.98～1.32				3.0	14.6
K5+613～K9+135	6.5～34.3	46.1 (49.1)	1.31 (1.39)	2.24 (2.5)	1.0 (1.13)	1.69 (1.13)	0.88 (0.03)	10.9 (9.4)	11.4 (8.6)

续上表

里程范围	厚度（m）	天然含水率（%）	孔隙比	液性指数	压缩系数（MPa^{-1}）	固结系数（10^{-3} cm^2/s）	渗透系数（10^{-6} cm/s）	直接快剪 内聚力（kPa）	直接快剪 内摩角（°）
K9+135～K12+835	9.8～20.5	52.6 (58.0)	1.44 (1.57)	2.06 (2.56)	1.2 (1.39)	1.02 (1.02)	2.54 (2.54)	11.7 (6.1)	9.6 (5.4)
K12+835～K14+475	18.9～25	43.16	1.171	1.49	0.72	1.110		15.6	7.9
K14+475～K19+078	4.4～21.6	48.7 (51.4)	1.33 (1.39)	2.47 (2.77)	1.0 (1.16)	1.69 (1.29)	4.41 (0.63)	11.1 (9.2)	12.0 (10.0)
K19+078～K21+000	4.2～11.9	41.8 (47.3)	1.15 (1.30)	3.16 (3.84)	0.78 (1.0)	1.09 (1.09)	0.10 (0.10)	12.4 (8.2)	13.5 (6.6)
K21+000～K24+704	4.2～28.3	49.0 (52)	1.36 (1.44)	2.64 (2.83)	1.1 (1.24)	0.77 (0.37)	0.30 (0.05)	10.8 (9.0)	10.9 (9.4)
K27+303～K28+000	6.0～14.3	50.7 (59.7)	1.38 (1.61)	2.52 (3.28)	1.2 (1.72)	0.52 (0.52)	4.36 (4.36)	8.6 (4.8)	5.8 (4.3)
K28+000～K29+148	6.1～15.6	50.8 (59)	1.46 (1.66)	2.31 (2.75)	1.2 (1.54)	0.77 (0.77)	8.76 (8.76)	7.3 (5.5)	5.7 (4.9)
K29+627～K31+055	28.5～32	57.8 (32.5)	1.59 (1.72)	1.64 (1.81)	1.32 (1.5)	2.11 (2.11)	5.64 (5.64)	6.7 (4.5)	9.4 (6.4)
K31+055～K34+247	10～22		1.94	2.08	2.02	1.56	1.34	2.36	3.47

注：括号外的数值为算术平均值，括号内的数值为推荐值。

一般路段多采用管桩、钻孔灌注桩等刚性桩的处理形式。经管理处、设计单位、软基咨询单位研究，通过引进就地固化技术代替刚性桩处理，工程无弃土、无开挖，无须使用大量的置换材料，减少砂石用量，降低对环境的污染。

5.7.2 就地固化技术与方法

就地固化技术是以化学反应为基础，将固化材料与软弱地基中的土体进行就地搅拌混合，通过一系列物理和化学反应改变土体原有性质，使地基土体具备一定强度或承载力，进而实现土体就地利用或其他基底处理要求的方法。

就地固化技术作为一种具备经济性、高效性和环保性的工艺，在近年来逐步被应用到道路工程软弱地基处理中。就地固化设备实物如图5-10所示。

就地固化后的土体具有良好的耐久性、较好的水稳定性，其强度、密实度、回弹模量、弯沉值、加州承载比、剪切强度等能达到甚至超过路基材料的验收标准。

图 5-10 就地固化设备现场实物

就地固化施工主要由挖机动力系统、强力搅拌头和自动供料系统组成。项目开工前,采用就地浅层固化技术快速形成施工便道,推动项目各工点、各工序快速具备施工条件。与换填法相比,就地固化工程无弃土、无开挖,无须使用大量的置换材料,减少砂石用量,降低对环境的污染;并且,对高大设备无法到达的狭长场地和空间受限场地具有较强适用性。

搅拌设备是一种动力搅拌混合工具,混合搅拌机可以在3m的深度范围内完全搅拌不同的材料。动力搅拌混合工具通过插销或者快速连接适配器板,作为一个附属配件安装到标准的挖掘机上面。固化剂自动定量供料设备将不同的固化剂成分分别输送到搅拌地点,避免由于比重等问题造成的质量误差。同时,固化剂自动定量供料系统可以实时记录固化剂的掺入量,从而保证每个区块的固化剂的掺量基本一致,提高搅拌的均匀性,实现固化剂供料过程的自动化和智能化。就地固化工艺流程如图5-11所示。

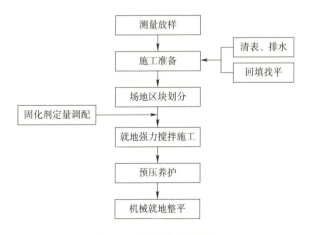

图 5-11 就地固化工艺流程

(1)施工准备

对固化场地进行表层土壤杂质与积水清理,清理完成后进行测量放样并回填找平,完成施工准备作业。必要时可以对部分土层先进行整体或局部翻挖,并在翻挖后大致整平。

(2)场地区块划分

对施工区域进行网格划分,网格尺寸可根据现场情况灵活调整,以方便施工作业为准,一般可取 5m×5m 网格。如遇沿线处理断面变化较大,处理区块可做相应调整,以方便施工。

(3)固化剂定量调配

根据处理土体固化工程量计算固化剂用量,采用供料系统设置固化剂喷料速率。供料系统应当实时记录固化剂用量并形成可追溯的报告留存。

(4)就地搅拌

采用就地固化的"边固化边推进"形式进行施工,保证搅拌均匀、搅拌深度达到设计要求。同时,相邻施工区块之间应当注意设置一定搭接宽度,一般需要大于10cm,避免漏搅。

(5)预压养护

就地搅拌全部完成后,对施工场地区域进行平整作业,采用挖掘机、压路机等机械拍打压实,以保证表层土体的压实度和土体的整体性。就地固化软土养护时间宜在一周以上。

5.7.3 工程应用

中江高速公路改扩建工程引进路基软基就地固化设备。施工作业时,强力搅拌头直接对原位土壤进行边搅拌边喷浆(固化剂),使土体与固化剂充分混合并凝固,从而形成具有一定强度或达到其他使用要求的地基。对比传统软基处理,此设备机动灵活,施工平台对原地基承载力要求不高,对高耸作业设备难以到达的狭长、矮小工作区域也能轻易开展施工作业,更无须借土和弃土,减少了施工工序,大大节省了施工成本,更实现了较高的绿色环保效果。中江高速公路改扩建工程软基处理使用此项技术,平均处理深度为5m,处理后的地基各项检测指标均满足设计要求。为实现项目"精益管理"目标,解决生产中的关键技术问题,不断完善生产技术指标,提高项目劳动生产率、提质增效,项目部技术攻关小组通过组织实施多项技术实验和技术攻关,先后实现/引进 5 项新技术、新工艺,为项目节省各项生产成本 60 余万元。

就地固化技术施工简单,在处理软弱地基后,有效提高道路路基的承载力,满足后续工程施工的最低要求,施工后可将原软弱土体变为可利用土资源,让土地资源可以较好地循环使用,有利于节省建设成本、加快工程建设和保护周边环境。从经济、社会和环保效益来看,就地固化技术是一种高性价比的软弱地基处理技术,希望今后的研究和实践能让该技术越来越完善,更好地为工程建设服务。

CHAPTER 6

改扩建工程技术创新与实践

本章阐述了中江高速公路改扩建工程的设计创新与实践、科研创新与实践、先进成果引进与创新应用,以及微创新技术与方法,系统讲述了工程中各项创新技术及其实践应用,展示了中江高速公路改扩建工程的创新与特色。

6.1 设计创新与实践

6.1.1 轻质土+复合地基处理

6.1.1.1 概述

中江高速公路全线周边城镇化程度高,道路改扩建工程对道路线形、地形、交通、技术等各方面要求较高,工程建设难度显著增大。土地资源紧缺、征地困难、施工空间及施工周期受限、软土地基扩建等问题是改扩建工程中突出的设计和施工难点。为有效降低工程建设风险,保证道路建设质量、安全和进度,应科学选择路基填筑材料。项目扩建施工前影像资料如图6-1所示。

a) 旧路路基两侧城镇化程度较高　　　　　　b) 旧路路基两侧为鱼塘

图6-1　项目扩建施工前影像资料

目前常规的软基路段路堤设计方案是普通填土+复合地基处理方案(图6-2),若中江高速公路改扩建工程仍按照普通填土路基+复合地基处理的方案进行施工,将面临征地面积大、征拆费用较高、征拆工作困难等问题。

常规的软基路段路堤设计方案缺点如下:

(1)填土资源相对匮乏的项目,施工标段需要长距离调运土方,成本较高。

(2)对于高填方路基,由于土方自重较大,复合地基桩间距一般较小,造价高,同时存在复合地基沉降、失稳的风险。

(3)填土路基需要放坡,征地面积较大,对于路线两侧城镇化程度较高的路段,征拆工作将十分困难。

(4)不同于新建项目,改扩建工程(双侧拼宽)施工作业面狭窄,采用普通填土方案时,施工作业交叉较为严重,施工机械难以铺开作业。

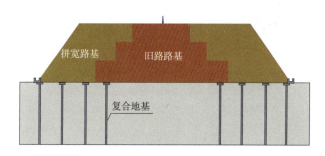

图 6-2 普通填土+复合地基处理方案

泡沫轻质土作为一种新型材料,具有重量轻、自立性强、承载性能优良、施工简便等优点,能有效取代普通路基填料,实现拓宽及抬升路基、增强边坡稳定、控制工后沉降的目标。目前,泡沫轻质土已被广泛应用于公路路基拓宽、软土地基换填、路桥过渡段台背路基换填等工程,在公路新旧路基差异沉降和过渡段沉降控制等方面取得了良好效果。

为此,结合项目实际需求,施工时选用轻质土路基施工技术,有效提升了施工技术水平,保证了工程建设质量。

6.1.1.2 复合地基处理设计创新与实践

中山地区土地资源紧缺、征地困难且全线广泛分布深厚软基。为确保项目工作的顺利推进,降低征拆难度和工程造价,采用轻质土+复合地基的处理方案,即采用直立式泡沫轻质土拼宽路堤,如图 6-3 所示。

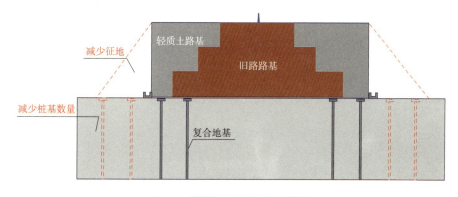

图 6-3 轻质土+复合地基处理方案

泡沫轻质土是一种由水泥浆掺合料与细微气泡群按一定比例混合并经硬化形成的多孔水硬性轻质材料(图6-4)。根据《轻质泡沫土轨道交通填筑技术规程》(CECS 453—2016)(简称《填筑技术规程》)及实际工程案例,轨道交通领域使用的泡沫轻质土湿密度一般为400~1200kg/m³,立方体抗压强度可达5MPa,此外,其具有较好的流动性和固化自立性,使得泡沫轻质土施工时可采用管道泵送且无须碾压以增加密实度,从而为受限空间内无法保证常规路基填料压实度的工程难题提供了一种解决方案。

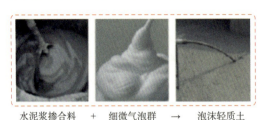

水泥浆掺合料　+　细微气泡群　→　泡沫轻质土

图6-4 泡沫轻质土材料

《公路路基设计规范》(JTG D30—2015)(简称《路基设计规范》)认为,泡沫轻质土可用作需减少路堤重度或土压力的路堤填料,应用范围包括软土地基上路堤、桥涵与挡土墙构造物台(墙)背路堤、拓宽路堤、修复沉陷或失稳路堤等。

1)泡沫轻质土路基设计

(1)确定断面形式及构造形式

需要确定的断面及构造参数包括路堤顶宽、底宽、高度,泡沫轻质土与常规填土路堤间衔接坡度、路堤顶面纵横坡调节设计等。

(2)附属构造设计

附属构造设计包括泡沫轻质土挡板设计、内部局部加筋设计、沉降缝设计、交通工程预埋设施设计等。

(3)泡沫轻质土材料参数设计

泡沫轻质土材料参数设计包括无侧限抗压强度和设计配合比设计、强度及整体稳定性验算(作为拓宽设计及结构物墙背填料时还需进行抗滑移、抗倾覆稳定性验算)、抗浮验算(泡沫轻质土处于地下水位以下或低于设计洪水位时)、地基沉降验算等。

(4)防排水设计

防排水设计包括排除基底积水及地表水、内部渗水等。

2)配合比设计

配合比设计参考《泡沫混凝土应用技术规程》(JGJ/T 341—2014)中相关规定,按照设计所需干密度进行材料用量计算。设计干密度、用水量及物理发泡泡沫剂用量计算见式(6-1)。

$$\begin{cases} \rho_c = S_a M_c \\ M_w = \phi M_c \\ V_1 = \dfrac{M_c}{\rho_c} + \dfrac{M_w}{\rho_w} \\ V_2 = k(1 - V_1) \end{cases} \tag{6-1}$$

式中：S_a——泡沫轻质土养护 28d 后，各基本组成材料的干物料总量和制品中非蒸发物总量所确定的质量系数，普通硅酸盐水泥取 1.2；

ρ_c——水泥密度（kg/m^3），取 $3100kg/m^3$；

ρ_w——水的密度（kg/m^3），取 $1000kg/m^3$；

M_c——$1m^3$ 泡沫轻质土水泥用量（kg）；

M_w——$1m^3$ 泡沫轻质土水用量（kg）；

V_1——加入泡沫前浆体的总体积（m^3）；

V_2——泡沫的添加量（m^3）；

k——富余系数，该值视发泡剂质量、制泡时间及泡沫加入料浆中在混合时的损失等而定，对于稳定性好的发泡剂，取 1.1~1.3。

3）泡沫轻质土路基结构设计

《填筑技术规程》分别将泡沫轻质土按照湿密度进行密度等级划分和按照 28d 立方体抗压强度进行强度等级划分，湿密度范围为 400~1200kg/m^3，抗压强度范围为 0.3~5.0MPa。《路基设计规范》则明确提出泡沫轻质土的施工最小湿重度不应小于 5.0kN/m^3，最大湿重度不宜大于 11.0kN/m^3，并对其无侧限抗压强度作出了强制性要求，见表 6-1。《路基设计规范》中对湿密度的限制要求主要是由于湿密度较低时，泡沫轻质土内部连通孔隙较大，强度、耐久性等均较差，有研究表明，当设计干密度在 600kg/m^3 以上时，其内部孔隙基本不连通。对湿密度进行上限设置则是因为泡沫轻质土无侧限抗压强度等物理力学指标随湿密度的增长先呈现出指数级增加的趋势，到达某一量级后不再明显增长，较大的设计密度还会降低泡沫轻质土路基轻质性的优势。泡沫轻质土作为路基填料，必须拥有足够的抗压强度，由于《路基设计规范》中泡沫轻质土抗压强度指标采用的是龄期 28d、边长 100mm 的立方体抗压强度，考虑到尺寸套箍效应、运营期耐久性下降等因素，实际工程设计中往往会提高泡沫轻质土的抗压强度要求，本项目中对用于填筑路堤的泡沫轻质土一般要求无侧限抗压强度不小于 1.2MPa。此外，《路基设计规范》还要求泡沫轻质土路堤顶面宜设置镀锌铁丝网和土工膜，这是为了消除结构层上下表面在受到不均匀荷载作用时产生的应力集中现象带来的结构内部破坏，上述现象发生时，泡沫轻质土结构层在保持完整性的同时，其底部区域会产生许多细微裂缝，在长期服役期间，微裂纹极易进一步扩展直至产生贯通裂缝造成整体结构破坏。因此，项目在距轻质土底面50cm、顶面50cm、100cm和内部每2m设置单层镀锌铁丝网。

泡沫轻质土路基无侧限抗压强度指标 表6-1

路基部位		无侧限抗压强度(MPa)	
		高速公路、一级公路	二级及二级以下公路
路床	轻、中等及重交通	≥0.8	≥0.6
	特重、极重交通	≥1.0	
上路堤、下路堤		≥0.6	≥0.5
地基土置换		>0.4	

4) 泡沫轻质土拼宽界面设计

当旧路为填砂路基时,泡沫轻质土拼宽即将旧路填砂路基包边土全部清掉后喷射5cm C20混凝土防护旧路坡面,再浇筑泡沫轻质土;当旧路为填土路基时,旧路坡面清表后开挖台阶,台阶开挖完成后喷射5cm C20混凝土防护旧路坡面,再浇筑泡沫轻质土。

5) 泡沫轻质土路基保护面板设计

《路基设计规范》要求直立式路堤高度小于3m时,坡面可采用水泥混凝土预制块防护;当高度大于3m时,应采用钢筋混凝土挡土墙。由于泡沫轻质土具有自立固化性,《填筑技术规程》中认为其静止土压力系数K_0可取0.25~0.43,另因其自重较低,实际设计可忽略在完全凝固后泡沫轻质土基的侧向土压力,且现浇钢筋混凝土面板本身具有较大的自重,施工便利性差,另外在软土地基上施工需配合地基处理。因此,本项目设计采用C25混凝土预制面板,使用拉杆与支柱角钢来固定保护面板,用以防止泡沫轻质土风化、浸水并且提高整体美观性,同时可以在浇筑过程中起挡板作用。

6) 泡沫轻质土路基防排水设计

泡沫轻质土在长期运营中若不能隔绝外界渗水的影响,其耐久性将无法得到保证。《路基设计规范》中对土工泡沫塑料轻质材料路堤要求底部设置砂砾垫层,虽然在泡沫轻质土路堤设计要求中并未涉及,但对于扩建项目,采用泡沫轻质土拼宽是十分必要的。其一是在泡沫轻质土初凝之前,内部多余的水需要引排;其二是沿旧路路堤填土入渗的雨水会通过泡沫轻质土与旧路之间的边坡斜面进入拼宽侧轻质土路基内。

本项目设计时,采用纵向碎石盲沟与横向排水管以排除顶部渗水,沿边坡斜面布设软式透水管或带滤布花管将斜面水引排至底部碎石垫层;特殊路段采用泡沫轻质土与复合地基的设计时,底部取消碎石垫层设计,改为钢筋混凝土筏板基础加复合地基桩体的设计,筏板基础可以起到桩帽连梁的效果,此时,则按照纵向碎石盲沟加横向排水管来引排斜面水。此外,项目设计泡沫轻质土横向单侧富余宽度为0.3m,用以防止出现外层老化损坏及表面渗水等质量问题,影响路基性能。

7）泡沫轻质土路基顶面纵横坡调坡设计

由于泡沫轻质土路基上覆路面及汽车荷载，《路基设计规范》要求填筑体与路面之间应设置浇筑钢筋混凝土板和防渗土工布，而公路设计中纵、横坡的存在导致泡沫轻质土最顶层浇筑层需形成设计斜坡，因泡沫轻质土流动性较大，无法在浇筑过程中实现路面坡度要求。对此，《填筑技术规程》中推荐在填筑体顶面分级设置台阶，采用路面底基层材料进行调整。

项目在泡沫轻质土顶面浇筑成型后，按设计凿除多余泡沫轻质土，并用素混凝土补平，以实现填筑体顶面纵、横坡要求。

8）拼宽泡沫轻质土路基置于旧路边坡时抗滑设计

为保证拼宽泡沫轻质土路基的整体稳定性，《路基设计规范》要求填筑体底面宽度不宜小于2.0m。当扩建拼宽宽度较小或填筑高度较低时，拼宽浇筑的泡沫轻质土路基将置于旧路路堤边坡之上。若为保证填筑体底宽而加宽拼宽宽度，则会造成大量的资源浪费，实际设计中往往采用超挖部分旧路边坡以保证设计底宽要求。

考虑到超挖浇筑将大大降低泡沫轻质土路基滑动稳定性，在此类泡沫轻质土拼宽设计时内设抗滑角钢，并于坡脚采用回填土压实等措施增加拼宽路基滑动稳定性。

9）泡沫轻质土路基浇筑高度设计

《路基设计规范》中要求直立浇筑的泡沫轻质土路基高度不宜大于15m，最小填筑高度不宜小于1.0m。最小填筑高度的限制要求是为了保证施工质量和可行性，最大设计高度不宜大于15m的限制要求主要是基于经济性和工程实践经验等，用以保证路基整体稳定性。

存在设计高度较高的泡沫轻质土路堤段落时，为确保运营安全，需对此类工点进行稳定性验算和特殊结构设计。结合现场实际将设计高度大于10m且扩建拼宽的泡沫轻质土位于既有路基边坡上的情况调整为两级填筑泡沫轻质土路基，内部增设抗滑角钢并将一级填筑范围内预制混凝土面板调整为40cm厚现浇钢筋混凝土面板。此外，分层浇筑的泡沫轻质土单层浇筑高度也不宜过大或过小，单次浇筑高度过大则容易产生分层离析等质量问题。

10）泡沫轻质土填筑桥台台背

长期以来，在公路工程的设计和建设中重桥轻路，设计时也并未将路与桥梁、涵洞等结构物之间的过渡段作为具体结构物进行设计，往往仅要求提高台背路堤土压实度，靠近桥台难以压实的区域配置小型压实机械采用人工夯实，而实际施工质量难以得到保证，尤其在软土区的桥头地段，极易因工后不均匀沉降造成"桥头跳车"现象。

将泡沫轻质土作为路桥过渡段台背路基换填材料具有以下优点：

（1）减小路堤荷载，降低地基附加应力，从而控制路与桥之间的工后不均匀沉降差，同时减小软基处理规模。

(2)搅拌完成的泡沫轻质土可采用软管泵送的方式进行输送,所需施工作业面小。

(3)由于泡沫轻质土固化自立的特性,使得其无须碾压以确保密实度要求,可以解决受限空间内无法保证常规路基填料压实度的工程难题。

(4)泡沫轻质土侧向压力很小,可保障桥涵结构的安全。

11)泡沫轻质土路堤常见病害及处置

(1)施工及养护措施不当引起的泡沫轻质土质量问题

路基工程中大规模浇筑泡沫轻质土尤其需要注意标准化施工。由于水泥水化过程中温度效应的影响,可能造成泡沫轻质土浇筑体内部温度过高导致出现"泡沫消泡"现象,最终使得冷凝后的泡沫轻质土表层凹凸不平。

为避免此类现象的发生,施工时需采用"横向分层、纵向分区"的施工工艺,以降低施工期间泡沫轻质土内部温度,如图 6-5 所示。此外,每层浇筑后都应注意进行保湿养护,避免施工单位偷工减料仅对最后一层浇筑体进行保湿养护而不对其他浇筑层进行保湿养护。

图 6-5 横向分层、纵向分区的施工工艺

(2)设计不合理导致的沉降及稳定破坏

软土地基上采用泡沫轻质土路堤可以降低地基附加应力,控制工后沉降,但是并非进行了软基处理,设计时仍需进行沉降及稳定性计算。沉降计算时,需考虑路面荷载以及水位线以下泡沫轻质土的重质增大等问题;在陡坡路堤上或既有路基边坡上修建泡沫轻质土路基时,需考虑适当增大最小设计底宽,并留出基础襟边,以增加整体稳定性。

6.1.1.3 应用效益

改扩建工程中,互通立交主线与匝道相交、匝道与匝道相交的三角区施工区域狭小,软基处理大型设备无法进入现场进行施工作业,填筑土方无法进行有效压实,难以保证压实质量;且大型设备会遮挡行车视线,从而带来运营安全隐患。

采用轻质土路基后,两侧坡脚内收,减小了路基两侧的征地面积、路基填方及软基处理的面积,减少了对周边城镇居民正常工作、生活的影响,同时节省了征地拆迁费用。此外,由于轻质土的相对密度比普通填土小,复合地基桩基数量及桩间距可进一步优化,进一步减少了工程造价,大大降低了施工便道临时用地的征地工作难度,有利于施工单位迅速进场作业,缩短工期。

项目全线约40km,软基路段采用轻质土与复合地基处理方案,15个月左右基本完成了全线的复合地基与轻质土工作,工程推进迅速,同时节省了造价,为项目如期通车打下了坚实的基础。

6.1.2 采用挤扩支盘桩技术处理既有桥头路基

6.1.2.1 概述

中江高速公路改扩建工程软基深厚,早期的深层软基主要采取固结排水法进行处理(袋装砂井),但中江高速公路已运营多年,由于不均匀沉降导致的路面开裂、错台问题较多,尤其是桥头位置路基不均匀沉降更为明显。为解决既有桥头路基沉降过大的问题,确保后续路面加铺后不再进一步产生较大沉降,需研究旧路桥头路基的处理方案。

由于改扩建工程保通压力大、施工时间受整体交通导改时间控制,因此在控制工后沉降及不均匀沉降的基础上应尽量避免深基坑开挖,尽量缩短施工工期。

目前项目桥头路基拼宽采用钻孔灌注桩与轻质土的路基方案,工后沉降较小,若采用深层注浆方案,则无法有效控制工后沉降,可能出现"新路不沉、旧路沉"的情况。若采用预应力管桩或其他刚性桩方案,桩施工完成后,必须向下开挖较深作桩帽,涉及深基坑开挖支护、工作面狭窄、保通车道行车安全等问题,工作量大、保通安全压力大。若不作桩帽,路面则可能出现"蘑菇头"现象。

挤扩支盘桩是利用仿生原理模仿树枝结构,在传统直杆灌注桩的基础上增加一道挤扩支盘的工序而形成的变截面异形桩,具有任意位置成盘、适用性强等优点。挤扩支盘桩因其特殊的桩基结构形式及成桩方式适用于旧路桥头路基深厚软基的处理,原因如下:

(1)挤扩支盘桩在成孔后,利用挤扩设备可完成任意深度处"盘"的挤扩,浇筑混凝土后,"盘"即可作为桩帽,无须向下开挖,解决了管桩和其他刚性桩桩帽难以施工的问题。

(2)挤扩支盘桩作为刚性桩,软基处理后沉降极小,解决了深层注浆工后沉降仍难以控制、"新路不沉、旧路沉"的问题。

(3)针对深厚软基区域,挤扩支盘桩通过在相应的土层设置支和盘,可在满足设计承载力的前提下，减小桩长，降低造价，解决了刚性桩桩长过长、施工中可能出现倾斜度较大、断桩、工期过长、造价过高等问题。

因此，项目提出使用支盘桩加固既有桥头路基的方案，并通过现场试验，验证使用支盘桩对改扩建工程桥头旧路基进行地基处理的可行性。

6.1.2.2 挤扩支盘桩处理既有路基设计

1) 挤扩支盘桩设置情况

选取 S1 标段的港口大桥大桩号桥头（K5+658~K5+689）和 S3 标段的四沙大桥大桩号桥头（K20+078~K20+118）两段既有路基，作为既有路基挤扩支盘桩试验场地。S1 标段港口大桥大桩号桥头（K5+658~K5+689）软基厚度22.9m，施工期沉降262cm，工后累计沉降48.9cm；S3 标段四沙大桥大桩号桥头（K20+078~K20+118）软基厚度15.3m，施工期沉降229.7cm，工后累计沉降18.9cm，两处软基较深，不均匀沉降较大。

S1 标段试验段设置了 44 根支盘桩（右幅采用支盘桩处理，左幅未处理）；S3 标段试验段设置了 88 根支盘桩。选择右幅共 12 根支盘桩作为试验对象，分别在盘、支、直杆段上下位置布设混凝土应变传感器，以测试支盘桩在后期路基沉降过程桩身受力分布情况，用以评价其应用效果。挤扩支盘桩平面布设情况如图 6-6 所示，挤扩支盘桩桩身传感器布设如图 6-7 所示。

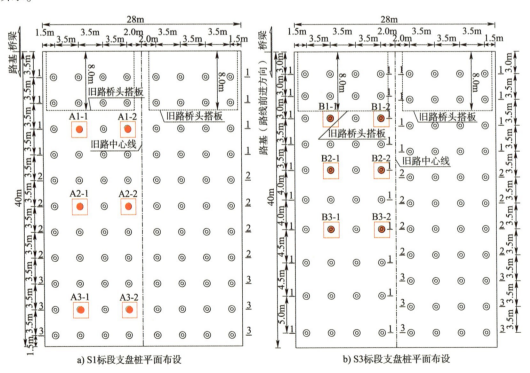

图 6-6 挤扩支盘桩平面布设图

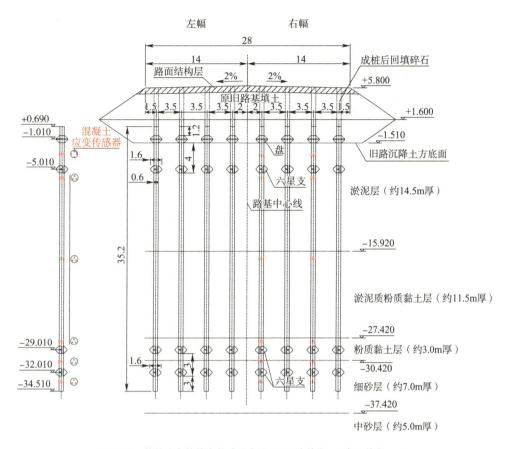

图 6-7　挤扩支盘桩桩身传感器布设图(尺寸单位:m;高程单位:m)

2)测试结果

(1)桩体受力情况分析

S1 标段和 S3 标段选取的支盘桩试验对象的桩身受力情况如图 6-8 所示。分析桩身受力情况可知,在淤泥质土、淤泥质砂土中,多支结构的侧阻力发挥显著,一个六星支结构相当于一个盘结构的承载效果,支结构侧阻面会随支数增加,以提高桩体与土体的支侧阻承载力。采用多支结构可提高桩体的抗拔承载能力,混凝土在灌注过程也能有效降低孔底沉渣对桩体承载力的影响。若桩周土体存在地下水,当地下水向下移动时,水位降低,导致上部土体的有效应力变大,上部土体发生显著的压缩沉降,当土体沉降大于桩体下降位移时便会形成负摩阻力。顶盘承托荷载,桩身在淤泥层受到负摩阻力作用明显,在淤泥质土层中也有较明显的负摩阻力,故而桩身内力沿深度不断增大。

(2)试验段沉降情况分析

2023 年 7 月 S1 标段港口大桥右幅桥头支盘桩完成施工,2023 年 7 月 14 日右幅试验段埋设仪器,累计监测时间 8 个月,沉降量最大值为 15.2mm。S3 标段四沙大桥右幅桥头支盘桩于 2023 年 6 月完成施工,2023 年 6 月 4 日右幅试验段埋设仪器,累计监测时长为 9 个月,沉降量最大值为9.6mm。总体沉降量较小，目前两段路基沉降已趋于稳定。

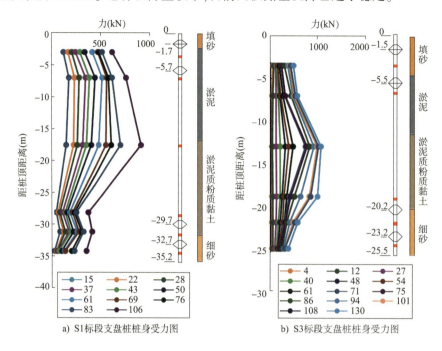

图6-8 挤扩支盘桩桩身受力图

注：图例中15、22等数字表示支盘桩序号。

6.1.2.3 应用效果

中江高速公路改扩建工程选用挤扩支盘桩处理旧路桥头路基深厚软基，其中，支盘桩采用旋挖钻钻孔，挤扩设备成支、盘，浇筑混凝土后，"盘"即可作为桩帽，无须向下开挖。

高速公路改扩建工程保通压力大、施工工期紧，旧路软基处理采用挤扩支盘桩，可尽量减少对旧路路基的开挖，解决了管桩和其他刚性桩桩帽难以施工的问题，同时也缩短了工期。

针对深厚软基区域，挤扩支盘桩通过在相应的土层设置支和盘，可在满足设计承载力的前提下，减少桩长，降低造价，解决了刚性桩桩长过长、施工中可能出现的倾斜度较大、断桩、工期过长、造价过高等问题。

6.1.3 开级配抗滑磨耗层沥青PAC排水路面

6.1.3.1 概述

高速公路扩建宽幅路面排水路径加长，汇水面积增大，造成排水难度增加。传统的沥青路面路表排水，主要通过路表横向径流顺着横坡或纵坡漫流至路肩或超高排水沟，排水速度慢；雨水天气下，车辆轮胎与路表水分被瞬间挤压，无法通过路面孔隙迅速排出路表，形成的水膜和水雾容易造成车辆打滑和视线不清,严重情况下会影响行车安全。

为解决传统的沥青路面缺陷,公路排水路面施工大多采用排水沥青路面,排水沥青路面为多孔隙结构,路面水可以通过路表漫流和结构层内部渗流两种形式排出路面;当降水较少时,雨水可以迅速渗入功能层,然后横向进入路侧边缘排水设施,不影响行车安全;当降水较多时,轮迹带水膜厚度大于临界水膜厚度,路表产生大径流,车辆行驶过程中轮胎与路表之间水分被瞬间挤压,但仍然可以通过路面孔隙和轮胎纹理迅速侧向挤排,不会形成较厚的水膜和较大的水雾,可以降低行车危险性。

随着排水路面的广泛应用,由于配合比设计和施工工艺不合理引起的排水路面病害问题频发。其病害特点多表现为排水路面表面松散、掉粒以及排水能力不足,原因在于排水路面沥青混合料配合比设计时空隙率和油膜厚度设计不合理,施工过程中"过压"和"欠压"问题引起了排水路面的耐久性不足。

为了保证扩建后路面排水效果,提升雨天行车安全性,中江高速公路改扩建工程原设计提出对于主线合成坡度小于0.5%的路段,采用4cm OGFC-13型改性沥青混凝土上面层。经调研,同时结合国内外相关项目的经验教训,对扩建路面排水进行了优化设计,在排水不畅路段采用PAC排水路面,以提高路面的排水效果,保证路面的耐久性。PAC-13高黏沥青混合料具有良好的水稳定性、高温稳定性、渗水性和抗冻性能,针对施工路段的PAC-13排水路面的合理配合比及其碾压工艺,可为类似工程提供经验参考。

6.1.3.2 PAC 排水路面优化设计方法

开级配抗滑磨耗层 PAC 排水路面,厚度一般为 4~5cm,沥青采用高黏度改性沥青,高温抗车辙动稳定度更高,路面空隙率为 18%~25%,能够在混合料内部形成排水通道,其实质为单一粒径碎石按照嵌挤机理形成骨架-空隙结构的开级配沥青混合料,此外,开级配磨耗层为以改善表面抗滑功能为主的开级配表面薄层应用。

1)排水沥青混合料配合比

高性能排水沥青混合料包括高黏改性沥青、级配集料和木质纤维,通过配比设计、拌和制备,获得 PAC-13 沥青混合料。PAC-13 沥青混合料摊铺的排水沥青路面抗水损害能力、抗车辙能力及抗分散能力较好。

高黏改性沥青采用 SBS 改性沥青与高黏改性剂进行改性制备,通过将 SBS 改性沥青与高黏改性剂置于剪切机中,加热至 220℃,以 4500r/min 的转速剪切 30min,即制得高黏改性沥青。其中,高黏改性剂为 LT-HVA 沥青高黏剂,且高黏改性剂掺加比例为 SBS 改性沥青总质量的 3%~5%。

高黏改性沥青可以提高排水沥青混合料的抗水损坏能力、抗车辙能力和抗飞散损坏能力,提高路面耐久性,适用于高温气候条件和重载交通条件。高黏改性沥青的检测结果及技术要求见表6-2。

高黏改性沥青的检测结果及技术要求　　　　表6-2

指标	单位	技术要求	试验结果
针入度(25℃,100g,5s),不小于	0.1mm	40	51
软化点($T_{R\&B}$),不小于	℃	85	96.0
延度(5℃,5cm/min),不小于	cm	30	31.3
溶解度,不小于	%	99	99.72
布氏黏度(170℃),不大于	Pa·s	3	1.012
动力黏度(60℃),不小于	Pa·s	300000	>300000
黏韧性(25℃),不小于	N·m	25	28.3
韧性(25℃),不小于	N·m	20	21.6
弹性恢复(25℃),不小于	%	95	96
储存稳定性离析,48h 软化点差,不大于	℃	2.5	1.0
闪点,不小于	℃	230	325
相对密度(25℃)	—	实测记录	1.03
RTFOT 后残留物			
质量变化,不大于	%	±1.0	−0.028
残留针入度比(25℃),不小于	%	65	84
残留延度(5℃),不小于	cm	20	23.7

沥青混合料掺加木质素纤维,木质素纤维稳定剂主要起到吸附沥青增加沥青膜厚度的作用,同时实现加筋、增黏、增韧的效果,改善路面抗飞散性能,提高耐久性。木质素纤维的检测结果及技术要求见表6-3。

木质素纤维的检测结果及技术要求　　　　表6-3

项目	单位	技术要求	试验结果
纤维长度,不大于	mm	6	2.58
灰分含量	%	18±5	18.1
pH 值	—	7.5±1.0	7.8
吸油率,不小于	—	纤维质量的5倍	7.9
含水率	%	<5	3.5
耐热性,210℃,2h	—	体积、颜色无明显变化	体积、颜色无明显变化

级配集料和木质素纤维按质量配比设计3组不同粗细的级配,级配设计见表6-4,可知,级配集料包括10~15mm粗集料、5~10mm粗集料、0~3mm细集料、矿粉和水泥,其中10~15mm粗集料:5~10mm粗集料:0~3mm细集料:矿粉:水泥的质量配比为43~

47:37:13~17:1.5:1.5。

级配设计　　　　　　　　　　　　　　　　　　　表 6-4

级配类型	10~15mm 粗集料	5~10mm 粗集料	0~3mm 细集料	矿粉	水泥	纤维
PAC-13	47	37	13	1.5	1.5	0.3
	45	37	15	1.5	1.5	0.3
	43	37	17	1.5	1.5	0.3

3 组不同粗细的级配各筛孔通过率见表 6-5，由表可知，级配集料通过 2.36mm 筛孔的质量百分率为 15.5%~19.2%。

三组不同粗细的级配各筛孔通过率　　　　　　　　　　　　　　　　表 6-5

级配类型	通过下列筛孔（方孔筛 mm）的质量百分率（%）									
	16	13.2	9.5	4.75	2.36	1.18	0.6	0.3	0.15	0.075
PAC-13	100	93.9	53.8	17.3	15.5	11.7	9.1	6.7	4.9	4.1
	100	94.2	55.7	19.3	17.3	12.9	10.0	7.2	5.1	4.3
	100	94.5	57.7	21.3	19.2	14.2	10.9	7.7	5.4	4.4

高黏改性沥青掺加比例为沥青混合料总质量的 5.0%~5.6%；木质纤维掺加比例为沥青混合料总质量的 0.3%，通过将高黏改性沥青加热至 170~180℃，将级配集料和木质纤维混合加热至 185~210℃，再将高黏改性沥青、级配集料和木质纤维拌和，拌和温度为 175~785℃，制得 PAC-13 沥青混合料。根据相关文献，当沥青混合料的油膜厚度为 14μm 时，排水路面的沥青混合料具有较好的路用性能。根据拟定的三种级配进行计算，得到初试的油石比，PAC-13 级配初试参数见表 6-6。

PAC-13 级配初试参数　　　　　　　　　　　　　　　　表 6-6

级配	2.36mm 通过率（%）	油石比（%）
PAC-13A	15.5	5.0
PAC-13B	17.3	5.3
PAC-13C	19.2	5.6

PAC-13 沥青混合料分别采用油石比为 5.0%、5.3%、5.6%，制备马歇尔试件，并进行马歇尔试验，PAC-13 沥青混合料马歇尔试验结果见表 6-7。

由表 6-7 可知，沥青混合料的空隙率为 17.9%~21.5%。在期望沥青混合料油膜厚度为 14μm 时，随着 2.36mm 通过率的增加，油石比逐渐增加，空隙率逐渐减小。

PAC-13 沥青混合料马歇尔试验结果 表6-7

油石比（%）	毛体积相对密度	最大理论相对密度	空隙率（%）	矿料间隙率 VMA(%)	有效沥青饱和度 VFA(%)	稳定度（kN）	流值（mm）	沥青油膜厚度(μm)
5.0	2.103	2.666	21.5	30.3	30.3	6.26	3.4	13.2
5.3	2.136	2.654	19.5	29.4	33.6	7.01	3.7	14.0
5.6	2.177	2.641	17.9	28.2	37.8	7.83	3.9	14.7

根据已有研究,当沥青混合料空隙率过大时,其耐久性难以保证;当沥青混合料空隙率过小时,排水能力将明显下降;沥青混合料空隙率为 19.5% 时,沥青混合料的排水性能和耐久性能得到较好平衡,因此,配合比设计期望空隙率为 19.5%,最终选定的 PAC-13 配合比设计级配曲线如图 6-9 所示。

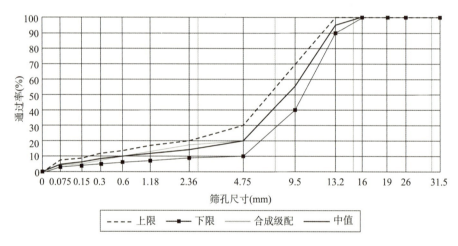

图 6-9 PAC-13 配合比设计级配曲线

PAC-13 沥青混合料采用油石比为 5.3%,制备马歇尔试件,分别进行浸水马歇尔试验、冻融劈裂试验、肯塔堡飞散试验,采用车辙成型法进行高温稳定性、渗水试验,最后进行谢伦堡沥青析漏试验,其各项性能指标试验结果见表 6-8 ~ 表 6-10。

PAC-13 沥青混合料浸水马歇尔试验结果 表6-8

试验条件	平均高度（mm）	毛体积相对密度	最大理论相对密度	空隙率（%）	矿料间隙率 VMA(%)	有效沥青饱和度 VFA(%)	稳定度（kN）	流值（mm）
60℃ 0.5h	62.4	2.141	2.654	19.3	28.3	31.8	6.62	3.5
	63.5	2.143	2.654	19.3	28.3	31.9	7.69	3.7
	62.7	2.137	2.654	19.5	28.5	31.6	9.84	3.7
	62.8	2.146	2.654	19.1	28.2	32.0	8.29	3.6
平均值		2.142	2.654	19.3	28.3	31.8	8.11	3.6

续上表

试验条件	平均高度（mm）	毛体积相对密度	最大理论相对密度	空隙率（%）	矿料间隙率VMA（%）	有效沥青饱和度VFA（%）	稳定度（kN）	流值（mm）
60℃ 48h	63.5	2.137	2.654	19.5	28.5	31.6	7.40	3.9
	62.7	2.134	2.654	19.6	28.6	31.4	7.65	3.8
	64.7	2.132	2.654	19.7	28.6	31.3	6.87	3.9
	63.0	2.143	2.654	19.3	28.3	31.9	7.05	3.8
平均值		2.136	2.654	19.5	28.5	31.5	7.24	3.9
残留稳定度 = 7.24/8.11 = 89.3%								

PAC-13 沥青混合料冻融劈裂试验结果 表6-9

试验条件	平均高度（mm）	毛体积相对密度	最大理论相对密度	空隙率（%）	矿料间隙率VMA（%）	有效沥青饱和度VFA（%）	破坏最大荷载（N）	劈裂抗拉强度（MPa）
未冻融组	62.7	2.128	2.654	19.8	28.8	31.1	7015	0.70
	63.0	2.126	2.654	19.9	28.8	31.0	8355	0.83
	63.7	2.131	2.654	19.7	28.7	31.3	7399	0.73
	63.9	2.128	2.654	19.8	28.8	31.1	8243	0.81
平均值		2.128	2.654	19.8	28.8	31.1		0.77
冻融组	63.9	2.137	2.654	19.5	28.5	31.6	7552	0.74
	62.9	2.130	2.654	19.7	28.7	31.2	6203	0.62
	63.3	2.129	2.654	19.8	28.7	31.1	6616	0.66
	63.6	2.137	2.654	19.5	28.5	31.6	6557	0.65
平均值		2.133	2.654	19.6	28.6	31.4		0.67
冻融劈裂抗拉强度比 TSR = 0.67/0.77 = 87%								

PAC-13 沥青混合料高温稳定性、渗水试验、析漏试验、飞散试验结果 表6-10

试验项目	单位	技术要求	试验结果
车辙动稳定度（60℃）	次/min	>6000	>6000
渗水试验	ml/min	≥5000	5259
谢伦堡沥青析漏试验	%	≤0.8	0.08
标准飞散试验	%	≤15	11.4
浸水飞散试验			13.2

由表6-10中试验数据可知，PAC-13沥青混合料摊铺的排水沥青路面抗水损害能力、抗车辙能力及抗分散能力较好，沥青混合料空隙率大于18%，路面渗水系数大于5000ml/min，

高黏改性沥青采用 SBS 改性沥青与高黏改性剂进行改性,其动力黏度达到 300000Pa·s 以上,谢伦堡沥青析漏试验的结合料损失不大于 0.8%,肯塔堡飞散试验的混合料损失不大于 15%,动稳定度要求大于 5500 次/min。

2)排水路面碾压工艺

为确定排水路面的合理碾压工艺,设计了 4 种碾压方案,根据路用性能评价指标分析不同碾压工艺对排水路面路用性能的影响,见表 6-11。

PAC-13 试验段碾压工艺方案 表 6-11

工艺序号	碾压工艺
工艺一	钢轮静压 1 遍(初压)+钢轮静压 2 遍(复压)+钢轮静压 1 遍(终压)
工艺二	钢轮静压 1 遍(初压)+钢轮静压 1 遍,温度低于 70℃时胶轮静压 1 遍(复压)+钢轮静压 1 遍(终压)
工艺三	13t 双钢轮压路机紧跟静压 4 遍(初压)+温度低于 70℃时胶轮静压 2 遍(复压)+钢轮静压 1 遍(终压)
工艺四	钢轮静压 1 遍(初压)+钢轮静压 2 遍,温度低于 70℃时胶轮静压 2 遍(复压)+钢轮静压 1 遍(终压)

注:钢轮为 13t 双钢轮压路机,胶轮为 30t 胶轮压路机。铺筑试验段后,取样进行室内浸水飞散和车辙试验,各试验段铺筑完成后立即测试渗水系数、摆氏摩擦仪值和标准差。

采用动稳定度、摆式摩擦仪值、渗水系数、浸水飞散损失和标准差现场评价试验路碾压工艺,评价指标见表 6-12。

PAC-13 碾压工艺评价指标 表 6-12

研究方式	路用性能	评价指标	试验目的
铺筑试验路现场试验	高温性能	动稳定度(次/mm)	确定 PAC-13 排水路面合理的碾压工艺
	安全性能	摆式摩擦仪值(BPN)	
	排水性能	渗水系数(ml/min)	
	水稳定性能	浸水飞散损失	
	行车舒适性能	标准差(mm)	

根据相关评价指标进行排水路面高温性能试验测试,试验结果如图 6-10a)所示。对路面高温性能进行分析可知,工艺四较工艺一提高了 16%,工艺三较工艺一提高了 11.7%。开展排水路面安全性能试验测试,试验结果如图 6-10b)所示。对安全性能进行分析可知,工艺一较工艺四提高了 8.8%,工艺三较工艺四提高了 4.4%。路面排水性能试验测试结果如图 6-10c)所示。对排水性能进行分析可知,工艺一较工艺四提高了 47.3%,工艺三较工艺四提高了

37.8%;排水路面水稳定性试验测试试验结果如图6-10d)所示。对水稳定性能进行分析可知,工艺四较工艺一提高了29%,工艺三较工艺一提高了14%。排水路面平整度试验测试结果如图6-10e)所示。对行车舒适性能进行分析可知,工艺三较工艺一提高了8%。

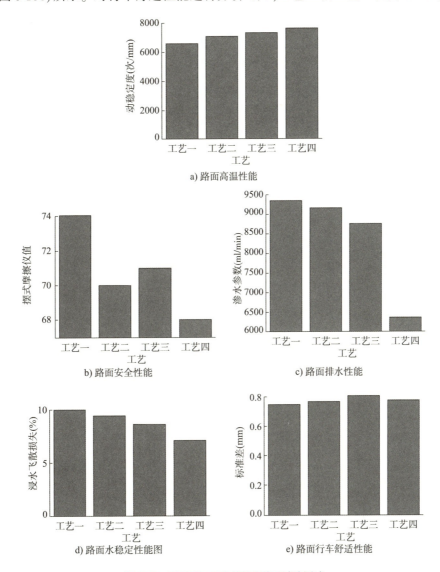

图6-10 不同碾压工艺的排水路面试验测试

可见,碾压工艺对PAC-13沥青路面高温、安全和行车舒适性能影响较小,但对其水稳定性能和排水性能影响较大。究其原因,不同的碾压工艺对空隙率会造成较大影响,随着碾压次数的增加和碾压温度的升高,PAC-13沥青路面的空隙率降低,从而影响了排水性能和水稳定性能。

排水路面应具有良好的排水性能、高温性能、行车舒适性能、安全性能和水稳定性能。但根据上述分析结果,难以找到同时满足以上条件的工艺。经综合考虑排水路面的各方面性能协调,认为应用工艺三的排水路面各方面的性能均可取得较好效果。为此,推荐工艺三为排水路面合理的碾压方案。

3)铺设排水路面步骤

(1)下承层防水。即通过在下承层表面喷洒 SBS 改性沥青,喷洒量为 $0.4 \sim 0.6 kg/m^2$,喷洒施工后下承层表面形成防水黏结层。

(2)混合料拌和。即将高黏改性沥青加热至 170~180℃,将级配集料和木质纤维混合加热至 185~210℃,再将高黏改性沥青、级配集料和木质纤维拌和,拌和温度为 175~785℃,拌和时间经试拌确定,应以混合料拌和均匀、所有矿料颗粒全部裹覆沥青结合料为度,无花白料、无结团成块或严重的粗细集料分离现象。

(3)运输。即通过在运料车的厢斗内壁上喷涂一层植物油作为防止沥青黏结的隔离剂,并装载热拌沥青混合料运输至离摊铺位置 10~30cm 处。热拌沥青混合料具有较高的空隙率,热量散发较快,因此在混合料运输过程中应当落实好保温、防雨及防污染措施。

(4)摊铺。即采用摊铺机均匀连续摊铺受料斗内入料的热拌沥青混合料,摊铺速度为 2~3m/min。

(5)碾压。即摊铺热拌沥青混合料后的碾压程序为 13t 双钢轮压路机 2 台紧跟静压各 4~5 遍→30t 胶轮压路机 2 台碾压 2 遍→13t 双钢轮压路机 1 台碾压 1 遍。其中,初压钢轮压实温度为 150~165℃,胶轮压实温度为 70~90℃,终压钢轮压实温度为 50~65℃。

(6)路面抽芯质量检测。碾压路面采取芯样进行马歇尔试验检测。

(7)冷却开放交通。即碾压完成后,压实的排水沥青路面施工后封闭交通 24h 以上。

PAC 沥青排水路面铺设流程如图 6-11 所示。

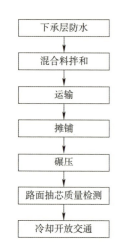

图 6-11 PAC 沥青排水路面铺设流程

6.1.3.3 PAC-13 沥青排水路面实践

为保证改扩建工程项目排水路面的耐久性和提高排水路面的排水效果,沥青混合料类型改为 PAC-13,排水路面与下部结构间采用预拌碎石沥青封层。同时,针对主线合成坡度小于 0.5% 的路段、超高过渡段、凹曲线底部路段、长陡坡路段、互通加宽路段等排水不畅路段,均设计为 PAC-13 排水沥青上面层。项目共实施开级配抗滑磨耗层沥青路面 PAC 排水路面 $23645m^3$,路段长度合计为 22.006km。

开级配抗滑磨耗层 PAC-13 沥青排水路面的应用现场如图 6-12 所示。

开级配抗滑磨耗层 PAC-13 沥青排水路面相比传统的开级配抗滑磨耗层 OGFC 路面,其抗滑、降噪、排水效果更具优势,骨架结构更明显,空隙率为 18%~25%,渗水系数达

4500ml/min以上,从而有效减小了雨天水膜厚度及排水路径长度。PAC-13排水路面的应用进一步保障了雨天行驶的安全性,也有效减小了高速公路路面轮胎行驶噪声对附近居民区的影响,具有较好的社会经济效益。

a) 沥青路面压实现场

b) PAC-13沥青路面应用效果

c) PAC-13取样标识卡

图6-12 开级配抗滑磨耗层PAC-13沥青排水路面应用情况

6.1.4 边中跨比大的三塔斜拉桥不设辅助墩的刚度解决方案

6.1.4.1 西江特大桥概况

中江高速公路改扩建工程西江特大桥,为130m+2×240m+130m的预应力混凝土三塔斜拉桥。约束体系为中塔采用塔墩梁固结,边塔设置竖向支座和横向抗风支座,并设置纵向阻尼器。桥型立面布置如图6-13所示。

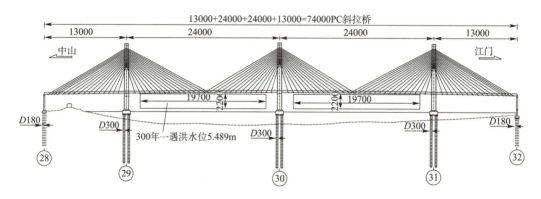

图6-13 桥型立面布置图(尺寸单位:cm)

主梁采用双主肋(DP)断面预应力混凝土梁。主塔采用钢筋混凝土钻石型桥塔,过渡墩采用薄壁墩,主墩和过渡墩基础分别采用$D300$、$D180$钻孔灌注桩。斜拉索采用1770MPa镀锌铝合金平行钢束斜拉索。

桥梁设计基准期为100年,设计基准风速为32.8m/s,设计洪水频率为特大桥300年一遇,通航等级为内河Ⅰ级航道,通航3000t级海轮,按5000t船撞设防,中塔横桥向船撞力29.9MN,边塔船撞力19.4MN。

6.1.4.2 不设辅助墩、大边中跨比三塔斜拉桥设计

1)总体设计

主桥跨径布置为130m+2×240m+130m,全长740m,桥宽24.65m。采用中塔固结,边塔半飘浮结构体系。

主桥为多塔斜拉桥,与常规斜拉桥相比,具有塔多联长的布置形式、边中跨比较大(0.54)及不设置辅助墩的结构特点,其受力与常规斜拉桥不同,在中塔、边塔区域,主塔、拉索及主梁会形成三个位移三角区。移动荷载在一个主跨引起向下挠度的同时,会在相邻主跨和相邻边跨引起向上的挠度;同理,移动荷载在边跨引起向下挠度的同时,会在相邻主跨引起向上的挠度。这就导致无辅助墩、大边中跨比三塔斜拉桥更柔。因此,同跨径时,其主要构件斜拉索、索塔、主梁受活载效应的影响均较常规斜拉桥大。桥梁活载变形示意图如图6-14所示。

根据上述桥梁特点,设计结构时,创新性地在边塔两侧设置两对辅助交叉索,以提高结

构体系刚度;提出一种采用带翼缘板的 DP 断面形式的主梁,以提高主梁刚度;以及采用中塔固结,边塔半飘浮结构体系,提高体系刚度。

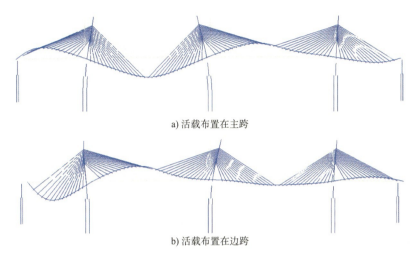

a) 活载布置在主跨

b) 活载布置在边跨

图 6-14　活载变形示意图

2) 结构设计

(1) 桥塔构造

主塔采用钻石形塔,中塔高 103.744m,下塔柱高 27.791m,上塔柱高 75.953m。边塔高 102.144m,下塔柱高 23.096m,上塔柱高 79.048m。上下塔柱均采用钢筋混凝土结构,索塔锚固区设置环形预应力,塔柱采用外侧带倒角、内侧带圆弧矩形断面,塔柱采用 C50 混凝土。边塔和中塔桥塔构造如图 6-15 所示。

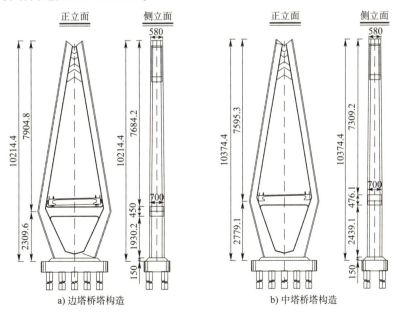

a) 边塔桥塔构造　　　　　　b) 中塔桥塔构造

图 6-15　桥塔构造(尺寸单位:cm)

中塔在塔梁固结处设一道横梁,横梁顶面设 2% 坡度,与桥面横坡一致。边塔在上下塔柱相接处设一道横梁,横梁水平设置,横梁高 4.5m。横梁采用四角倒圆弧空心矩形截面,边塔横梁采用 C50 混凝土,中塔横梁采用 C60 混凝土。

（2）主梁

为了提高无辅助墩、大边中跨比的三塔斜拉桥的整体刚度,提出一种带翼缘板的 DP 断面,与常规 DP 断面和箱形断面等形式进行对比分析,各断面的截面面积、抗弯惯矩及优缺点见表 6-13。

主梁不同形式对比　　　　　　　　　　表 6-13

断面形式	常规 DP 断面	带翼缘板的 DP 断面	箱形断面
断面布置图			
截面面积（m²）	16.97	18.32	20.50
抗弯惯矩（m⁴）	10.80	12.21	20.29
优缺点	施工简单;抗弯惯矩小,主梁应力超限	抗弯惯矩较大;施工简单	受力性能好;抗弯惯矩大;施工复杂,工期长
是否推荐	不推荐	推荐	不推荐

通过上述分析可知,提出的一种带翼缘板的 DP 断面,在施工便利性与结构刚度方面都有较好的性能,为今后多塔混凝土斜拉桥主梁比选提供了一种新的主梁断面形式。

主梁采用带翼缘板的 DP 断面,双向预应力混凝土结构,纵向设横隔板,横隔板标准间距为 8m。主梁设 2% 横坡,梁体横坡由顶、底板斜置形成,肋板内侧铅锤,外侧斜率保持一致。肋板高 2.8m,梁肋标准宽度 1.8m,在主塔处,肋板加宽至 2.4m,在跨中交叉索段,肋板加宽至 2.45m。

主跨主梁纵向划分为 0~14 号及跨中合龙段,共 16 个施工节段,边跨划分为 0~15 号及边跨合龙段,共 17 个施工节段。其中 0 号、1 号节段为墩顶现浇段,2~14 号节段为挂篮悬浇梁段,15 号梁段为边跨支架现浇梁段。主梁横断面如图 6-16 所示。

图 6-16

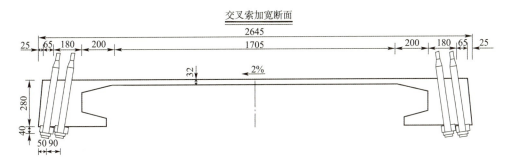

图 6-16 主梁横断面图(尺寸单位:cm)

(3) 斜拉索

斜拉索采用双索面扇形布置,边塔设置 16 对斜拉索,中塔为 14 对斜拉索,全桥共 184 根斜拉索;采用高强镀锌铝合金平行钢丝拉索,钢丝抗拉标准强度为 1770MPa,最小斜拉索型号为 PESC7-139,最大斜拉索型号为 PESC7-283;斜拉索在主梁上纵向标准索距为 8m,边跨尾索段锚固间距 5m,在索塔上的理论索距为 1.8m,斜拉索最短长度为 39m,最大长度为 142m,斜拉索在塔端张拉。

边塔增加 2 对辅助索的具体方案是:在边塔中跨侧增设的 2 对斜拉索 J15、J16 拉索,与中跨最后两根斜拉索 Z13、Z14 拉索形成交叉索,同时将边跨侧尾端最后三根尾索间距减小为 5m,具体布置如图 6-17 所示。

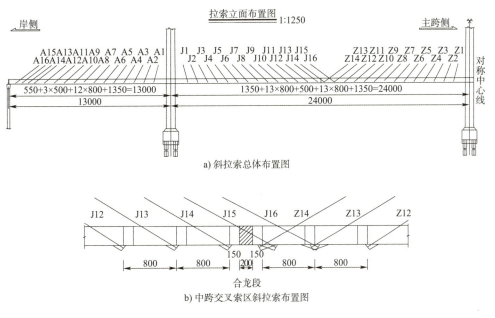

图 6-17 斜拉索布置图(尺寸单位:cm)

(4) 过渡墩及下部结构

主塔承台采用整体式圆端矩形结构,横桥向长度为 32m,顺桥向宽度为 12.4m,承台高

5.0m，承台与塔柱间设高度为1.5m的塔座。承台顶面高程为2.0m。承台下设置10根直径3.0m的钻孔灌注桩，呈2行5列矩阵式排列，顺桥向桩间中心距7.4m，横桥向桩间中心距均为6m。承台和桩基均设计为普通钢筋混凝土结构，如图6-18所示。

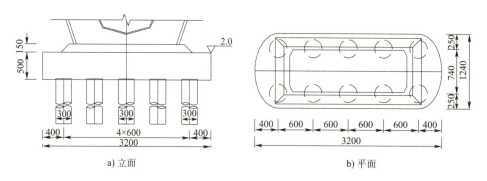

图6-18 索塔承台一般构造图(尺寸单位：cm)

28号墩和32号墩为主引桥过渡墩。28号墩位于中山岸陆地上，32号墩位于江门侧水中。墩身采用分离式矩形柱式结构，单个桥墩断面为矩形，横桥向宽度为4.5m，纵桥向宽度为2m，在墩身外侧设置$R=15cm$的倒角。单个承台外轮廓尺寸为$7m×7m×2.7m$(高)，承台间采用系梁连接，每个承台下设置4根直径1.8m的钻孔灌注桩基础，桩中心间距4m。为了提高过渡墩的防船撞能力，在过渡墩的两个墩身之间增设一道横系梁，系梁顶高程为6m。

6.2 科研创新与实践

6.2.1 超深厚软基路堤改扩建关键技术

6.2.1.1 研究背景

中江高速公路改扩建工程是在超深厚软土地基条件下进行的典型代表，存在旧路运行期沉降持续发展、软土厚度大、拼宽施工期通行流量大、拼宽路基邻近建筑物、旧路抬高衍生软土层再压缩等特殊技术方面的问题。

1) 工程条件复杂

(1) 珠江三角洲、韩江平原等地区存在超深厚软基，既有软土路基采用排水固结法处理，部分路段的排水体未贯穿软土地层，改扩建时沉降尚未结束。

(2) 既有路基邻近房屋、高压线塔、桥梁等结构建筑物，改扩建地基处理采用挤土型桩会对邻近建筑物桩基产生挤压效应。

(3)由于航道、防洪、路线、地方交通等要求,既有路基高程需抬高。

(4)沿线区域经济发达土源紧缺,征地或租地费用高昂。

2)差异沉降问题突出

中江高速公路软土厚达33m,软基路段施工后沉降长期不收敛,成为此公路改扩建工程的技术挑战。软基路段拼宽路基要通过增加地基强度实现沉降的精准控制,旧路保持通行时无法实施地基和路面层结构处理,交通转换后可选用的地基处理措施受场地条件和工期限制。新旧路基的地层条件和加固方法不同,实现深厚软基上的新旧路堤变形协调(即差异沉降控制)是必须突破的关键技术。

3)地下管线分布复杂

项目沿线两侧密布工商业区及生活区,道路下穿各种管线,包括高压电缆、给水管、污水管和燃气管等,这些管线是区域经济和生活的必要设施。扩建路段长度约40km,范围内下穿管线多达50余处,其中位置不明确且难以改迁的有10余处,扩建区域内采用桩基处理,存在较大潜在隐患。

结合中江高速公路软基路堤的特点,包括软土层深厚、既有路堤沉降持续发展、沿线环境制约施工的因素复杂等,通过模型试验、足尺度原位试验、离心机试验和现场试验,研究基于软基高速公路改扩建工程的技术现状,并利用有限元分析揭示高速公路改扩建工程沉降变形机理,创新支盘桩软基加固理论方法、搅拌桩快速检测方法和地下管线精准探位技术。研究成果对于软基高速公路改扩建工程具有重要的指导意义。

6.2.1.2 深厚软基路堤处理技术与方法

通过获取旧路深层软土含排水体原状土样,开展原状软土渗透物理模型试验和固结试验,揭示深层软土性状、蠕变特征及扩建后再压缩变形规律。通过模型试验和原位试验,建立预置管法旁压试验检测水泥搅拌桩强度方法。开发基于定向源-地井电磁感应的地下管线探测系统及探测方法。通过软土地基支盘桩原位静载试验、物理模型试验和现场试验,建立支盘桩承载力计算模型。通过管桩贯入挤土现场试验,建立单桩贯入深厚软土地基挤土位移理论模型。

1)既有排水法处理的深厚软基路堤剩余沉降发生发展机理

对既有路基竖向排水体通过开挖观察、取样检测,开展大尺度原位样试验,评估竖向排水体的排水性能;进行长期服役后砂井排水和力学性能试验。进行编织袋透水性能、拉伸性能等试验,对砂井内填砂进行力学性能试验,评估砂井排水性能;根据现场监测数据及试验研究成果,建立计算分析模型,通过反分析及模拟计算等先进现代化的手段,分析拓宽工况下既有路基剩余沉降发展机理。

利用钢板桩支护、基坑开挖和自制取样筒,进行袋装砂井单元体原位取样,并在室内进行变水头渗透试验测试单元体渗透系数。原位取样及原位样足尺渗透试验如图6-19所示。

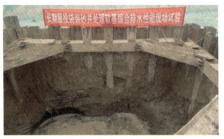
a) 袋装砂井软基处理现场

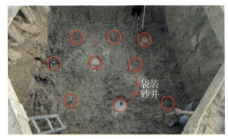
b) 袋装砂井放置位置

c) 袋装砂井取样

d) 砂井样品

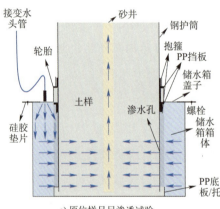
e) 原位样足尺渗透试验

f) 原位样足尺渗透试验设备

图 6-19 原位取样及原位样足尺渗透试验

(1) 深厚软基路堤剩余沉降量的确定方法

①原位监测软基路堤运行状态。在中江高速公路既有路基典型软基路段,进行分层沉降、孔隙水压力、侧向变形监测,采用智能化监测系统,高频度、高精度采集交通荷载下的软土层动态性状指标,为分析软土层后继变形状态提供条件。

②分析利用已有运行软基路堤监测数据。对广珠东线高速公路等类似工程的工后分层沉降监测资料进行系统分析研究,提高后续研究分析及成果的普遍性及准确性。

③试验研究交通荷载影响和三维蠕变效应。根据现场情况设计部分室内试验研究,考虑软土蠕变的三维效应和交通动荷载的影响,研究次固结沉降、蠕变沉降产生的条件及其计算方法。

④数值模拟及分析。根据现场监测数据及试验研究成果,建立计算分析模型,通过反分

析及模拟计算等先进现代化的手段,分析及总结研究成果。

(2)含竖向排水体软土层的综合排水性能

①现场原位检测。对既有路基竖向排水体通过开挖观察、取样检测评估竖向排水体的排水性能。

②依据原位监测数据反分析。根据改扩建工程施工监测数据计算地基固结速率,反分析排水体的排水性能。

③模型试验及分析。开展室内模型试验验证,基于实测资料反分析所建模型的合理性。

(3)深厚软土层发生后继压缩的成因

基于原位监测数据,分析判断排水体处理范围内的软土层变形动态、处理区以下软土层的变形动态,分析软土层发生压缩变形的性质(即处于主固结或次固结或蠕变状态),为后续变形发展趋势判断提供依据。

(4)交通荷载对后继沉降的影响

开展循环荷载下的平面应变三轴试验,确定孔隙水压力的消散规律;研究交通荷载影响后继沉降的规律,为后续沉降计算考虑交通荷载的影响提供条件。

2)预置管旁压试验法水泥搅拌桩强度快速检测方法

搅拌桩施工后,在桩体预置检测管道,并在预埋管道内不同深度利用旁压仪器对养护后桩体强度进行检测,获得旁压曲线和临塑压力,利用钻芯取样测量桩身水泥土无侧线抗压强度并与旁压试验临塑压力建立关系。依据水泥土桩旁压试验可能发生的剪切破坏和断裂破坏,建立模型推求桩体抗拉强度,通过压拉强度关系求解抗压强度。

试验所用水泥搅拌桩桩身强度检测仪器和检测步骤如图 6-20 所示。

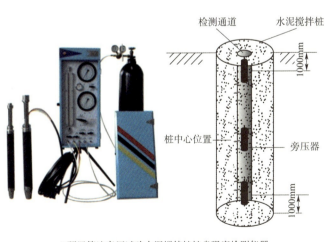

a) 预置管法旁压试验水泥搅拌桩桩身强度检测仪器

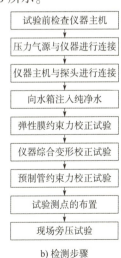

b) 检测步骤

图 6-20　旁压试验检测仪器及检测步骤

注:图中测点中心到上、下孔口的距离为 1000mm。

基于水泥土材料的边界有界性,提出水泥土桩旁压试验的破坏模型——贯穿断裂模型,结合 Griffith 强度理论,进一步得到水泥土桩体内旁压临塑压力、初始压力推求单轴抗压强度的预测模型。

利用现场试验数据与理论计算对比,反演出水泥搅拌桩破碎程度 $s=0.7$ 的取值建议。压碎破坏模式下旁压试验数据与试验结果如图 6-21 所示。

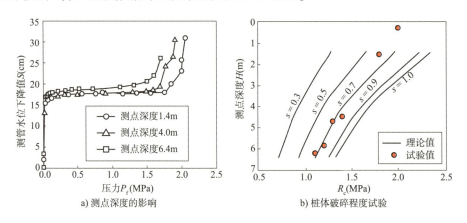

图 6-21 压碎破坏模式下旁压试验数据和桩体强度试验结果

通过现场旁压试验结果和抽芯土样的拉压强度实测值比较,建议工艺中采用 4cm 小直径预置管,理论计算中选择拉压强度比值 $m=8$,可满足工程精度要求。劈裂破坏模式下旁压试验数据和桩体强度试验结果如图 6-22 所示。

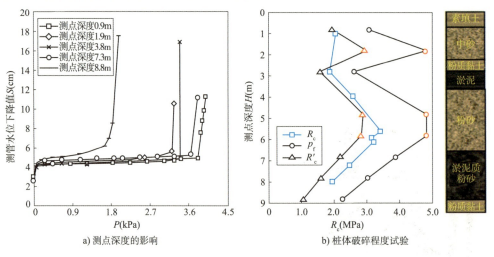

图 6-22 劈裂破坏模式下旁压试验数据和桩体强度试验结果

3) 软基深埋管线探测定位技术

提出定向源地-井电磁感应法,基于井中线圈磁通量的响应特征,通过二维、三维正演模拟得到计算管线埋深及其水平位置的理论公式。开发适用于定向源地-井电磁感应法的钻、探、测、算成套设备;基于工程实践,应用于实测数据,完善刚性桩打设场地深埋管线定向源

6 改扩建工程技术创新与实践

地-井电磁感应法定位技术。

项目设计了定向源地-井EIM法探测的基础方法,研发配套设备包括目标管线磁场源发射装置(购置)、可旋转磁通量测量线圈(研制)、线圈磁通量实时数显设备(购置)以及竖向探进位移装置(研制),并自研了线圈自由提升和转向装置,提出了依据磁通量响应特征、线圈摆放位置与目标管线空间位置的对应关系,通过二维、三维正演模拟得出计算管线埋深及其水平位置的理论公式。

4)拼宽路基工后沉降实用计算方法

拼宽路基形状不规则(平行四边形或倒梯形)、地基处理范围小于拼宽路堤范围(既有路堤边坡范围内部分软基不处理)时,沉降计算非常困难;复合地基固结度尚无公认的实用计算方法。对以上问题,需要研究以提出简易、实用的沉降计算方法。

(1)基于离心机试验确定拼宽路堤作用下路基的竖向、侧向变形和孔压等特征。

(2)数值模拟及反分析确定固结度计算方法。基于数值分析、理论分析、现场实测等提出拼宽路基固结度实用计算方法。

5)软基中挤扩支盘桩极限承载力及应用研究

目前支盘桩极限承载力计算过于依赖经验,缺乏理论依据,限制了支盘桩在工程中的推广应用。同时考虑支盘周围土体剪切位移、土体参数和桩体几何尺寸的支盘桩极限承载力计算方法还未出现。对深厚软基中不同支、盘组合的支盘桩进行破坏性现场试验,重点分析支盘桩的承载特性,并推导和验证了支、盘极限承载力计算法,为相关支盘桩地基设计提供参考依据。

利用现场试验分析挤扩支盘桩的承载机理及承载特征,开展支盘桩透明土贯入试验探究盘周土破坏形式,并基于滑移线和极限平衡分析理论推导盘极限承载力计算模型,分析合理的盘间距取值并建立最优盘间距理论,提出不同盘间距下支盘桩单桩极限承载力计算方法。开展支盘桩加固既有填砂路基深层软土的可行性和作用机制研究。

(1)试验概况

①场地条件。

试验场地的地层参数见表6-14。根据钻孔资料,地层分布情况为层厚3.7m的素填土,层厚4.3m的淤泥层,层厚20m的淤泥质粉砂,层厚22m的粉质黏土。

土层物理力学参数   表6-14

土层类型	层厚(m)	不排水强度(kPa)	含水率(%)	密度(g/cm³)	相对密度	初始孔隙率(%)
素填土	3.7	42.5	35.1	1.78	2.63	0.923
淤泥层	4.3	15.4	59.5	1.62	2.61	1.553

续上表

土层类型	层厚（m）	不排水强度（kPa）	含水率（%）	密度（g/cm³）	相对密度	初始孔隙率（%）
淤泥质粉砂	20.0	29.6	43.7	1.73	2.63	1.149
粉质黏土	22	40	29.5	1.84	2.67	0.788

②试桩方案。

为达到破坏性试验目的，试桩最大预估加载量为3倍的承载力设计值，分15级进行加载直至破坏，单级荷载约等于预估最大加载量的1/15（初级荷载约为2/15），各试桩试验参数见表6-15。试桩参考《公路工程基桩检测技术规程》（JTG/T 3512—2020），采用慢速荷载维持法，测试A、B、C共3根桩，加载过程中通过荷载-位移系统实现自动加载和数据采集。静载平台示意图如图6-23所示。

试桩参数　　　　表6-15

试桩编号	设计值（kN）	极限值（kN）	单级荷载（kN）	桩长（m）	桩径（m）	盘径（m）	支盘设置
A	534	1602	107	14	0.6	1.6	1支1盘
B	844	2532	169	25	0.6	1.6	1支1盘
C	1033	3100	207	25	0.6	1.6	2盘

注：设计值按《公路桥涵挤扩支盘桩工程技术规范》（DB33/T 750—2009）；极限值按3倍设计值预估。

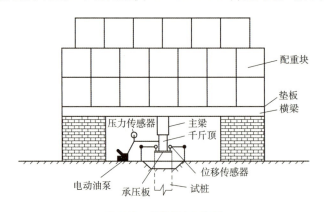

图6-23　静载平台示意图

③仪器安装埋设。

试桩内力采用光纤布拉格光栅（Fiber Bragg Grating，FBG）应变传感器进行监测。将FBG传感器封装在桩内纵向主筋中，每个监测断面按对称布设4枚传感器，取4枚传感器监测数据的算术平均值作为该断面内力代表值。监测断面设置在不同性质土层交界面以及"支"或"盘"的上、下毗邻部位，传感器具体布设位置如图6-24所示，图中黑色方块符号为传感器位置。

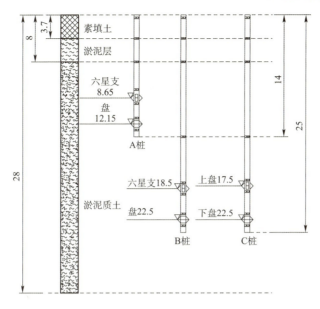

图 6-24 桩身内力传感器沿深度布设图(尺寸单位:m)

(2)试验结果

①破坏特征曲线。

共对3根支盘桩 A、B、C 进行静载试验,均加载至破坏,试桩荷载-沉降曲线如图 6-25 所示。可以看出,3 根试桩荷载-沉降曲线均符合典型的桩体刺入破坏模式,各试桩的整个加载过程可分为 3 个阶段,即线性沉降、加速沉降和刺入破坏。A 桩桩长较短,极限荷载最小,为 1496kN。B 桩和 C 桩桩长一致,而 B 桩为一分支一盘,C 桩为双盘桩,极限承载力分别为 2364kN 和 2893kN。由于 A、B、C 试桩在最大加载等级下均已破坏,荷载作用下桩体界面发生了较大的塑性变形导致桩体沉降超标,卸荷变形回弹率都小于 17%,安全系数分别为 2.8、3.0、3.0。考虑到安全性和经济性两方面因素,安全系数一般可取 1.5~2.0,因此目前得到的支盘桩的设计安全系数较大,承载力偏于保守,需要进一步改进。

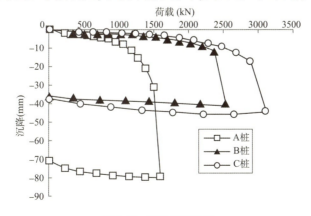

图 6-25 荷载-沉降曲线

②支盘桩荷载传递特点。

A桩的桩身各部分承载力随上部荷载的变化曲线如图6-26所示。支盘桩承载力由四部分提供,分别为桩端、直杆段、分支和盘,分别提供8.1%、13.7%、26.6%和51.7%的承载力。荷载承载比由大至小依次为盘、分支、直杆段和桩端。加载初期,四部分承担荷载同步上升,然而各部分之间的增长规律却相差较大。桩端部分承载力增速最小且后续保持缓慢增加,分支和盘体承载力对上部荷载呈线性增加趋势,直杆段部分承载力加速增加。加载中期,即800~1200kN区间,直杆段承载力保持稳定,而分支和盘体的承载力加速上升。加载末期,直杆段承载力突然下降,这是由于桩体刺入破坏,桩-土之间由静摩擦变为动摩擦,摩擦力为直杆段提供的承载力下降。

B桩的桩身各部分承载力随加载的变化曲线如图6-27所示。整体而言,B桩的各承载部分的承载力随荷载变化规律与A桩相似。然而,由于B桩桩长达25m,直杆段提供的侧摩阻力比A桩大,B桩荷载承载比由大至小依次为盘、直杆段、分支、桩端,对应占比为46.7%、29.4%、21.2%、2.7%。综上可知,由分支和支盘组成的支盘桩,其盘体承担荷载最大,是最主要的承载部件,等直径的六分支承载能力约为盘体的50%,桩端承载力占比很小。同时,短桩相对于长桩直杆段占比小,分支和支盘承载占比更大。

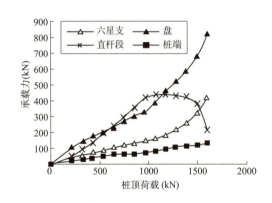

图6-26 A桩桩身各部分承载力随上部荷载变化曲线

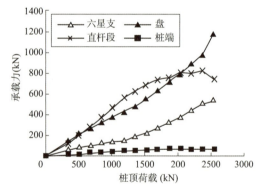

图6-27 B桩承载力随上部荷载变化曲线

由于C桩未安装内力传感器,研究基于数值模型分析极限状态下C桩的内力。首先,利用ABAQUS软件对B桩的荷载-沉降曲线和桩身内力进行数值模拟。模型宽度选50倍桩径,为30m;高度大于2倍桩长,为70m。模型两侧边限制水平位移,模型底边限制水平和竖向变形。桩身采用线弹性模型,考虑实际采用的混凝土强度等级为C30,弹性模量取30GPa,土体采用弹塑性模型,服从莫尔-库仑破坏准则。静载试验总体加载时间较短,因此假定土体处于不排水状态,摩擦角设为0,考虑不排水条件土体泊松比取值为0.48。以往研究表明,在灌注桩桩土界面的桩土接触模型采用绑定约束是合理的。荷载采用位移法加载,桩顶位移单级加载量与静载试验桩保持一致直至破坏。B桩的数值模型荷载-沉降曲线以及极限荷载下内力分布曲线与实测值对比结果如图6-28、图6-29所示。可以明显看出,实测值和模拟值吻合度较好,所建数值模型具有一定的科学性和合理性。

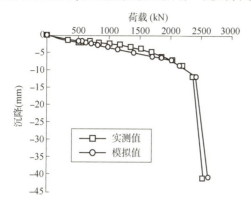 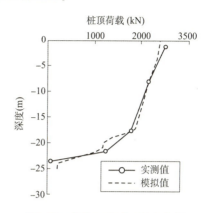

图6-28　B桩的荷载-沉降曲线实测值与模拟值对比　　　图6-29　极限状态下B桩内力曲线

利用所建立的模型对C桩进行数值模拟计算,荷载-沉降曲线数值计算结果与实测值对比如图6-30所示。可见,有限元模型的模拟效果较好,极限条件下桩顶荷载相差仅为2.0%。利用数值模拟数据得到的C桩各部分承载力随加载的变化曲线如图6-31所示。整体而言,承载力变化趋势和特点与A桩和B桩类似,但是上、下盘均承载了较大的上部荷载,盘相较于分支明显具有较高的承载力。直杆段承载力在临近破坏时才停止增长,可能与有限元模拟未考虑剪切退化有关。由图可知,下盘相对上盘承载力略大,这是由于盘体埋深大,土体侧向应力也大,对盘体的握裹力也大。同时,这也间接表明对于"一支一盘"的支盘桩(如A桩和B桩),支盘放在下部更为经济可靠。综合3根试桩结果可知,支盘各部分承载力发挥与桩长、分支、支盘设置以及支盘埋深密切相关。

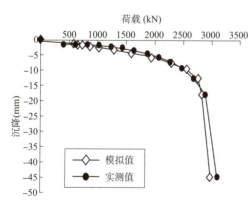 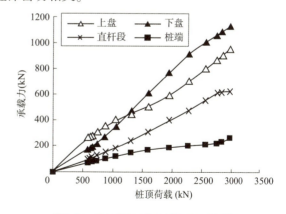

图6-30　C桩的荷载-沉降曲线实测值与模拟值对比　　　图6-31　C桩承载力随上部荷载变化曲线

(3)盘极限承载力计算理论模型

①盘体破坏模型。

支盘桩承力盘类似于扩展深基础,参考Meyerhof深基础端承力理论,假定盘周土沿着对数螺线滑动面发生整体剪切破坏。盘周土体破坏面的初始极径 AC，即 r_0 计算见式(6-2)：

$$r_0 = \frac{b}{\cos\left(45° + \frac{\phi}{2}\right)} \tag{6-2}$$

式中： b ——盘环宽；

$45° + \frac{\phi}{2}$ ——初始极径与水平线的夹角。

破坏面 AD 的长度 r_1 计算见式(6-3)：

$$r_1 = r_0 E^{\theta\tan\phi} \tag{6-3}$$

式中：θ ——初始极径 r_0 与任意一条极径的夹角。

相关研究表明，在分析支盘桩的承载力时，可以忽略盘上方一定范围内的桩身阻力。简单起见，假设接触表面 EF 完全光滑，根据 Meyerhof 理论，θ 的最大值（即 $\angle CAD$）等于 180°。因此，破坏面以 D 点为分界点可分解为 2 个部分，即对数螺线剪切趋于 $ACDA$ 与双直线剪切区域 $ADEF$。区域 ACF 不发生剪切破坏可假定为刚体。在双直线剪切区域根据破坏面的几何关系可得式(6-4)、式(6-5)：

$$ED = CD = r_0 + r_1 = \frac{b(e^{\pi\tan\phi} + 1)}{\cos\phi} \tag{6-4}$$

$$EF = 2AD\sin\left(45° + \frac{\phi}{2}\right) = 2be^{\pi\tan\phi}\tan\left(45° + \frac{\phi}{2}\right) \tag{6-5}$$

盘周地基极限承载力计算见式(6-6)：

$$q_u = q'_u + q''_u = cN_c + p_0 N_q + \gamma b N_\gamma \tag{6-6}$$

式中：q'_u ——滑动破坏面的抗剪强度和盘埋深处的侧向应力提供的承载力分量；

p_0 ——作用在 EF 面上的正应力；

N_c ——与黏聚力 c 相关的地基承载力系数；

N_q ——与 p_0 相关的地基承载力系数；

q''_u ——破坏面内土体自重提供的地基承载力；

N_γ ——与盘环宽度 b 相关的地基承载力系数。

盘周土体破坏面如图 6-32 所示，首先对双直线剪切区域 $ADEF$ 求静力学平衡。研究表明，竖向加载下支盘桩发生沉降，盘顶与土体发生分离，由于不考虑土的抗拉强度，因此 AF 面上不受力。AD 面上的合力可分解为正应力 p_1 和剪应力 $s_1(c + p_1\tan\phi)$。ED 面上的合力可以分解为与 ED 面平行的黏聚力 c 和与 ED 面法线成 ϕ 角的土压力 p_2。

对区域 $ADEF$ 在 ED 方向上做静力平衡，可得式(6-7)、式(6-8)：

$$p_1 = c(1 + e^{-\pi\tan\phi})\cos\phi + p_c\cos\phi \tag{6-7}$$

$$p_0 = k_0\gamma\left[h - b\tan\left(45° + \frac{\phi}{2}\right)(e^{\pi\tan\phi} + 1)\right] \tag{6-8}$$

式中:h——盘埋深。

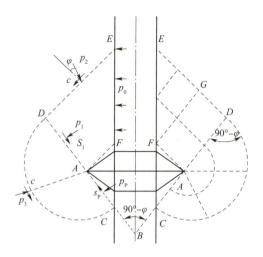

图 6-32 盘周土体破坏面

在对数螺线剪切区域,AC 面上的力可分解为切向力 s_p(土的抗剪强度)和法向力 p_p。与 Meyerhof 理论一致,在对数螺线破坏面 CD 上,径向力 p_3 指向极心 A 点,切向力为土的黏聚力 c。基于极限平衡分析,对 A 点求力矩平衡,可得式(6-9):

$$p_1 \frac{AD^2}{2} + \int cr\cos\phi ds = p_p \frac{AC^2}{2} \tag{6-9}$$

因此,AC 面上的正应力 p_p 计算见式(6-10):

$$p_p = p_1 e^{2\pi\tan\phi} + \frac{c}{\tan\phi}(e^{2\pi\tan\phi} - 1) \tag{6-10}$$

根据莫尔-库仑强度准则,可得式(6-11):

$$s_p = c + p_p \tan\phi = p_1 e^{2\pi\tan\phi}\tan\phi + ce^{2\pi\tan\phi} \tag{6-11}$$

对刚体区域 FAC 做竖向静力学平衡,由滑动破坏面的抗剪强度和盘埋深处的侧向应力提供的承载力 q_u' 计算见式(6-12):

$$q_u' = \frac{\cos\phi e^{2\pi\tan\phi} p_0}{1 - \sin\phi} + \frac{c[(e^{\pi\tan\phi} + 1)\cos\phi + e^{2\pi\tan\phi}(\cos\phi + \cot\phi) - \cot\phi]}{1 - \sin\phi} \tag{6-12}$$

对于由破坏面内土体自重提供的地基承载力分量 q_u'',本书采用了与 Meyerhof 类似的方法。N_γ 的经验计算见式(6-13):

$$N_\gamma = \left[\frac{(1+\sin\phi)e^{2\pi\tan\phi}}{1-\sin\phi} - 1\right]\tan(1.4\phi) \tag{6-13}$$

因此,破坏面内土体自重提供的地基承载力 q_u'' 及盘周地基极限承载力 q_u 的计算分别见式(6-14)、式(6-15):

$$q_u'' = \gamma b \left[\frac{(1+\sin\phi)e^{2\pi\tan\phi}}{1-\sin\phi} - 1\right]\tan(1.4\phi) \tag{6-14}$$

$$q_u = \frac{\cos\phi e^{2\pi\tan\phi}}{1-\sin\phi}p_0 + \frac{c[(e^{\pi\tan\phi}+1)\cos\phi + e^{2\pi\tan\phi}(\cos\phi+\cot\phi)-\cot\phi]}{1-\sin\phi} + \qquad (6-15)$$

$$\gamma b\left[\frac{(1+\sin\phi)e^{2\pi\tan\phi}}{1-\sin\phi}-1\right]\tan(1.4\phi)$$

盘极限承载力计算见式(6-16)：

$$q_{ub} = Aq_u = \frac{\pi}{4}q_u(D_b^2 - D_p^2) \qquad (6-16)$$

式中：A——支盘桩的截面积；

D_b——支盘桩的外径；

D_p——支盘桩的内径。

②分支承载力计算方法。

分支相较于盘减小了端承面积,当前对于分支的破坏形式及极限承载力计算相关的研究极少。首先,出于安全考虑,《公路桥涵挤扩支盘桩工程技术规范》(DB33/T 750—2009)建议按照对应深度盘承载力乘以支、盘投影面积比值来简化计算分支极限承载力。另外,相较于盘体,分支由于特殊的几何构造更容易产生应力集中导致土体加速破坏,而且本试验也发现仅考虑分支与等直径盘的投影面积比,等效计算分支限承载力结果与实际值偏大。基于以上事实,必须引入变截面系数对分支限承载力等效计算值进行修正。研究将分支极限承载力的计算公式修正,见式(6-17)：

$$q_{uz} = \alpha\beta Aq_u = \alpha\beta\frac{\pi}{4}q_u(D_b^2 - D_p^2) \qquad (6-17)$$

式中：q_{uz}——分支极限承载力；

α——分支与等直径盘的投影面积比,取0.61,盘取1.0；

β——分支截面突变系数,范围为0~1.0,盘取1.0。

理论上,β取值与分支形式及地层条件等都有关系,例如分支斜面坡度较大或者软弱地层可能造成分支周围土体的快速剪切破坏,会降低β取值。以A桩和B桩为例,通过对试验数据的反演分析,发现β为0.83时可合理反映分支形式及地层条件对变截面系数的影响。需要指出的是,变截面系数的确定还需更多系统试验、数值和理论研究。按照式(6-17)计算的分支和支盘极限承载力值与实测值见表6-16,其中分支承载力由其上下截面轴力取差值而得。

分支和支盘极限承载力计算值与实测值对比　　表6-16

试桩编号	α	β	计算值(kN)	实测值(kN)	误差(%)
A(分支)	0.61	0.83	385.0	425.5	9.5
A(盘)	1.0	1.0	869.2	827.7	5.0

6 改扩建工程技术创新与实践

续上表

试桩编号	α	β	计算值(kN)	实测值(kN)	误差(%)
B(分支)	0.61	0.83	539.3	536.8	0.5
B(盘)	1.0	1.0	1186.4	1183.5	0.25
C(上盘)	1.0	1.0	1046.6	956.8	9.39
C(下盘)	1.0	1.0	1186.4	1131.9	4.81

从表6-16可知,分支极限承载力计算值与实测值误差在10%以内,盘的极限承载力计算误差也在10%以内,式(6-16)和式(6-17)可以合理预测分支、盘承载力。

③桩体极限承载力计算方法。

根据支盘桩结构特性,支盘桩极限承载力由直杆段承载力、盘承荷载、支承荷载以及桩端荷载组成。常规直杆桩已经广泛应用于工程项目中,《公路桥涵挤扩支盘桩工程技术规范》(DB33/T 750—2009)算法可以基本保证直杆段以及桩端承载力的计算精度。需要注意的是,支盘特殊的扩大结构将对一定范围内的直杆段侧阻力产生影响。研究成果表明,支、盘上部两倍盘径范围内的直杆段侧阻力可忽略不计。结合式(6-16)提出的支盘极限承载力计算方法,支盘桩极限承载力计算见式(6-18):

$$Q_u = \mu \sum q_{si} L_i + \sum q_{ubi} + \sum q_{uzi} + \eta q_p A_p \tag{6-18}$$

式中:μ——直杆段周长;

L_i——第i层土的有效厚度(若设盘,需减去盘高及两倍盘径);

q_{si}——第i层土的测摩阻值;

q_{ubi}——第i层土的盘极限承载力;

q_{uzi}——第i层土的分支极限承载力;

η——端阻力标准值折减系数;

q_p——端阻力标准值;

A_p——桩端面积。

直杆段与桩端相关参数参考《公路桥涵挤扩支盘桩工程技术规范》(DB33/T 750—2009),支盘桩极限承载力实测值与计算值见表6-17。

支盘桩极限承载力计算值与实测值对比 表6-17

试桩编号	最大加载值(kN)	极限承载力实测值(kN)	极限承载力计算值(kN)	误差(%)
A	1602	1496	1811	13
B	2532	2364	2540	0.3
C	3100	2893	3319	7.1

由表6-17可知,通过式(6-18)计算的支盘桩极限承载力接近于实际测量值,且误差在13%以内。以上结果表明,研究所提出的支盘桩极限承载力计算方法具有很好的可靠性。实际工程中,可利用本研究理论方法进行支盘桩极限承载力估算,其次可以根据实际情况取安全系数1.5~2.0进行折算,可保证工程的安全性和经济性。

C桩为双盘设计,试桩桩径为0.6m,盘径为1.6m,盘环宽为0.5m,盘间距为4m,等于2.5倍盘径、8倍盘环宽,满足上述研究提出的最小盘间距参考值。

此外,还对软基处理支盘桩承载特性及极限承载力计算方法进行了现场试验和理论研究。

6)挤土型桩对既有桩基的挤压效应

通过现场试验,检测管桩施工挤土对邻近管桩的影响,利用数值分析及反分析,获取合理的模型和参数,然后进行正分析,研究挤压效应影响因素和规律。确定需要考虑对既有桩基挤压影响的软土厚度、与既有桩基的控制距离等。改进Terzaghi摩擦拱模型,提出适用于桩帽梁支撑式路堤的三维土拱模型,并建立变等沉面高度计算理论。

(1)提出多节管桩沉桩挤土效应的形成机制,单桩施工产生的孔压对软土的影响范围约为30倍桩体直径。

(2)进行了预应力高强度混凝土管桩挤土效应现场试验研究。揭示预应力高强度混凝土管桩沉桩挤土效应对邻近管桩的空间形态影响规律,以此反映挤土作用力的分布规律。管桩沉桩过程可能产生初始桩体位移和弯矩,此问题在刚性桩土拱演化和失稳过程中可能被放大,需要施加桩帽梁结构限制桩体侧向位移和弯矩。具体规律如下:

①垂直既有道路轴线方向的桩间土水平移量明显小于平行既有道路轴线方向,既有路基对管桩贯入时产生约束作用。

②土体的上部水平位移和下部位移量较小,中部位移量较大,挤土引起的土体水平位移集中分布在$0.3L \sim 0.7L$处(L为桩长)。

③群桩施工会对邻近桩基产生较大的挤位移。管桩变形呈现顶部和底部小、中部大的分布形式,变形拐点出现在管桩接头位置,现场施工时要防止既有桩体出现弯曲、倾斜、断桩等问题。

(3)开展桩帽连梁支撑式(PCBS)路堤荷载传递机理理论研究,提出三角形布桩下PCBS路堤土拱模型,结合三维有限元模型分析PCBS路堤土拱效应的影响因素,并验证土拱计算模型的准确性。

①桩帽连梁支撑式路堤数值模型。

数值模拟分析采用目前主流的通用计算软件ABAQUS,该软件在求解静力、动力等多方面问题上的优势明显,尤其在求解非线性问题方面的能力优异,在岩土工程领域具有较好的适用性。梅花形布桩下桩帽连梁支撑式路堤土拱效应属于真三维问题,为了对模型进行简化,假定大面积均布填土下全区域设置桩帽地梁,选取相邻桩帽中点连线的三角形区域作为单元体进行计算分析。桩帽间距为4m,圆形桩帽直径为2m,地梁宽度为0.6m。采用六面体结构化网格对各部件进行网格划分,确保计算精度,桩帽连梁支撑式路堤结构及有限元网格划分如图6-33所示。

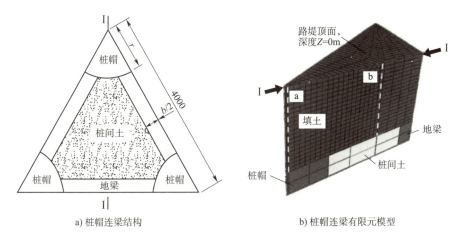

a) 桩帽连梁结构　　　　　b) 桩帽连梁有限元模型

图6-33　桩帽连梁支撑式路堤结构及有限元网格划分模型(尺寸单位:mm)

为探讨不同填土高度桩帽连梁支撑式路堤的土拱效应,分别对填土高度2m(Ex-2m)、4m(Ex-4m)、6m(Ex-6m)、8m(Ex-8m)的模型进行计算分析。桩帽地梁采用线弹性模型,桩间土及填土采用线弹性模型和莫尔-库仑塑性模型。桩间土设置一个较大的弹性模量来限制加载过程中的桩土差异沉降,模拟快速加载时的不排水情况。

模型的计算流程为一次性施加填土荷载,限制桩间土底部的位移,模拟快速加载条件下地基不排水的工后沉降;桩间土缓慢匀速沉降,模拟地基固结过程,桩间土应持续沉降直至填土底脱空或发生塑性破坏,计算终止。

接触面模型为填土底面与桩帽地梁顶面采用表面-表面接触,法向为硬接触,切向接触属性为罚摩擦,摩擦因数为0.364(tanϕ,ϕ为填土内摩擦角);桩间土与地梁以及桩间土与填土之间也采用表面-表面接触,法向为硬接触,切向接触属性为无摩擦。材料的本构模型及计算参数见表6-18。

材料本构模型及计算参数　　　　　表6-18

部件	本构模型	弹性模量 E (kPa)	泊松比 ν	黏聚力 c (kPa)	内摩擦角 ϕ (°)	重度 γ (kN/m³)
桩帽	线弹性模型	3×10^7	0.15	—	—	20
地梁	线弹性模型	3×10^7	0.15	—	—	20
填土	M-C 模型	2×10^4	0.35	18	12.8	20
桩间土	线弹性模型	3×10^7	0.15	18	12.8	20

②路堤整体受力变形特征。

靠近桩间土位置竖向应力等值线呈竖向分布，低填路堤地梁上的土压力大于桩帽顶，但填土高度增加后桩帽地梁应力水平反转。以2m和6m填高的路堤为例，分析桩帽连梁支撑式路堤整体受力变形特征。

与地基自重应力水平分布特征不同，2m填高下路堤竖向应力等值线仅在靠近路堤顶面位置近似呈水平分布，桩间土位置靠近路堤底面的应力等值线为竖向分布，其应力水平与桩帽地梁上部靠近路堤顶面的填土应力水平相同，说明桩间土上方的填土荷载通过土拱作用传递至桩帽地梁上，并且2m填土高度下地梁上土压力略大于桩帽顶土压力。

与2m填土路堤相似，6m填土高度下路堤竖向应力云图在桩间土位置靠近路堤底面处应力等值线呈竖向分布，靠近路堤顶面处应力等值线呈水平分布。不同之处为填土高度增加后，应力等值线趋于水平分布所需的高度较2m填高路堤有所增加，表明填土高度增加、土拱高也相应增加。6m填土高度下桩帽顶的土压力明显高于地梁顶部的土压力，说明高填土下荷载主要往桩帽集中。

土拱在小填土高度下即可形成，但较大的填土高度才能保证路堤顶面均匀沉降。分析发现，2m填土高度下路堤填土无等沉降面，竖向沉降主要集中在桩间土上方位置，形成贯通至路堤顶面的竖向位移场。6m填土高度下路堤竖向位移场也主要集中在桩间土上方，不同的是随着填土高度的增加，路堤中沉降等值线逐渐趋于水平，主要的差异沉降被限制在较低高度的填土以内。需要说明的是，两个模型的地基土与填土都完全脱空且均未发生破坏，说明土拱可以在较低的填土高度内形成，但较高的填土高度可以降低路堤顶面的不均匀沉降，即控制等沉面在路堤顶面以下，保证通行的舒适性和安全性。

③路堤差异沉降及竖向应力分布。

路堤差异沉降沿深度呈非线性分布，一定高度以上路堤差异沉降基本可以忽略。在桩帽顶和桩间土中心位置沿填土深度方向提取路堤沉降数据，得到路堤差异沉降曲线，如图6-34a)所示。不同填土高度下路堤顶面差异沉降较小，2m、4m、6m和8m路堤顶面差异沉降分别为0.5mm、0.2mm、0.1mm、0.01mm。但路堤底面差异沉降明显并且填土高度越高，路堤底面差异沉降越大，填土高度从低到高差异沉降分别为2.9mm、6.4mm、24.1mm、59.4mm，表明相同地基处理设计方案条件下，填土高度越高，将填土荷载完全传递至桩顶所需的差异沉降越大。但路堤中差异沉降沿着深度并不是均匀分布，而是从路堤顶面到底面逐渐增加，当达到一定的填土高度后，路堤差异沉降基本可以忽略，即存在等沉面。

路堤竖向应力在某一深度处出现峰值点，等沉面高度略高于峰值点高度。在桩间土中心提取路堤竖向应力，应力沿深度分布曲线如图6-34b)所示。竖向应力沿深度呈单峰状，在某一深度出现峰值点。峰值点以上路堤竖向应力沿深度单调增加且与填土自重应力基本重合，峰值点以下路堤竖向应力沿深度不断减小，在靠近路堤底面位置甚至出现受拉区。提取不同填土高度下峰值点的深度分别为 -1.0m、-2.4m、-4.0m、-5.8m，可以发现峰值点均略低于路堤等沉面。

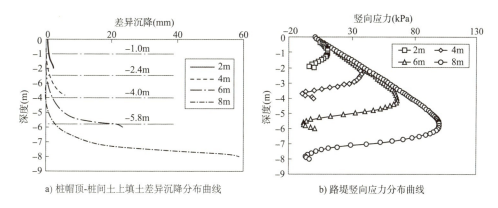

a) 桩帽顶-桩间土上填土差异沉降分布曲线　　b) 路堤竖向应力分布曲线

图 6-34　路堤差异沉降及竖向应力分布

④桩帽-地梁应力分布规律。

低填路堤桩帽地梁土压力均匀分布，高填路堤桩帽地梁土压力呈碗形分布。以地梁中心为原点，两边的桩帽中心为终点，提取不同填土高度下桩帽地梁土压力分布情况，如图 6-35a) 所示。可见，不同填土高度下桩帽地梁上土压力分布规律区别显著，2m 填土高度下桩帽地梁土压力均匀分布，随着填土高度的增加，靠近桩帽中心位置的土压力迅速增长，靠近地梁中心的土压力增长缓慢，在填土高度大于 4m 后地梁中心的土压力甚至出现负增长。填土从 2~8m 的填筑过程中，桩帽地梁上土压力分布从水平分布发展到碗形分布。

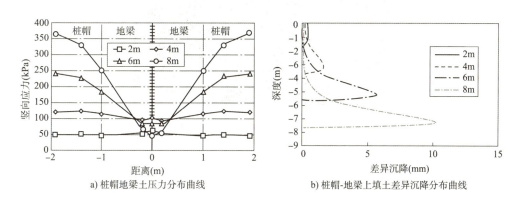

a) 桩帽地梁土压力分布曲线　　b) 桩帽-地梁上填土差异沉降分布曲线

图 6-35　桩帽-地梁应力分布规律

不同填土高度下桩帽中心和地梁中点沉降差异曲线如图 6-35b) 所示。在靠近路堤底面一定高度处，桩帽-地梁上部填土差异沉降达到最大，且填土高度越高，差异沉降越明显。填土高度从低到高差异沉降分别为 0.4mm、1.7mm、5.8mm、10.3mm。桩帽地梁结构出现碗形土压力分布的原因为：低填土高度下荷载等级较小，桩帽地梁上填土的差异沉降较小；随着填土高度的增加，大部分桩间土以上的填土荷载首先通过土拱传递至地梁上填土，地梁上填土受荷后发生压缩变形,与桩帽上填土产生差异沉降,也会形成土拱并将荷载传递至桩帽上填土,最终传递至桩帽顶。

6.2.1.3 超深厚软基路堤改扩建创新实践

1)预置管旁压试验法水泥搅拌桩强度原位检测技术应用

预置管旁压试验法水泥搅拌桩强度原位检测技术在项目现场应用效果显著。该技术可连续获得全桩长的质量信息,检测成功率达100%。与现行的工程勘察设计计费标准下的钻头取芯测试强度方法相比,作业效率也成倍提高。以本项目为例,预制管法旁压试验检测水泥搅拌桩桩体质量,可以考虑搅拌桩实际工作状态获得搅拌桩原位强度。与现行规范推荐的钻头取芯测试强度的方法比较,预制管旁压试验检测法省去了钻孔费用,可以节约造价50%,作业效率提高67%。

2)既有道路下饱和软土层中深埋管线的精准定位技术应用

项目使用该技术精准检测出地下管线43条,其中不可迁移管线20处。以采用桩基筏板跨线措施为例,节约费用1260万元。可迁移管线23处,节约管线迁移费用700余万元,间接节约管线抢险成本300余万元,共计节约费用2260万元。深埋管线精准定位技术现场操作如图6-36所示。

图6-36 深埋管线现场操作

相较于常规管线探测方法,该技术具有探测精度高、工期短、无开挖扰动、地探钻孔重复利用、灵活快捷等优势。该技术在粤港澳大湾区高速公路软土地基施工安全隐患探测中的推广应用具有较高的技术和社会经济效益,以及广泛的应用前景。

6.2.2 安全数据标准体系建设及应用

6.2.2.1 概述

高速公路改扩建工程是为了满足交通需求,提高道路通行能力和安全水平的重要工程。然而,在实际施工中,这类工程往往存在安全隐患,面临着管理挑战。安全知识管理是指对企业的安全知识进行管理,以保障企业的安全生产。在高速公路改扩建工程中,也可以利用安全知识管理系统来进行安全管理。因此,研究和开发高效的安全知识管理系统,对于降低安全事故风险、提高施工质量以及确保工程顺利完成具有重要意义。

6.2.2.2 安全数据标准体系建设

1)安全知识管理理论

传统的公路工程安全管理研究主要从施工技术、标准化管理和风险控制等方面提出改进策略。这些研究关注措施层面的优化,并具有较高的实践价值,但也存在局限性。为克服这些局限,公路安全管理领域迫切需要模式突破和知识整合。随着大数据、人工智能和物联网等数字化技术的迅速发展,工程安全管理领域的创新与这些技术相结合,展现出巨大的发展潜力。

(1)知识集成的趋势

在工程领域,早期知识的存储和管理主要以纸质文档为载体,后来随着信息系统的应用,知识储存为结构化或半结构化的形式。伴随人工智能和数字化技术的兴起,借助数据挖掘、自然语言处理等技术,可以基于数字的集成实现知识、信息的广泛集成和利用。

近年来,数据革命通过改进决策、提高组织能力的方式提升项目的生成效率和生产力。建筑业作为一个传统的、数据量巨大、生产效率较低下的行业,数字化转型的潜力较大。目前,基于数据驱动的知识集成已由理论转向实践,在工程领域的项目风险管理、失败预警、安全监控和持续改进、项目成本优化和项目治理控制等方向都有一定的探索。学者针对公路工程建设安全评价过程中数据量大、数据采集效率低、风险较难识别多等困难,提出了一套基于 Android 平台的公路工程施工安全数据采集系统,实现施工安全的自动化评价。同时基于自定义的四元组将图谱结构运用于突发事件的应急处理,建立了一个应急信息的应用平台。

总体来看,在工程管理中,知识集成发挥的作用正逐渐被重视,以智能化手段辅助知识集成和知识管理已成为必然趋势。

(2)数据获取、管理和应用的方法

工程安全管理知识的常见来源包括标准规范、设计文件、BIM、现场照片等。Omar 总结了工程建设现场信息的获取方式,通过文献调研梳理了信息技术(IT)、地理空间技术、影像技术、增强现实技术的使用方式、研究进展和优劣势。Moselhi 分析了基于各类遥感支持的定位技术提取工程现场情况并实现数据集成的方式,并将得到的遥感集成数据与其他实时定位系统实现数据的融合与集成。Plageras 利用 IoT 技术与大数据、云计算和监控相结合,研究 IoT 环境下从智能建筑的传感器中收集数据,并通过移动端进行管理、控制的一个新系统。

数据的管理技术依赖信息模型、云计算技术、数据库等。传统的基于批处理和数据仓库技术(ETL)的数据仓库在大数据时代面临革新的需求,以适应新技术下的数据处理和集成形式。

2)高速公路改扩建工程安全特点分析

高速公路改扩建工程是一项重要的基础设施建设项目,需要考虑安全知识管理的问题,可能存在以下问题。

(1)安全知识获取不足

在高速公路改扩建工程中,安全知识的获取可能不够全面、及时和准确,导致无法及时发现和解决安全问题。

(2)安全知识应用不足

在高速公路改扩建工程中,由于技术、设备和管理等方面的原因,安全知识可能无法得到有效应用,导致一些安全问题无法得到有效控制。

(3)安全知识评估不足

在高速公路改扩建工程中,安全知识的评估可能不够科学、系统和客观,导致安全问题无法得到合理的评估和控制。

针对以上问题,需要采取相应的措施来改进和完善安全知识管理。例如,建立完善的安全知识管理体系,加强安全知识的搜集、整理、传递和应用;制定有效的安全管理制度和流程;加强安全知识的保护和评估,提高安全知识管理的科学性和规范性,保证高速公路改扩建工程的安全和顺利进行。

通过对施工现场的安全知识进行管理,可以加强现场作业人员的安全意识,提高安全管理水平,减少安全事故的发生。因此,建立一套适合中江高速公路改扩建工程的安全知识管理系统对于保障工程的安全性具有重要意义。

3)改扩建工程安全知识管理系统设计

(1)系统架构设计

系统整体架构依据经典的MVC(模型、控制器、视图)三层架构划分,如图6-37所示。

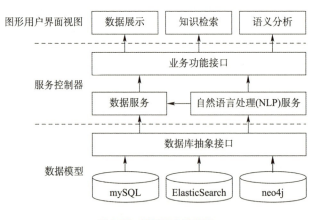

图6-37 系统架构设计图

①模型层,即数据对象层。在这一层,基础数据库包括 MySQL、ElasticSearch 和 neo4j,分别用于存储关系型数据、领域文档数据和知识图谱数据。此层提供数据库抽象接口,以隐藏不同数据库及同一数据库不同版本的细节差异,为特定数据服务提供统一、稳定且易用的数据读写接口。

②控制器层,即服务逻辑控制层。该层是系统的核心部分,实现所有用户需求的核心逻辑。向下操作模型层数据库接口,向上提供业务功能应用程序接口(API)供前端图形用户界面(GUI)使用。此层可以细分为两个主要模块,即常规数据读写模块和自然语言处理(NLP)模块。数据读写模块支持数据检索、展示和配置等常规业务功能,而 NLP 模块则对本书前文提出的技术流程进行了高度封装,用于支持与语义分析处理相关的需求。

③视图层,即图形用户界面(GUI)层。该层直接面向用户,以网页形式展现,为控制器层实现的每个功能需求提供相应的网页页面,为用户提供简洁易用的功能使用体验。

(2)系统功能模块设计

本系统支持的核心功能如图 6-38 所示,包括系统管理、知识管理、知识检索、决策支持四个功能模块。

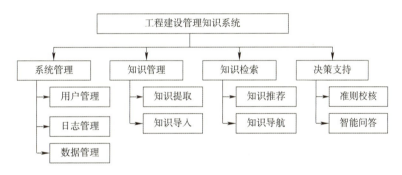

图 6-38 系统功能设计图

①系统管理。

系统管理包括用户管理、日志管理和数据管理。用户管理即允许用户读写个人信息,并提供管理员权限管理功能。日志管理即查阅和备份系统产生的日志数据,监控系统运行历史和服务状态。数据管理即管理员可直接访问数据库,进行状态检查、数据更新、扩容,以及执行数据的备份和恢复操作,以确保数据的安全性,防止数据丢失。

②知识管理。

知识管理包括知识提取和知识导入。知识提取即用户可批量上传文本,系统自动提取知识并持久化,实现批量化知识库配置。知识导入即用户可手动编辑知识结构或上传符合规则的 json 文件,提高知识库配置精度。

③知识检索。

知识检索包括知识导航和知识推荐两部分。知识导航即提供树状体系搜索提示,协助用户检索感兴趣的知识子领域及关联知识与来源。知识推荐即根据用户检索历史,推荐相似知识内容。

④决策支持。

决策支持包含准则校核和智能问答两部分。准则校核即用户上传项目管理准则,系统自动解析满足已有规范标准的内容并给出提示。智能问答即用户以简单问句检索知识,系统提供指向性答案及规范来源。

4) 安全信息检索与应用系统

针对高速公路改扩建工程特点,为实现工程安全的智能化管控,探索新的理论、方法和技术,建立工程安全数据的标准体系,研发了"中江高速公路智能化工程安全信息检索与应用系统",研究开发工程安全数据与知识管理、工程安全信息检索、工程安全信息智能应用等业务功能,采用聚类分析、离群点检测、关联分析、频繁模式识别等智能算法,实现专家问答、隐患排查、风险识别在工程安全管理实践中的应用,总体技术将达到国际先进、国内领先水平。

5) 安全数据标准体系建设

为保障中江高速公路改扩建工程建设过程中的安全通行,满足风险和隐患双重预防管控体系及安全管理信息化、智慧化要求,开展安全数据标准体系建设及应用研究。

针对高速公路改扩建工程在深厚软基、通车建设并行、施工安全管控、交通组织安全管控等多个方面的安全管理需求以及安全数据特点,研究工程安全数据标准体系架构,编写适用于高速公路改扩建工程的安全数据标准,构建工程安全数据仓库。

针对高速公路改扩建工程安全数据量大、价值密度低、可用信息难以获取等问题,研究公路工程的安全知识体系架构,对典型需求场景、所需知识及表示模式等特征进行分析,突破工程安全知识的自动化提取技术,构建高速公路改扩建工程安全领域知识图谱(图6-39),为高速公路改扩建工程安全知识的应用提供基础。

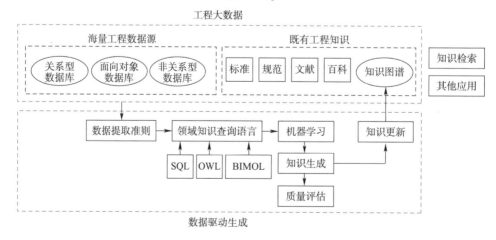

图6-39 高速公路改扩建工程安全知识图谱

6.2.2.3 安全数据标准体系应用

(1) 知识管理

知识管理即安全规范知识个性化配置。截至2023年底,安全数据标准体系数据库已内置684篇国家标准和地方规范,相应知识图谱数据亦已生成,为各工程管理领域提供支持。为实现数据库个性化定制,系统允许用户上传感兴趣的标准规范。例如,《轻型钢结构住宅规程》与中江高速公路改扩建工程关联度低,管理人员可上传《公路工程施工安全技术规范》进行特化。后台将自动处理上传文件的知识获取,并将文件及知识存储至数据库。知识管理界面如图6-40所示。

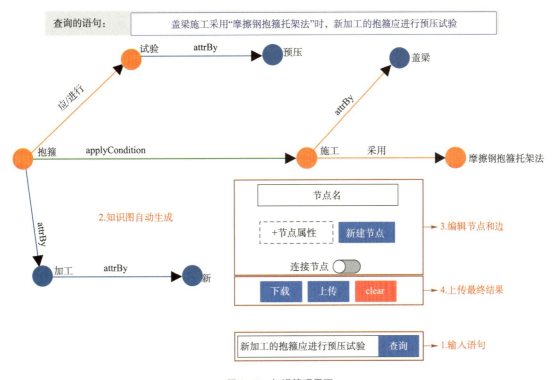

图 6-40 知识管理界面

(2) 知识检索

知识检索即安全管理条例编制支持。安全管理条例编制需梳理关注的项目要点,整合为树状目录结构。通常,管理人员需参照规范内容与项目情况补充目录,然后进行具体条文编制。本系统通过知识导航功能为项目提供基本体系框架,以侧边目录栏形式呈现,帮助管理人员梳理条例体系结构,省去阅读规范总结目录的烦琐。

知识导航利用多种智能技术,主动提供知识信息服务,引导用户获取所需知识指导和帮助,满足其信息和知识需求。在知识导航系统中,知识以特定组织结构存储和展示,实现对用户的定向引导。

本体层作为知识图谱的概念体系，具有相对固定的层次结构，可反映知识体系构成和分类。在知识导航应用场景中，非常适合作为大纲式的静态导航目录。将数据导入"公路工程安全信息检索与应用系统"网页端，以本体层结构为导航目录；导航栏具有检索功能，可通过目录搜索找到包含输入内容的层级。

与本体层关联的数据层可在"节点展开"栏根据用户需求进行动态扩展。如图 6-41 所示，当用户从导航栏选择知识体系的某个内容后，"节点展开"栏显示该内容的节点。用户可以围绕节点选择每次展开一定数量的子节点，了解其构成和知识内容；或利用节点搜索方式，检索与节点关联的特定知识内容。

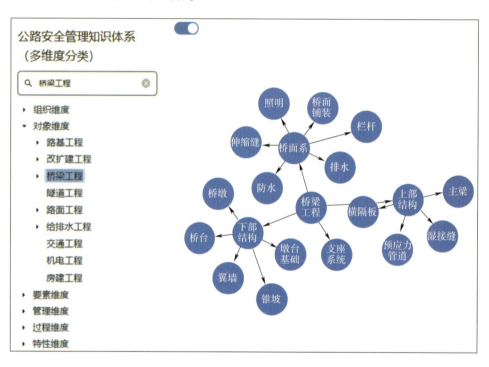

图 6-41　知识管理图示例

此外，利用知识图谱中知识元对象关联结构，可展开特定对象节点，扩展关联对象或约束。知识关联以主板形式存在，用户可直观了解知识元对象间关联及规范要求。如"一级公路"节点下有"净高""厚度"等知识对象，可进一步展开约束，如"净高"应为 5.00m。系统自动问答功能可支持规范知识快速查找和管理条例编制，如图 6-42 所示。自然语言问答搜索方式更友好，响应更具指向性。同时，为确保答案的可靠性，知识检索结果还将展示原始来源以供用户判断。

（3）决策支持

通过分析大量公路工程数据，运用机器学习算法提取特定安全数据的常见模式。结合从规范中获取的工程安全知识，对工程文件中的安全数据进行隐患检查。例如，若施工方案

6 改扩建工程技术创新与实践

的工序描述或安全措施与相似施工方案的常见模式不符或不满足相关规范的约束知识,系统能够及时发出安全预警,如图6-43、图6-44所示,并提供潜在的修改建议。

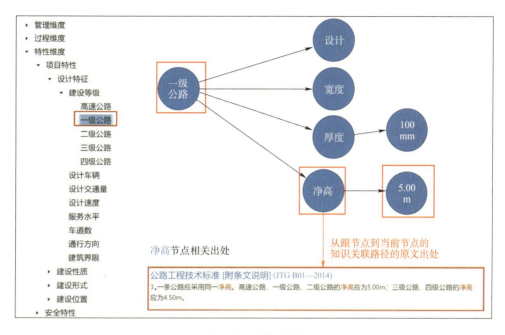

图6-42 知识关联图

图6-43 决策支持

该研究从安全生产建设管理需求出发,对相应的数据积累进行了平台化整合。通过设计和开发安全知识管理系统,提供全流程功能支持,包括知识获取、知识检索和知识应用。借助知识图谱形式表示、储存和应用知识,实现了一套完整的研究流程,取得了相关成果。这将为项目后续知识管理与应用提供支撑,为提高公路改扩建行业知识管理水平提供实践经验。

图 6-44 风险识别

知识管理研究可在六个方面进行扩展和探索。数据质量与规模方面，拓展数据源和类型，提高数据质量，进一步丰富知识库的内容，使知识更全面、准确；知识抽取与表示方面，持续优化和改进知识抽取算法，提高抽取效果，探索更丰富的知识表示方法，使知识结构更清晰、易于理解；语义理解与自然语言处理方面，深入研究语义理解和自然语言处理技术，提升知识图谱在处理复杂问题、理解用户意图等方面的能力；实时更新与维护方面，建立知识图谱的实时更新和维护机制，使知识图谱随着新知识和新信息的产生而持续更新，保持最新状态；跨领域应用方面，探索知识图谱在其他行业和领域的应用，推动知识管理技术的普及和发展；培训与教育方面，将知识管理系统与培训、教育相结合，提高行业从业人员的知识水平和技能。

6.2.3 临时保通路段桥面铺装关键技术

6.2.3.1 研究背景

目前，在高速公路改扩建工程中，通过临时保通的方式实现交通转换已成为高速公路改扩建工程中的关键环节，实施合理的保通方案可充分发挥现有道路的效能，提供合适的运行条件，尽可能地改善交通秩序和消除交通安全隐患，实现道路的安全与通畅，同时降低施工作业单位的施工成本。

高速公路改扩建工程中，临时保通桥面虽作为临时通车之用，但为保证一定的行车舒适及安全性，也对路面质量提出了较高的要求，包括平整度、抗滑性能、抗磨耗性能等。目前国

内项目中也有直接采取整体化层作为保通路面的通车方案,但在实际应用过程中存在以下问题:

(1)采用桥面整体化层作为临时通车路面,梁体仅一层整体化层保护,在行车荷载的反复作用下,一方面可能对整体化层造成一定损伤,如产生开裂,另一方面也可能对梁体造成不可挽回的破坏,从而对后期桥梁、铺装层等结构的耐久性造成较大影响。

(2)桥面整体化层受施工工艺的影响,一般平整度较差,行车舒适性不佳,行车颠簸现象较为普遍,这也可能导致不可预估的安全事故。

(3)桥面整体化层耐磨耗性能不佳,抗滑性能衰减速率快,即使对整体化层采取刻槽、抛丸、精铣刨的表面处治工艺后,一般经 3 个月的通行时间,其抗滑性能仍快速降至次差等级,不能有效保证车辆的行驶安全。

为解决上述问题,较为常规有效的方法是对桥面整体化层进行沥青铺装。

在桥面铺装体系中,由于沥青加铺层与水泥混凝土面板之间材料性能差异较大,层间易发生滑移,桥面"混凝土板面+沥青混凝土"铺装体系建设中早期损坏现象日益普遍和严重,主要是桥面下承层处治质量差、防水黏结材料选择不当及施工质量不佳造成的。沥青加铺层与桥面整体化层间处治不到位,层间黏结性能不足或抗剪强度不足,在行车荷载作用下,其水平方向上易发生相对位移,产生推移、拥包等病害,导致铺装体系的整体性被破坏,耐久性较差。因此,在高速公路改扩建临时保通桥面路段,如何正确选用桥面防水黏结材料,采取有效措施保证桥面下承层处治质量与层间黏结强度,是提高桥面铺装体系的耐久性与延长使用寿命的关键。

常规桥面铺装多采用一定厚度的沥青混合料作为面层材料,其应具有较好的抗车辙、抗磨耗、抗滑能力及安全舒适性,而临时保通路段桥面铺装材料在满足常规铺装材料的使用性能的基础上,还需考虑后期的经济适用性。因此,有必要设计选用一种高性能、安全经济的保通路段桥面铺装材料以提升改扩建质量。

另外,高速公路改扩建工程中,对于临时保通路段桥面铺装材料在保通后期是否能将其作为永久通车结构加以利用,目前缺乏评价方法与控制标准。传统措施往往为铣刨处理并重新加铺原设计结构层,此种方式不仅增加施工工序与造价成本,同时造成不必要的资源浪费。通车桥面铺装材料经临时服役后,路面可能存在一定程度的损伤,如果盲目地应用于扩建路面结构层,不进行检测评估并加以处治,势必会对路面结构层产生一定影响。结合目前调研情况,相关研究方向的成果较少,相关技术性指导文件及规范缺乏,导致高速公路改扩建工程的质量控制难度加大。

针对临时保通桥面路段的特点,对桥面铺装关键技术展开研究,设计优选一种安全耐久、性能优良的铺装材料,并提出相关的技术标准用于提高国内改扩建工程质量的目标是迫切需要的。为此,立足于高速公路改扩建工程临时保通桥面处治实际需求,项目基于力学理论分析、室内试验及实体工程应用，开展安全耐久的高速公路改扩建临时保通路段桥面铺装关键技术研究。研究成果为临时保通路段桥面铺装技术提供了理论依据及技术支撑。

6.2.3.2 临时保通路段桥面铺装技术与方法

临时保通路段桥面铺装关键技术的研究，主要基于力学理论分析确定桥面临时铺装合理结构及铺装厚度范围；基于室内剪切拉拔试验结果，确定混凝土面板表面处治工艺与黏结材料及用量的最佳组合方式，提出适宜于改扩建临时保通路段桥面铺装层间处治成套工艺和验收标准；通过 ABAQUS 三维有限元模拟软件，建立桥面临时铺装复合式路面结构模型，展开永临结合的桥面临时铺装结构适用性分析；最后对临时保通桥面及扩建路面进行长期性能检测。

1）高速公路改扩建保通路段桥面铺装结构优化设计

通过 ABAQUS 三维有限元软件，建立基于原设计的临通桥面铺装结构与原设计永久桥面铺装整体结构的有限元分析模型，模拟得到铺装结构层的层间拉应力、剪应力及拉应变极值，分析铺装结构层层间黏结质量技术要求，为后续提出合理的铺装类型及设计决策方法提供基础理论数据。

随后针对临通桥面铺装结构，着重研究不同铺装层厚度、模量、层间接触状态及超载状态等因素对沥青铺装结构中的应力应变响应规律。根据桥面铺装结构的应力分布特性，提出合理的桥面铺装结构、铺装材料及铺装厚度范围；根据桥面铺装层间剪应力、拉应力评价层间黏结性能，提出防水黏结层材料的技术要求和优选标准，为后续桥面铺装层结构优化设计的相关室内试验及实体工程应用提供理论指导。

结合中江高速公路改扩建工程桥面施工特点、路面抗滑要求、设计高程限制、路面整体结构设计等要求，优选 2cm 的薄层罩面作为临时保通路段桥面铺装；建立临通桥面铺装及永久桥面铺装有限元模型，进一步优化分析沥青铺装结构层的应力应变响应，验证 2cm 薄层桥面铺装结构的可靠性及安全性。

2）有限元模型建立

（1）三沙大桥结构

三沙大桥为水泥混凝土连续箱梁桥，左幅旧桥为 10cm 水泥混凝土整体化层上铺装 9cm 沥青混凝土层（4cm AK-16I +5cm AC-20I），拓宽桥面为 10cm 水泥混凝土整体化层上铺装 2cm 沥青混凝土层。取三沙大桥一跨进行分析，跨径为 20m，横隔板间距为 19.18m。建立三维有限元模型，桥体横断面及有限元模型如图 6-45 所示。

在室内通过制作路面结构试件模拟桥面铺装结构，开展相关室内试验，包括车辙试验、弯曲疲劳试验、拉拔试验、剪切试验、抗滑测试及渗水试验等，研究分析保通路段桥面铺装薄层材料高温抗车辙性能、低温抗裂性能、层间黏结性能、路面抗滑性能以及路面抗渗水性能，从而综合评价薄层材料的路用性能，提出临通桥面薄层材料的技术标准；对于水泥混凝土桥面与沥青薄层铺装的层间力学性能，主要基于拉拔试验、斜剪及直接剪切试验结果评定。研究分析不同防水黏结层材料类型及用量、不同级配类型的铺装薄层混合料以及不同界面处治方式对层间力学性能的影响及变化规律，提出适宜于改扩建临时保通路段桥面铺装层间处治关键技术和质量控制标准。

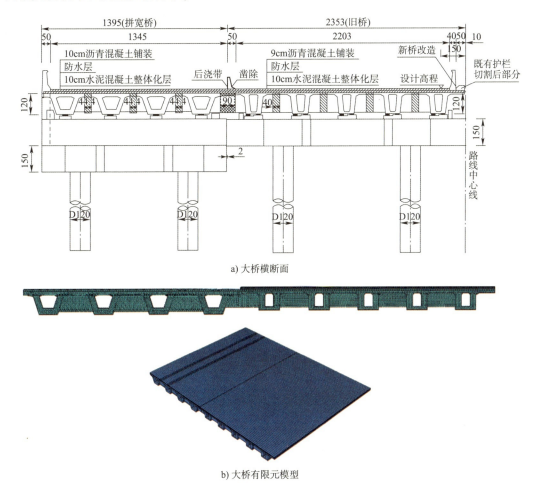

图 6-45 三沙大桥横断面及有限元模型(尺寸单位:cm)

(2)结构层材料参数

桥体及铺装层材料采用弹性体，考虑材料参数包括材料密度、模量及泊松比。其中，结构层材料密度参考规范《公路工程预算定额》(JTG/T 3832—2018)选取；沥青层材料模量及泊松比参考规范《公路沥青路面设计规范》(JTG D50—2017)选取；水泥混凝土桥体及调平层模量及泊松比采用施工图设计参数；水泥混凝土箱梁桥及沥青混凝土铺装层有限元模型各结构层参数见表 6-19。

各结构层参数   表 6-19

结构层	密度（kg/m³）	弹性模量（MPa）	泊松比
C50 水泥混凝土（箱梁）	2600	34500	0.15
C40 水泥混凝土（调平层）	2600	32500	0.15
沥青混凝土（AC-20）	2370	11500	0.25
沥青混凝土（AC-16）	2370	10000	0.25
沥青混凝土（AC-13）	2363	9000	0.25
薄层铺装沥青混凝土	2365	7000	0.40
改性沥青混凝土（SMA-13）	2365	8500	0.25
改性沥青混凝土（AK-16I）	2370	10000	0.25
沥青混凝土（AC-20I）	2370	11500	0.25

3）保通路段桥面铺装薄层材料性能损伤规律及处治利用

为探究保通路段桥面铺装薄层材料在服役过程中性能的衰减变化规律，根据现场实际桥面薄层铺装结构，制作复合式路面板试件。在进行加速加载试验前，选择部分代表性试件，首先通过拉拔试验、剪切试验测试薄层铺装层间拉拔强度、层间剪切强度，评价薄层铺装材料的层间黏结性能，再采用构造深度和横向力摩擦因数评价薄层材料抗滑行性能，为后续试验提供空白对照组。

基于室内加速加载试验，研究不同的路面干湿状态、荷载大小、行驶速度对桥面铺装薄层材料抗滑性能以及层间黏结性能的影响，观察试验后薄层材料表面磨损状态及出现的破坏形式；对比分析试验前后薄层材料层间黏结性能及表面抗滑性能的衰减变化规律。对室内加速加载试验完成后的桥面铺装薄层沥青混合料进行沥青抽提及级配筛分。主要通过常规三大指标试验、室内加速老化试验、动态剪切流变（DSR）试验以及旋转黏度（RV）试验等结果来评价沥青性能。对比分析试验前后混合料级配的细化程度和试验前后沥青的性能差异，评价集料级配变异程度及沥青性能损伤程度。通过分析不同试验条件下的混合料级配变异程度及沥青性能损伤程度，得出薄层材料性能损伤规律。

最后，综合薄层使用性能损伤规律及材料性能损伤规律的分析结果，提出合理的损伤检测方法、评价及验收标准，以及薄层材料损伤处治及利用方案。

6.2.3.3 临时保通桥面铺装应用

中江高速公路保通阶段，对于中小桥（横向上旧桥桥面铺装与扩建侧桥梁整体化层等高），需拆除旧桥护栏，进行临时拼接，因原中江高速公路两侧加宽时，单侧加宽宽度 7m 不满足保通阶段双向四车道通行的条件［保通路面的宽度至少为 9.75m（0.75m + 3.75m + 3.75m + 0.75m + 0.75m）］，故大桥、特大桥保通阶段时，整体化层作为临时行车的工作面，扩建侧新桥整体化层高程比旧桥侧低10cm,需凿除旧桥护栏拼接新旧桥,凿除旧桥9cm桥面铺装及1cm旧桥整体化层,使2.75m宽旧桥的整体化层与新桥整体化层同高。适用于大、特大桥的保通阶段扩建桥面铺装横断面如图6-46所示。

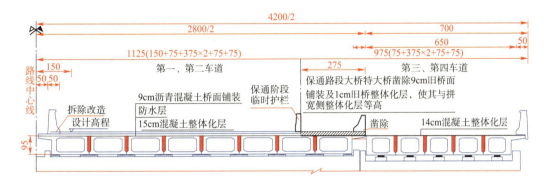

图6-46　保通阶段扩建桥面铺装横断面示意图(尺寸单位:cm)

6.2.4　沥青路面拓宽拼接关键技术

6.2.4.1　研究背景

高速公路改扩建工程新旧沥青路面拼接是工程质量控制的薄弱环节,也是影响沥青路面耐久性的关键因素之一,直接决定了沥青路面的使用寿命。研究基于结构性能协调的高速公路改扩建沥青路面拓宽关键技术符合广东省未来交通的发展需要。目前,高速公路改扩建沥青路面拓宽关键技术仍存在以下问题:

(1)适用于不同的工况条件的沥青路面拼接设计还缺乏基于结构性能协调的新旧路面拼接设计理论指导,新旧路面结构性能协调的拼接设计包含由既有硬路肩的结构性能检测与提升和新建路面的结构性能设计,但目前针对既有硬路肩的结构性能评价方法和基于结构性能协调的拼接设计方法仍未成熟,内在原因是缺乏对新旧路面拼接结构特性的深入分析和结构设计原理的关键支撑。

(2)沥青路面结构之间协调变形并保证内部空间连续,对于控制拓宽车道的使用寿命具有积极意义,通常新旧沥青层之间采用涂刷沥青或乳化沥青的方式,新旧水稳基层采取洒布水泥浆的方式,然而此类材料施工可操作性差也缺乏配套工艺及控制标准,引起了沥青结构层之间的不连续,进而影响了新旧沥青路面结构性能的协调,亟须优选新型拼接材料并研究配套施工工艺。

(3)影响拓宽车道使用寿命的主要原因在于路面面层与基层拼接界面黏结失效,而针对面层与基层拼接界面的黏结效果检测方法及质量控制标准还缺乏深入研究,造成基于结构性能协调的沥青路面拼接质量控制难以实现,亟须研究基于结构性能协调的沥青路面拼接质量耐久性的检测方法及其控制标准。中江高速公路具有原路面结构弱、可能的隐蔽病害多、交通荷载大、匝道出入口拼接多等特点,且地处珠三角地区,软基路段较多,新建路基段设计了大量的泡沫轻质土路基,存在新旧路基不均匀沉降问题,软基泡沫轻质土路段和正常路基段均采用了同样的拼接方案,存在新旧路面结构受力不协调问题,亟须开展新旧路面拼接技术系统性研究,提高沥青路面拓宽拼接车道的耐久性。

为此,立足高速公路改扩建沥青路面拓宽拼接实际需要,开展高速公路改扩建工程沥青路面拓宽拼接设计、材料、施工和质量控制关键技术研究。依托中江高速公路改扩建工程,解决工程实际问题,形成高速公路改扩建沥青路面拓宽拼接关键技术,研究成果可指导高速公路改扩建沥青路面拓宽拼接设计、施工和质量控制。

6.2.4.2 基于结构协调的沥青路面拓宽拼接优化设计与技术方法

1)既有硬路肩结构新功能分级标准及提升方案

现有的改扩建拓宽方案中,既有硬路肩作为拓宽车道的一部分加以利用,但受制于早期的施工水平和技术标准,部分路段既有硬路肩结构存在较大缺陷,若直接利用,易造成拓宽后路面早期损坏,因此需要对既有硬路肩进行准确评估,根据既有硬路肩的结构性能建立分级评价标准,确定既有硬路肩结构性能的可利用性。收集中江高速公路改扩建工程既有路面硬路肩施工和设计资料,采用力学分析软件理论计算和分析既有硬路肩结构性能演变规律,采用落锤式弯沉仪(FWD)、3D雷达、路表破损和材料性能试验等手段,全面分析中江高速公路改扩建工程既有硬路肩结构性能衰减状态,提出既有硬路肩的结构性能分级指标及分级评价标准,并在此基础上提出既有硬路肩不同工况条件下结构性能提升方案。

既有硬路肩结构性能评级检测与方法如图 6-47 所示,结构性能评价标准及提升方案见表 6-20。

a)既有硬路肩结构性能评级检测现场

图 6-47

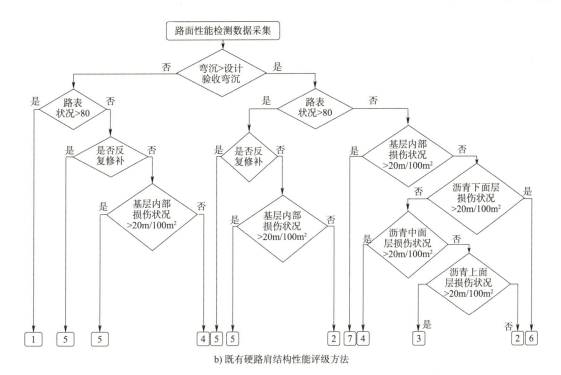

b) 既有硬路肩结构性能评级方法

图 6-47 既有硬路肩结构性能评级检测与方法

既有硬路肩结构性能评价标准及提升方案 表 6-20

技术状况评价等级	结构性能分级评价标准	结构性能提升方案
1	路面技术状况较好,仅路表轻微病害	灌缝、聚酯玻纤布防反射裂缝处治等
2	路面结构基层及以下结构层承载能力不足,但其沥青层使用状况良好	对路面基层及以下结构层进行注浆补强等
3	路面技术状况整体较好,仅表面浅层存在局部结构破损	对浅层路面结构进行局部修复
4	路面技术状况整体较好,仅表面浅层存在明显结构破损	对浅层路面结构进行修复
5	路面技术状况整体较好,但局部位置存在明显深层结构破损	挖除损坏的路面结构层后予以修复
6	路面技术状况较差,发生明显结构性破损	整段进行铣刨重铺或换板
7	路面技术状况差,结构承载能力不合格,且存在明显结构性破损	全部挖除旧路面结构后重铺

2) 基于结构性能协调的新旧沥青路面拼接设计

在对既有硬路肩结构进行性能分级及提升的基础上,采用力学分析软件和实体工程检测,分析新旧路面不同模量、不同路面结构和不同拼接方案条件下新旧沥青路面结构性能的协调性,研究不同工况条件下新旧沥青路面各结构层的力学响应规律,提出基于结构性能协调的新旧沥青路面拼接设计原则。

3) 基于空间连续的新旧沥青路面拼接材料和工艺研究

(1) 路基拓宽方案探究

①挖方路堑的拓宽。

在工程设计中,必须经过对既有边坡的研究考察,分析各种条件下边坡的安全性,针对不同的状况选用合适的设计方案。路堑山体边坡高程较低且路基土质较好,加宽后对两边路基的高程变化不大的,可进行两侧刷坡,刷坡应考虑有一定的路基坡度。拓宽中有支挡的,经测算现有建筑物功能完好且性能满足要求的,建议最大限度地使用现有建筑物,实现单侧拓宽。路堑边坡的一侧较高而另一侧较低的,尤其是在岩石道路开挖困难时,改扩建可适当改变道路水平情况,对较低一侧进行刷坡,这样可显著地降低单侧的路基高程,同时达到单侧拓宽道路的目的。路堑山体路基两边宽度较深的地方,在符合现有路面的性能指标的情况下,特别是在路面横向偏斜的前提下,可以对现有路堑采用填筑工程,在现有路面高度的基础上提高设计深度,在不影响两侧路基的前提下,将路堑底部宽度适当增加,以实现进一步拓宽道路的目的。同样,为减少填土方量,在边沟工程设计时选用长度较小的矩形边沟,在合适时可减少碎落台的长度。当因纵坡有限而没法对现有道路纵坡调节时,在必要时可设置分离式加宽或单侧加宽,但严禁同一时间对两侧道路实施刷坡加宽。

②填方路堤的拓宽。

当开拓道路高程低于路床水深时,应先清除基底及结合处的旧路边缘表土,在挖掘路床深至底板高程后,先碾压至下部夯实度达到路床下部夯实度要求,再逐步回填新开拓阶段路基填料,夯实度也应达到路床压实标准,在需要时宜适度提升夯实水平。当开拓道路的高程超过路床水深且低于3m时,应清理基底表土及老坡面上的表土。将基底处理好以后,为保持新旧道路的完整性,在其整合部处应沿老路坡面自下而上开凿平台,平台长度宜为1.5~2m,再自下而上逐层回填新开拓道路。可先在路床下部铺上一个土工光栅,格栅长度应是原平台长度的2倍。当加宽的路基高度超过3m时,在进行清表土、挖平台以后,填筑路基时推荐在已加宽道路的底层、中间、路床下部铺上土工光栅,土工光栅长度要为平台长度的2倍以上。若加宽道路的高程较高时,则可适量加大土工光栅的密度。

(2) 新旧沥青路面拼接工艺原理

高速公路车流量的大小不同,路面的承载量也会不同,因此,新旧沥青路面的交界处就会产生相应的剪切作用,这会导致路面产生不良的应力反应。一般可从提升整体性的角度出发,如通过使用土工格栅等整体性提升材料,改善存在问题。

ATB-25 沥青混合料采用一套西筑 SG-5000 型间歇式沥青混合料拌和楼集中拌制,由自卸汽车运至现场,采用一台 9820 型摊铺机,调整一定的振夯频率铺筑。若沥青上基层施工当日下雨或路面潮湿,则改日进行施工。上层工艺流程如图 6-48 所示。

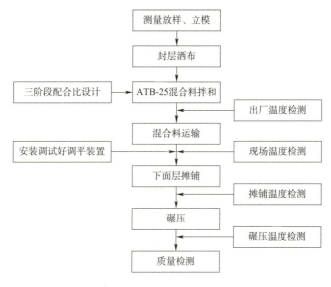

图 6-48　上层工艺流程

(3) 拼接施工准备工作

① 施工准备工作。

在拼接施工前,有必要对旧路面的破损部位进行一些修复工作。工作内容主要为基坑开挖修复、裂缝灌浆处理、局部路面铣刨,修复完成后对路面进行检查、清洁和高程测量。施工准备阶段的重要内容还包括对既有数据的调研,如拼接位置的高程、道路类型、拼接范围位置等具体信息。测量高程时,应从内部边缘的旧车道处开始测量,根据实际情况,确定是否需进行重新测试,更新设计方案,结合实际情况进行重新测试和设计建筑的高程。新路面边缘的高程应与新、旧路面的横坡一致,可由旧路面的高程计算;纵向断面的高程也要参考旧路面的具体数据参数,同时结合最终的设计方案,在符合道路建设基本技术要求、结构层设置的基本前提下,对存在的结构层参数进行有效的管控、调整。结构层的调整原则是对底基层或基层进行调整,而沥青面层的调整仅为精细调整。

② 旧路面铣刨作业。

为确保路面拼接工程能尽可能地提高资源利用率和经济效益,同时能在施工中充分提高施工速率,最大程度减少对现有交通情况的影响,路面的铣刨工作开展前应做好必要的清洁工作,控制新铺设路面的材料性能质量。拼接质量应满足质量标准,需严格按路面实际的设计方案要求落实,同时在施工之前要进行可靠的调研,确保具备设计方案施工的必要环境保障条件,保障施工质量效果。

若进行横向拼接作业时原方案无法正常实施,应根据施工现场的实际情况,对原有的方案进行可靠的调整。首先,对原有横向拼接条件进行改善和优化,一般可对原路面进行错台铣刨,控制水稳定层的实际质量,使之更符合实际的施工需求;严格控制铣刨深度方案,提升结构层的各个高程和位置合理设置能力,各个结构层分层铣刨施工。其次,在进行铣刨施工时,如果存在机械设备加水工作,需确保水不能渗透外流,避免水渗透到地面层从而影响路面质量。如果老旧路面剩余的可利用路面层厚度小于4cm,即需进行铣刨工作。在施工中,因为需调整路面高程,但是在旧路面上下层厚度存在差别的客观条件影响下,要充分做好下层的铣刨处理,以满足施工技术的客观要求,并且需保证拼接宽度小于30cm;如果调整高度比旧车道沥青上层和下层之间的厚度小,就无须进行铣刨作业。

(4)改扩建基层拼接施工

①基层拼接尺寸及高程控制。

如果基层的厚度大于20cm,就需将铺筑作业分为两次进行,两次铺筑作业的宽度应是以方案为基准扣除旧基层之后的数值。以路肩高程作为基层厚度扣除的参考,保障基层高程满足设计要求。同时,路肩高程也是路面高程控制的依据,一般应使其作为路面厚度的确定依据。两基层的内侧高程需以拼接台阶的高度来决定。

②上下基层铺筑层厚度控制。

如果铺设的基层厚度超过40cm,为提升施工质量,应考虑均匀在厚度方面进行科学的两次施工划分;当铺设的基层厚度小于40cm且旧车道剩余的基层厚度大于25cm时,也需将铺设工作分为两次进行。如果铺设的基层厚度小于40cm,并且旧车道剩余的基层厚度为20cm,则上层铺设的厚度应为20cm,下层厚度为剩余厚度之差。当铺设的基层厚度小于40cm,并且旧车道剩余基层厚度在22~25cm之间,那么,两层应以相同的厚度进行铺设,在铺设之前需对下基层进行铣刨,大约25cm,并且需将高程控制好,确保下基层的厚度符合标准。

③基层拼接缝加固。

由于质量问题,新旧车道连接处可能出现裂缝。为避免出现这种情况,需采用玻璃纤维网格辅助新旧车道接缝处沥青面层的铺贴,以车道的施工铺设交接面作为尺寸划分的基本依据,一般其铺设的实际长度不能少于50cm。具体施工工艺流程为:路基清理→接缝灌浆→透层油洒布→玻纤格栅铺设→黏层油施工。

(5)沥青混凝土面层拼接工艺

①下面层拼接方法。

施工过程中,应具备保障施工顺利进行的措施,主要是在施工之前获得旧路面的各种参数,指导新路面施工技术参数的有效确定,如根据旧路面的横坡参数,获得可靠的一致性新路面横坡参数;根据下层的厚度,在路面宽度的计算设置过程中,提出可靠的基层厚度施工标准值,确定新施工路面的范围区间,可靠地执行施工。高程控制是面层施工的重要管控方式,应充分落实必要的技术手段,管控高程,一般根据施工要求,需应用摊铺机。内部高程控制以旧路面高程为基础,设计下层高程,采用挂钢丝控制高程施工;外部高程控制也以旧路面高程为基础,设计下层外高程,高程施工采用挂钢丝控制。

②中面层拼接方法。

新铺沥青路面宽度为方案平面图宽度,减去旧车道剩余可用路面宽度,路面下基层铺设需满足的外高程为硬路肩边缘高程减去新铺基层厚度,旧车道内高程由外高程确定。沥青路面中,表面铺筑需设摊铺机。内高程控制以旧路面高程为准,设计下层内高程,高程施工采用挂钢丝控制;外高程控制也以旧路面高程为准,设计下层外高程,高程施工采用挂钢丝控制。

③上面层拼接方法。

上层沥青摊铺在新旧路面全宽段进行。上层铺砌前,需检查工作面平整度。如达不到要求,需进行精铣刨,确保上层平整度符合要求。上层在两台摊铺机的帮助下进行铺筑,设备布置成交错梯队,间隔约5m。高程控制:中央分隔带附近的摊铺机为1号机。摊铺作业时,两端无须进行线路施工。高程控制采用摊铺机滑靴控制,采用摊铺机横坡仪保证横坡。摊铺开始时,用垫块垫实,并考虑摊铺系数,保证上层4cm厚度要求。2号机运行期间,无须线路吊挂施工,可采用滑靴施工。内感探头放置在工作面上,外感应探头放置在中面层。

④面层拼接缝处理。

接缝处理会对整个拼接质量产生很大影响。接缝应保证密实,防止水渗入底层,接缝不应残缺或松动。拼接作业前,需完成接缝处黏结层的涂刷。碾压接缝时,应先在接缝处30cm左右的位置进行碾压,使沥青层处于稳定状态,然后在接缝处直接碾压。为保证接头整体质量,可对接头不完整的部位采用人工填补。

4)基于不同服役工况的新旧沥青路面拼接技术标准

针对既有沥青路面硬路肩结构性能和新旧沥青路面拼接效果存在客观差异的问题,在分析拼接车道交通荷载、拼接方案和环境特点的基础上,基于FWD检测、3D雷达精准检测和材料试验,提出沥青路面不同服役工况的新旧沥青路面评价检验指标和标准。

高速公路改扩建沥青路面拓宽拼接关键技术研究路线如图6-49所示。

6.2.4.3 拓宽拼接技术应用

中江高速公路新隆至港口段,桩号为K55+890~K59+333,共3.44km,主线行车道路面结构和硬路肩的路面结构采用的是过渡性路面,其结构组成见表6-21。

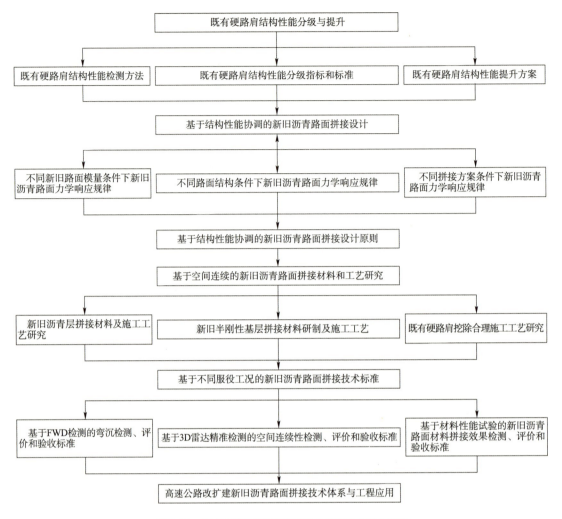

图 6-49　高速公路沥青路面拓宽拼接关键技术研究路线

中江高速公路新隆至港口段路面结构类型　　　　　　　表 6-21

主线路面结构			桥面铺装结构		
层位	混合料类型	厚度	层位	混合料类型	厚度
上面层	AK-13 沥青混凝土	4cm	上面层	AK-13 沥青混凝土	4cm
中面层	AC-25 Ⅰ 粗粒式沥青混凝土	6cm	中面层	AC-20 Ⅰ 中粒式沥青混凝土	5cm
基层	6% 水泥稳定碎石基层	38cm	—	—	—
底基层	4% 水泥稳定石屑底基层（含 30% 碎石）	20cm	—	—	—

港口至四村段，桩号为 K59+333～K68+151，G94 段桩号为 K336+420～K356+893，共 29.29km。主线行车道路面结构、硬路肩路面结构相同，其结构组成见表 6-22。

6 改扩建工程技术创新与实践

中江高速公路港口至四村段路面结构类型　　　　表6-22

主线路面结构			桥面铺装结构		
层位	混合料类型	厚度	层位	混合料类型	厚度
上面层	AK-16 沥青混凝土	4cm	上面层	AK-13 沥青混凝土	4cm
中面层	AC-20Ⅰ中粒式沥青混凝土	5cm	中面层	AC-20Ⅰ中粒式沥青混凝土	5cm
下面层	AC-25Ⅰ粗粒式沥青混凝土	7cm	防水层	高分子防护剂	3~5mm
下封层	乳化沥青	0.6cm	—	—	—
基层	6%水泥稳定碎石基层	40cm	—	—	—
底基层	4%水泥稳定石屑底基层(含30%碎石)	20cm	—	—	—

江鹤高速公路(二期),桩号为 K328+732~K336+420,共7.69km,均采用半刚性基层沥青混凝土路面,其结构见表6-23。

江鹤高速公路(二期)路面结构类型　　　　表6-23

主线路面结构			桥面铺装结构		
层位	混合料类型	厚度	层位	混合料类型	厚度
上面层	AK-16 沥青混凝土	4cm	上面层	AK-13 沥青混凝土	4cm
中面层	AC-20Ⅰ中粒式沥青混凝土	5cm	中面层	AC-20Ⅰ中粒式沥青混凝土	5cm
下面层	AC-25Ⅰ粗粒式沥青混凝土	7cm	防水层	高分子防护剂	3~5mm
基层	6%水泥稳定碎石基层	40cm	—	—	—
底基层	4%水泥稳定石屑底基层(含30%碎石)	20cm	—	—	—

既有硬路肩结构性能分级标准及提升方案在项目中得到了应用,现场施工及技术应用情况如图6-50所示。

a) 3D雷达检测

b) 钻芯检测

图6-50　既有硬路肩现场施工及技术应用情况

针对沥青路面改建已经有中央分隔带内侧拼宽、路基外侧加宽等多种沥青路面拼宽方式,对新旧路面拼接质量、拼接技术等也有更严格的要求。沥青路面热拼接施工质量和施工工艺有着密切的联系，为达到预期拼接质量的效果，还需对热拼接工艺进行更深层次的分析和研究，通过在各个工程施工中进行跟踪监测研究，不断完善施工工艺，从而确保取得更好的质量效果。

6.2.5 面向碳减排的线形与交通组织方案优化

6.2.5.1 研究背景

现有规划的一些早期高速公路由于车道不足、线形不佳等问题越来越难以满足社会需求。线形调整和交通组织是高速公路改扩建工程的重点工作，目前，我国高速公路改扩建工程交通组织和线形调整缺少对环境影响的考量。高速公路改扩建工程期间不同交通组织和线形调整方案会造成驾驶行为、行车速度和车辆工况的变化，进而影响碳排放量，对改扩建工程的环境效益产生影响。因此，如何通过优化交通组织和道路线形方案来有效控制高速公路改扩建工程碳排放量成为当前"双碳"目标下的研究重点。

目前，我国尚未形成一套有效的高速公路交通运行碳排放监测方法，针对公路基础设施交通运行碳减排优化技术的研究更是缺乏。针对高速公路改扩建工程道路线形和交通组织对碳排放影响进行定量评估和分析，把握高速公路改扩建期间道路线形和交通组织的碳排放特征并实施低碳化的道路线形设计和交通组织方案，还缺乏适当的方法。

国内外在高速公路改扩建工程道路线形和交通组织碳排放领域研究较少，而目前我国高速公路改扩建工程的数量和增长趋势逐步增大，碳排放影响评估和碳减排策略工作也亟待完成。交通碳排放不仅受机动车性能、驾驶行为、燃油品质的影响，还受路况、交通管理和道路线形等多种因素影响，减少交通碳排放可从不同角度进行探索。目前已有的碳减排措施多从车辆性能或能源出发，但从基础设施方面着手减少交通运行碳排放仍鲜有研究。较现有交通运行碳减排成果而言，从路况、交通管理和道路线形等方面着手能在路网或区域层面达到较大幅度的交通运行碳减排效果。

因此，项目开展高速公路改扩建工程交通组织碳排放研究，可为该领域提供一种全面、有效、创新的指导思路和方法。

研究重难点在于：

（1）现有的碳排放监测技术与方法尚未在高速公路实际应用，项目需在验证多种车辆运行碳排放监测方法的基础上，研究并提出经济、合理、可行的高速公路交通运行碳排放监测方案。

（2）路线线形指标会对通行机动车的行车速度和行驶工况等动力性能产生影响，进而影响车辆运行碳排放量。如何在多个线形指标耦合作用下的交通运行碳排放数据中识别单个线形指标与交通运行的影响关系，是项目需解决的技术难点。

(3)在高速公路改扩建期间,交通组织方案的实施将导致部分新增交通组织设施在生产、运输和使用阶段的碳排放,同时保通车道宽度和限速也会改变通行机动车产生的碳排放。如何量化各类交通组织设计要素对碳排放的影响机理,并提出不同代表性交通组织设计方案(含配套设施)的碳排放清单,是项目需解决的另一技术难点。

6.2.5.2 面向碳减排的评价与优化方法

1)高速公路改扩建交通组织设计关键参数与交通运行碳排放的内在关联解析及其微观测算方法构建

(1)高速公路改扩建交通组织设计参数的碳排放影响分析

在高速公路改扩建工程中,安全和效率是施工方案和交通组织设计的主要考虑因素。为了确保改扩建期间的施工和行车安全,同时保持施工和车辆通行效率,需要深入研究改扩建的交通组织设计参数,包括交通组织模式、保通路段交通组织、区域路网分流、作业区划分等。

①限速。

为提高安全性,在高速公路扩建工程作业区进行限速是必要的,因为适当地限制车辆通过作业区的速度,可以均衡车流的速度,从而减少交通事故的发生,但速度的限制又会对通行能力产生影响,导致车流密度会增加。

②行车道宽度及侧向余宽。

行车道的宽度应满足错车、会车、超车的宽度要求,行车道宽度越大,同向行驶的车辆之间的干扰也会越少,行车道宽度与道路通行能力和饱和交通流量密切相关。当行车道宽度减小时,道路通行能力会降低,车辆排队现象严重。车道宽度和侧向余宽对道路路段的交通流和速度会产生一定影响,而这种影响总体上表现为车道宽度和侧向宽度越大,对车流速度的折减越小,即速度越大的趋势。

③中央分隔带临时开口长度。

建立基于车辆行驶轨迹特性和车辆行驶稳定性的中央分隔带临时开口长度计算模型,以探究中央分隔带开口长度与路段车辆运行状态的关系。

④车辆运行状态对碳排放的影响。

高速公路改扩建期间,为了减少对路网通行效率和周边道路通行压力的影响,通常采用边通车、边施工的方式,因此,除了高速公路运营阶段,高速公路改扩建期间,车辆运行产生的碳排放同样也是高速公路运营阶段的主要碳排放源。

(2)高速公路改扩建交通组织设计参数碳排放影响仿真实验

将微观交通仿真软件与交通排放模型结合,实现对高速公路改扩建交通组织设计参数的微观交通碳排放进行模拟。采用VISSIM软件建立不同交通组织设计参数下交通运行场景。VISSIM仿真实验完成后,采用python软件对VISSIM输出的车辆记录数据进行计算处理,采用换算公式对车辆的速度和加速度进行换算得到每辆车的比功率 VSP,通过比功率和车辆速度的关系进一步统计得到不同交通运行场景下车辆运行工况的占比,从而为 MOVES 模型的数据输入提供准备。

2) 面向高速公路改扩建交通分流的区域路网交通运行碳排放中观测算方法构建

(1) 高速公路改扩建交通分流模型及求解算法

参考传统交通分配的理论方法,以用户均衡(User Equilibrium,UE)和系统最优(System Optimization,SO)原则构建交通分流模型。用户均衡原则实质上体现了交通系统中出行者自由竞争的行为,在个体利益最大化的条件下,网络中所有用户最终选择的出行路径阻抗最小且相同,该原则体现了较为实际的出行抉择过程。而系统最优原则的定义为路网中出行者的分布使得所有用户总阻抗最小,根据 Wardrop 两大原则建立不同角度的分流模型并使用路径型算法求解,可以得到各 OD 对之间的行驶路径、具体路段的交通量、车速、流向等结果。

对于所构建的改扩建交通分流模型,采用梯度投影算法(Gradient Projection,GP)等路径型算法对改扩建交通分流模型进行求解。

(2) 基于 COPERT 模型的改扩建交通分流路网碳排放中观测算方法

①交通运行碳排放模型。

由于大范围道路实测数据难以获得,美国和欧洲国家综合考虑了机动车的排放标准、I/M(检测维修制度)、使用年限、行驶里程、行驶速度、燃油品质等车辆技术数据,以及气温、大气压、相对湿度等外部环境数据,对不同类型机动车采用相应的参数和公式来对其排放水平进行模拟,开发了一系列交通碳排放模型和系统,其主要特点见表 6-24。

常用交通排放模型对比　　　　　表 6-24

模型	适用场景	模拟方法	输出结果	特点
CMEM	微观	行驶工况(逐秒速度、加速度数据)	瞬时	针对微观场景模拟效果好,但数据要求高
IVE	微观中观	行驶工况(VSP、发动机应力)	平均	操作界面友好,车型分类繁多,数据不易获取
MOBILE	宏观中观	平均速度	平均	发展成熟、应用广泛,但测试工况有限
MOVES	中观微观	行驶工况(VSP)	平均瞬时	建立车辆运行工况分布,数据精度难以保证
COPERT	宏观中观	平均速度	平均	操作简单,测试工况固定,但所需参数较少

②COPERT 模型计算原理。

COPERT 模型将机动车污染物排放来源分为车辆尾气排放、燃料蒸发排放、磨损颗粒物排放(如行驶中的轮胎磨损、制动磨损和道路路面磨损等)三方面。

车辆尾气排放:COPERT 模型将道路运输车辆的总废气排放分为"热稳定排放"(车辆"引擎"处于正常工作温度时的排放)和"冷起动排放"(车辆"引擎"启动预热期间的瞬态排放),这里的"引擎"包括"发动机和所有尾气后处理装置"。在这两种情况下,车辆的排放特征存在巨大差异,因此需要采用不同的方法来估计此时的额外排放量。

燃料蒸发排放:COPERT 模型从昼夜换气排放、行驶损耗排放以及热浸排放三个角度考虑,燃油品质、环境温度、车辆规格、行驶里程等都会对燃料蒸发排放产生显著影响。此外,对于热浸排放和行驶损失,车辆的行驶方式也是很重要的一个影响因素。

磨损颗粒物排放:空气中的颗粒物主要来源于车辆轮胎和路面间的相互作用以及车辆减速时制动器的使用,这两种情况下物体表面相对运动产生的剪切力造成大量颗粒物泄漏,物体高速接触时(如盘式制动器的摩擦片与制动盘)产生的热量也会使材料从表面蒸发。COPERT 模型在确定这一部分排放因子时,由于缺乏不同轮胎-路面组合相关的排放因子的实验数据,所以将轮胎制动磨损和路面磨损视为单独的颗粒物来源。

③基于 COPERT 模型的区域路网交通运行碳排放中观测算方法。

高速公路严格控制出入口并有一定的速度限制,车辆处于持续行驶状态,因此冷起动排放可忽略不计,燃料蒸发排放和磨损颗粒物排放在高速公路这一交通场景所占比例同样很小,因此本研究主要针对高速公路改扩建工程分流路网的车辆热稳定排放进行计算,基于 COPERT 模型基本原理,提出适用于高速公路改扩建工程交通分流方案的碳排放估算方法。计算流程如图 6-51 所示。

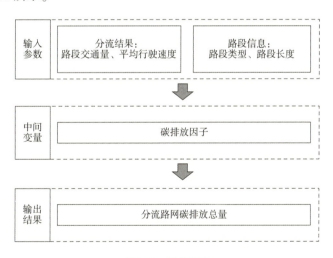

图 6-51　计算流程

该方法将改扩建交通分流结果的碳排放划分为分流路网中各路段的碳排放之和。

3)高速公路改扩建交通组织设施碳排放路径及其测算方法构建

高速公路改扩建期间的交通组织方案实施过程中,需新增部分交通设施(例如,水马、安全警示标牌、可变信息标志、交通诱导灯等),这些新增的交通组织设施的生产、运输和使用都会产生相应的碳排放。针对高速公路改扩建交通组织设施碳排放,采用自下而上的清单核算方法,将碳排放总量表示为交通组织设施(材料)生产过程碳排放量、交通组织设施(材料)运输过程碳排放量、外购电力发电过程碳排放量的三者之和。

交通组织设施(材料)生产过程碳排放指从生产该种设施的原材料从获取到出厂的整个过程中,由于物质和能量流动、转化而产生的碳排放。鉴于国内对相关设施(材料)生产过程碳排放因子的现状研究情况,本书在纳入测算的设施(材料)的选择上,采用与《建筑碳排放计算标准》(GB/T 51366—2019)一致的规定。

交通组织设施(材料)场外运输过程碳排放指从设施(材料)出厂到进入工地仓库之间的运输过程中,由于运输工具消耗能源而产生的碳排放。因此,通过模型直接计算各种交通运输方式的碳排放系数,根据碳排放系数与不同运输方式运输里程的乘积,可求得运输阶段的碳排放量。

外购电力发电过程碳排放即指公路工程建设期由外部调入的电力在发电过程中产生的碳排放。这些电力一般用来供给交通组织过程中的用电交通组织设施(材料)。根据各类交通组织机电设备的数量、功率、使用时长等,计算其总的耗电量,然后根据相关标准规范确定的电力碳排放系数进行测算。外购电力发电过程碳排放测算应符合以下规定:①外购电力应包括公路工程建设期自外购进的电力,不应包括相关单位使用发电机自行发电的电力。②通过设计文件、工程实施方案无法明确的用电量暂不纳入测算。

6.2.5.3 仿真分析验证

将微观交通仿真软件与交通排放模型结合,实现对高速公路改扩建交通组织设计参数的微观交通碳排放进行模拟,采用VISSIM软件建立不同交通组织设计参数下交通运行场景。控制变量路段长度为1km,立交路段长度为1.5km,坡度为满足排水要求设定为0.5%,仿真时间为4200s,其中前600s为预热阶段。

采用python软件对VISSIM输出的车辆记录数据进行计算处理,计算比功率VSP,对于轻型车和重型车,采用不同的计算公式,通过车辆VSP与瞬时速度的对应关系,将车辆运行工况分为23种情况。

MOVES模型通过获取机动车的运行特征计算排放率。使用VISSIM仿真结果,得出5组输出数据,包括道路平均速度、道路瞬时速度、行驶轨迹、平均速度和流量。采用微观层面的OPMODE参数进行仿真实验,对MOVES模型进行参数本地化处理,包括地理位置、气候条件和燃油类型。通过导入预处理的VISSIM仿真车辆运行数据,得到41组43419条数据,并基于MOVES碳排放数据进行因素分析。

1)车道宽度

建立了三级服务水平下的双向四车道高速公路路段模型,得到限速为80km/h时不同车道宽度(3.25m、3.5m、3.75m)下的碳排放量。结果表明,当车道宽度发生变化时,碳排放量的变化量比较明显,且总体上呈现出车道宽度越大,碳排放量越小的趋势。针对相同服务水平不同车道数下单车碳排放开展相关分析,结果表明,车道数越多,单车碳排放量越低。

2)中央分隔带开口长度

构建高速公路改扩建时双车道转换条件下中央分隔带开口长度计算模型,充分考虑车辆行驶轨迹和运行稳定性。通过实验设计不同限速和交通转换方式,深入研究了中央分隔带临时开口长度对碳排放的影响。

根据实验结果,对于双车道转换条件下,限速80km/h时可推荐中央分隔带临时开口长度为270m,限速60km/h时可推荐中央分隔带临时开口长度180m,限速40km/h时可推荐中央分隔带临时开口长度为150m;对于四车道转换条件下,限速80km/h时可推荐中央分隔带临时开口长度为315m,限速60km/h时可推荐中央分隔带临时开口长度为200m,限速40km/h时可推荐中央分隔带临时开口长度为160m。以上结果可为改扩建中央分隔带临时开口长度的碳排放评估提供参考。

3)限速

高速公路改扩建期间,为了保证车辆运行及施工安全,通常会采用限速措施来保证车流的平稳性,而在不同路段,不同的限速方式和限速大小所形成的交通流运行状态有所不同,这会明显影响改扩建期间的交通运行碳排放。下面针对改扩建期间的限速参数设计,开展限速方式、限速大小、限速路段等多参数对碳排放的影响研究。

(1)主线限速大小及限速方式

对改扩建期间主线车道限速的取值对碳排放的影响开展实验研究,构建1km的仿真路段长度,采用三级服务水平,开展限速40~90km/h的碳排放实验。对改扩建期间车道限速的取值(60km/h、80km/h、100km/h)与限速方式(标志牌限速、标志牌结合纵向减速带限速)共12组实验设计对碳排放的影响开展实验研究。结果表明,相同服务水平下,限速越高,碳排放量总体水平越低;当限速每提高10km/h,可减少碳排放约6.5%;无论采用哪种限速方式,车辆运行产生的碳排放都随着限速的增加而减少。

(2)分车道限速及立交路段限速

探究三级服务水平车道数不同的情况下,不同的分车道(单向双车道、三车道)限速方法对碳排放的影响。实验数据表明,采用分车道限速时,限速越高,碳排放量越少。

针对互通立交改扩建期间的交通组织设计,给出不同限速和减速车道方案。结果显示,采用直接式减速车道的方案碳排放较小;对于不同的限速方案,总体上碳排放量由小到大的顺序为内侧车道限速80km/h和外侧车道限速60km/h、内外侧车道均限速60km/h、内外侧车道均限速80km/h。

广东省正处于"双区"建设全面铺开阶段,当前及未来较长一段时间,都将面临碳排放空间日益收缩、公路基础设施和交通运输总量的持续增长的严峻形势。通过 VISSIM 和 MOVES 仿真实验,研究了高速公路改扩建的交通组织设计对碳排放的影响,为构建微观碳排放影响模型提供数据基础以及在实际高速公路改扩建工程应用中提供了理论基础。研究结果可为公路基础设施的低碳化建设提供切实可行的技术手段,加快推动公路基础设施的低碳化改造和升级,提高绿色低碳发展水平。

6.2.6 桥梁拼宽板旧混凝土高压水射流快速破拆关键技术

6.2.6.1 研究背景

为了保证高速公路扩建后新、旧桥梁结构在使用功能上的适用性和受力上的协调性,目前桥梁部分拼宽常用的新旧结构连接方式为上部结构刚性连接,下部结构独立。其中,上部结构的连接多采用拆除部分旧桥翼缘和桥面铺装混凝土,并将该部分剩余钢筋与新桥对应部分钢筋相连,再浇筑新混凝土的方式进行。

在对旧翼缘和桥面铺装的局部拆除中,为降低作业过程中对结构物产生的损伤,不允许采用大型机械设备,如大型的凿岩机等。因此,传统的混凝土结构局部破除、清除主要采用人工风镐、电镐、机械锤打、液压劈裂机等小机具进行作业,这些作业方式存在施工速度慢、劳动力强度高、对原结构有损伤等缺点。

采用高压水射流技术可以从根本上解决上述问题。高压水射流技术,也称水力破拆清除技术,是用高压水射流进行劣化混凝土清除、混凝土表面凿毛、附着物清洗等工作的技术统称。由于该技术具有不产生剧烈振动,不产生应力扩散,不伤害钢筋结构,并且可以逐层破碎任意深度、环保、节能的优点,因此特别适用于桥梁、水坝、隧道、码头、机场和重要建筑物的维修、加固和改造工程。

但是,高压水射流破拆技术也存在缺点,主要表现为能耗大,设备昂贵,成本居高不下;用水量较大,且对水质有较高要求;施工过程可能会产生飞石、噪声较大等问题。同时,由于目前高压水射流技术在桥梁旧混凝土局部破拆中的应用还较为粗放,缺乏系统的研究工作,在射流方式的选择、技术参数的选用,以及安全防护等方面没有形成实用的技术指导性文件,也缺乏相应的专业装备,使得上述问题在实际应用中表现得更为突出。

为了更科学合理地运用高压水射流技术解决桥梁拼宽工程中局部混凝土的破拆,结合中江高速公路改扩建工程中桥梁拼宽部分旧桥翼缘和部分桥面铺装的局部混凝土破除工况,针对其作业面受限、机器人行进表面不平整、混凝土较完好、配筋率较高的情况,以及能耗大、造价高、技术指标不明确等问题,分析多种预裂方式结合高压水射流技术进行混凝土破拆的可行性,研究不同工况下的破拆关键参数,对专用装备进行开发研制,形成一套完整的桥梁拼宽旧混凝土破拆关键技术,从而达到提高工作效率、减少对结构物的损伤、有效控制施工成本等实施目标,同时使研究成果具有广泛的应用前景,能够推广应用到其他结构的破拆施工中。

6.2.6.2 快速破拆关键技术与方法

1) 水射流破拆桥梁翼缘旧混凝土关键技术参数的确定

为了科学地确定高压水射流破拆施工中主要技术参数的选择范围,采用理论分析结合模型试验的方式对射流执行方式、射流类型、压力、流量、靶距、打击时间等参数对处理效果的影响进行研究。

试验模型及现场实拍场景如图 6-52 所示。试验模型高度为 4.4m,内弧半径为 5.65m,内弧长度约 5m,厚度为 1.75m。其中,内弧面的 1.1m 厚度为待破除区域,通过设定不同的约束条件和钢筋配置条件,模型共分为 11 个试验区。

a) 试验墙左前侧视图

b) 试验墙钢结构前侧视图

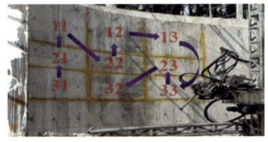

c) 窗口混凝土拆除路径

d) 高压水射流破拆实拍

图 6-52 水射流破拆模型试验

通过上述试验,对破除桥梁翼缘混凝土这一典型工况,获得了如下结论:

水射流压力越大,效率越高,结合目前国内外技术现状,建议射流压力在 130~210MPa 之间,且压力值不宜低于被破拆混凝土强度的 3 倍;射流流量在 120~260L/min 之间,高压泵组功率在 500~700kW 之间时,其效率和经济性较好。

枪头每增加一次往返次数,靶距就会递增,效率随之降低。若往返次数太少,则设备的频繁移位会降低效率。试验证明,当往返次数为 4~6 次,且拆除深度可达到 15~20cm 时,参数配置最优。

2) 裂纹引导水射流破拆技术

当混凝土中含有较多裂纹时,高压水可沿裂纹深入混凝土内部,并利用裂纹尖端的应力集中效应,迅速完成对混凝土的破坏。因而,通过在被破拆混凝土中生成分布较均匀的裂纹,可以大幅提高水射流的破拆效率。本次研究中采用数值仿真的方法对预裂中不同钻孔方式进行了模拟,如图 6-53 所示。

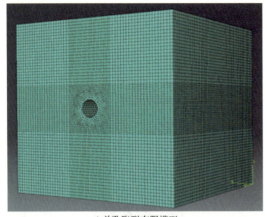
a) 单孔胀裂有限模型

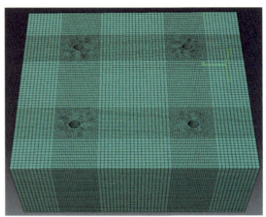
b) 多孔胀裂有限模型

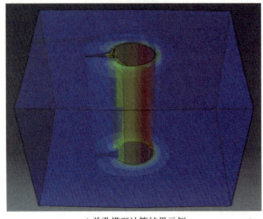
c) 单孔模型计算结果示例

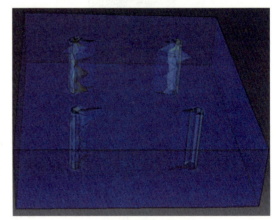
d) 多孔模型计算结果示例

图 6-53 预裂过程的数值仿真示例

模拟结果表明,对钻孔施加膨胀压力后,钻孔不仅受到自身膨胀压力作用,还受到周边钻孔传递过来的膨胀压力的作用。为保证破碎效果及控制成本,建议将孔间距布置为不大于 500mm,且胀裂次序应跳孔分批进行,这样可使裂纹的展开更为均匀。

在预裂方法上,以机械劈裂机预裂和膨胀剂静态爆破较为适宜。对于机械预裂,由于目前常见劈裂机均为单向劈裂,所产生的裂缝分布不满足本技术的需求,故本项目进行了多向劈裂机械的开发。而对于采用膨胀剂进行的静力爆破,由于桥梁翼缘厚度较小,顶部膨胀剂产生的固化产物不能起到封顶作用,无法抑制膨胀剂向上膨胀溢出,膨胀剂无法发挥膨胀破碎作用,导致裂效果较差。为了克服这一问题,本项目开发了膨胀剂浅孔预裂辅助装置,如图 6-54 所示。

在该装备下,膨胀剂膨胀时,膨胀力不会向下扩展,保证破除深度以下的混凝土不会被破坏,也不会在顶部形成封顶而导致膨胀剂溢出的情况,从而使裂缝的展开更为均匀。现场应用效果表明(图6-55),当预裂较为均匀时,同等设备参数下,水破除的效率可提高 2 倍。

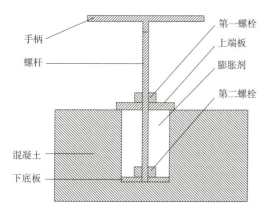

图 6-54 膨胀剂浅孔预裂辅助装置

图 6-55 现场预裂除效果

3) 人工机械 + 高压水射流复合破拆技术

对桥梁跨线部分、桥下有建筑物等不适宜采用水射流击穿混凝土等特殊情况,以及混凝土厚度较大、钢筋分布靠外层的情况,可采用水射流破除上层(外层)混凝土,辅助采用人工破除底层(内部)混凝土的工艺,在保证破除效果基本不变的前提下,取得高效、安全、节约的效果。

结合结构特点,如图 6-56 所示,人工辅助水射流施工过程主要包括三个步骤:

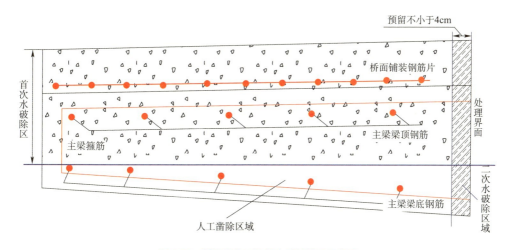

图 6-56 桥梁翼缘旧混凝土破拆施工示意图

(1) 高压水射流拆除大部分混凝土,解除钢筋骨架的核心约束。

(2)利用人工机械拆除方式对桥梁内剩余混凝土进行拆除。

(3)预留处理界面附近(横向4cm范围内)的高压水射流破拆施工。

6.2.6.3 基于高压水射流技术的翼缘破拆装备研发

根据实际工程需要,本项目在现有技术基础上,研发了适用于翼缘拼宽工况的高压水射流破除的专用机具及其相应的工艺以及防护设施等,实现对进口设备的国产替代。

(1)车载式翼缘下表面的破拆机械

翼缘下表面的破拆机械如图6-57所示。该机械可以较为快速、安全、有效地破拆翼缘下表面的混凝土结构,与上表面水射流破拆机器人相配合,可以快速地完成整个翼缘的拆除施工。

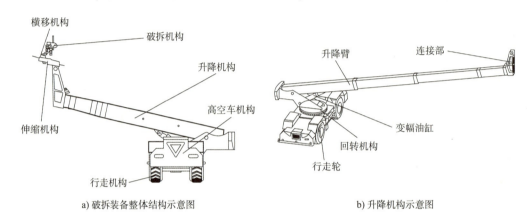

图6-57 车载式翼缘下表面的破拆机械

(2)多向预裂机械劈裂结构

如图6-58所示,多向预裂机械劈裂结构可以分过程进行孔预裂,有效地解决了目前传统机械预裂的噪声大、粉尘大的问题,且多向预裂可以有效地保证混凝土各向劈裂效果。

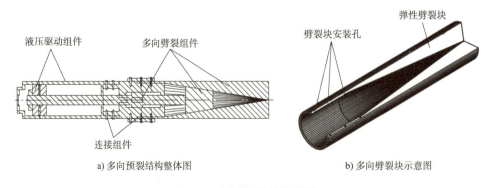

图6-58 多向预裂机械劈裂结构

(3)基于多向劈裂头的混凝土钻劈一体装置

如图6-59所示,该装置钻劈一体设计可以完成钻孔、劈裂的一站式施工;且设备整体结构紧凑,便于携带与破拆施工。

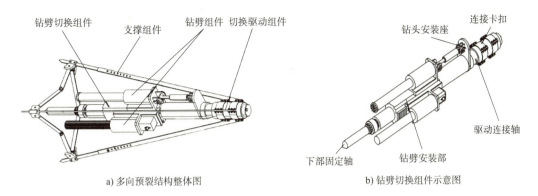

图 6-59　基于多向劈裂头的混凝土钻劈一体装置

6.2.6.4 施工质量控制及检测指标

1）界面质量对比试验

为了对比机械破拆和水射流破拆后的混凝土界面质量，本书以浇筑的两块混凝土板为研究对象，分别采用电镐和水射流对其进行破拆，从界面坚实度、裂缝分布情况、粗集料暴露比和边缘完整性等方面对混凝土界面质量进行对比分析。

分析表明，与传统的采用机械打击的方式进行混凝土局部破除相比，采用高压水射流对旧混凝土进行破拆施工，在质量控制方面具有以下显著优点：

（1）新旧混凝土界面处旧混凝土无损伤，无新增裂纹。

（2）界面粗糙度大，坚固性好，无松动的粗集料。

（3）水射流破拆后的混凝土界面，粗集料暴露比较大，且边缘完整性较好。

2）质量控制标准和检测项目

通过对现场试验的检测和分析进行指标的收集和评估，高压水射流破除混凝土后混凝土界面、钢筋的总体要求如下：

（1）高压水破除后，混凝土界面必须保证粗集料露出，且不得有松散混凝土块、石子、碎屑、水泥浆、油污及其他杂物等。

（2）混凝土破除范围误差允许值应控制在 ±30mm 以内，表面破除厚度尺寸误差允许值应控制在 ±10mm 以内。已经劣化破损的部位除外。

（3）混凝土切割范围内预应力筋、受力主筋不得受损，有结构安全保证措施的拆除工程除外。

公路构造物高压水破除施工质量检验项目及要求见表 6-25。

高压水射流破除施工验收指标及检验项目　　　　表 6-25

序号	检验项目	偏差范围	检验工具及方法
1	外观项	无松散混凝土块、石子、碎屑、水泥浆、油污、积水等	目测

续上表

序号	检验项目	偏差范围	检验工具及方法
2	结合面强度	切割面粗集料露出,无松动块	手摇
3	裂纹:全厚度拆除的断面及部分深度拆除的底面	无可见裂纹(裂纹宽度<0.05mm)	目测+裂缝测量仪
4	钢筋外观	表面无机械损伤	目测
5	钢筋变形	纵向钢筋无局部弯曲;悬臂钢筋允许固定端局部弯曲,半径>100mm	目测+弧度样板对比或弦高测量($R=100mm$)
6	射入正面边界线性偏差	边界偏差小于±3cm	直尺

6.2.6.5 应用情况

中江高速公路改扩建工程将桥梁拼宽板旧混凝土高压水射流快速破拆关键技术应用于项目中,结合施工环境、桥梁跨径、翼缘厚度,得出定性的施工建议,用于指导具体项目的技术指标及选择方式。高压水射流成套设备组成及应用现场分别如图6-60、图6-61所示。

图6-60 高压水射流成套设备组成

经现场试验证明,单一工艺下,如桥梁翼缘下表面混凝土破拆、桥面铺装破拆、结构维修部位的旧混凝土破拆等,在工程量相同的情况下,相比机械破拆,高压水射流破拆提高施工效率一倍以上。与目前使用的常规高压水射流工艺相比,裂纹引导水射流工艺提高效率20%以上,节约能耗40%,降低成本15%以上,有着巨大的经济效益、节能和环保效益。

a) 高压水切割钢筋表层混凝土　　　　　　　b) 靠近居民区、横跨马路施工拼宽桥环境

图 6-61　高压水射流应用场景

桥梁拼宽旧混凝土高压水射流快速破拆关键技术研究不仅满足了对混凝土结构物破拆的实际需要，而且破拆时可避免伤及钢筋，减少对建筑基体产生的损伤，更加适应我国大力倡导的环境友好与安全的施工要求，且该技术提高生产效率的同时降低了设备成本，推广应用前景广阔。

6.2.7　新旧桥梁拼接抗扰动混凝土性能评价标准体系研究及应用

6.2.7.1　研究背景

旧桥拓宽已成为桥梁维护的重要环节。据统计，我国90%的工程采用在开放交通的条件下进行桥面翻修和桥面加宽；其中对于桥面翻修加固形式，完全开放交通和受限开放交通的比例分别为40%和50%，而且在开放交通方式的选择上，更多考虑通过控制车辆行驶速度或限制载重，从而避开行车扰动对加固混凝土材料产生的不利影响。国内外大多学者经实践和研究认为，进行梁肋加固施工时，车辆扰动对修复混凝土性能产生不利影响。调研发现，开放交通条件下修复混凝土可能出现的破坏形式包括裂缝类，主要形式为新浇筑桥面的纵向裂缝、横向裂缝，及新旧桥之间沉降裂缝及随机裂缝等；新浇筑混凝土质量及耐久性，主要为扰动差异导致混凝土离析的强度降低、微裂缝引起强度降低和耐久性差、钢筋与混凝土之间的黏结力降低、新旧混凝土结合面上黏结力降低；新旧拼缝处线拼缝质量，主要为施工高程控制不精准，形成拼缝处的下凹或凸起，导致路面积水或跳车。针对上述病害形成原因，国内外学者认为裂缝产生原因主要是车辆荷载作用下桥梁产生过大弯曲变形所致；强度及耐久性主要因桥梁振动引起混凝土离析导致的强度降低或混凝土拌合物塑性阶段微裂缝引起强度降低；新旧拼缝处的线形外观的问题主要归结为施工工艺控制不够精准和难控制导致，在设计有横坡的桥面采用流态混凝土浇筑时侧流，及其在塑性阶段的收面塑形很难控制。

现阶段，水泥混凝土路桥面铺装多采用钢筋网片+普通混凝土或钢纤维混凝土的技术措施抵抗扰动导致的破损开裂，但应用效果不佳。拼接时，新桥混凝土桥面铺装时容易受到行车扰动的影响，导致质量受损或扰动开裂，这仍然是一个亟待解决的技术难题。目前国内没有针对新旧桥梁拼缝施工的设计及施工技术指南。抗扰动混凝土是近些年提出的一种新技术理念，在研究和应用过程中存在一些问题需要进一步研究和探讨，包括车桥耦合振动的特征研究不够透彻，使得试验室条件下难以准确模拟该环境，从而限制了抗扰动混凝土的研究；车桥耦合振动对混凝土的损害机理研究不明，仅根据传统混凝土的知识原理和应力应变理论进行分析，缺少交叉学科知识的综合运用；不同桥梁结构拼接后的受力行为特征存在差异，不能一概而论地采用相同的抗扰动技术方案；抗扰动混凝土侧重硬化混凝土的力学特性，极少考量混凝土凝结前后时刻的扰动破坏，该时刻混凝土的抗扰动性可能决定了是否形成裂缝的关键因素。

中江高速公路改扩建工程车流量大，采用不中断交通工况下开展中小跨径的大桥、特大桥新旧桥一次性永久拼宽施工。拼接桥梁涵盖T梁、箱梁及空心预制板，拼宽施工过程不同部位的车桥耦合扰动差异较大，混凝土浇筑过程中受力复杂。据统计，2012—2020平均车流量由5.75万次/d上升到近7万辆/d，专业机构预测2025年实现交通量达7.7万次/d，2031年预计达到10.0万次/d，2039年预计达12.5万次/d。因此，封闭交通施工，完全不能满足建设及运营现状。为保证施工期间的双向四车道通行，桥梁扩建采用的通行方案为在拼宽桥上部施工完成后，拼宽桥不满足两车道通行，对半幅桥梁的新旧桥进行临时拼接，将交通转换至此半幅维持双向四车道通行，另半幅全封闭，实施新旧桥拼接。然后再将交通转换至另半幅维持双向四车道通行，拆除原半幅临时拼接，进行新旧桥永久拼接。

对于改扩建工程，在开放交通的条件下进行拼接新旧桥梁混凝土施工，造价比传统模式少，既提高了原有构造物的使用价值，又节省了工程建设资金。但在不中断交通的情况下，重型车辆高速行驶会导致桥梁振动，车桥耦合振动效应容易导致新浇筑混凝土性能劣化，尤其是对于大面积施工的桥面，普通混凝土在凝结硬化早期，扰动会加剧混凝土板内早期微裂缝的发展，进而形成新的扰动裂缝。这正是传统修补加固混凝土无法在保持开放交通下使用的原因。车桥耦合振动对混凝土的影响差异较大，可能会造成截然不同的研究结果，为了解决传统的桥梁拼接用混凝土难以在不中断交通条件下使用的问题，研究具备抵抗行车荷载引起损伤的混凝土，进而保证在不中断交通的情况下进行拼缝桥面混凝土的质量，尤为重要。

基于桥梁拼接铺装过程中受交通扰动影响，导致新铺桥面混凝土开裂、使用寿命短的现状，研究开发桥面拼宽抗扰动混凝土的新技术对策，解决当前混凝土材料开裂普遍的问题；研究和开发控制硬化早期开裂及兼顾后期强度、韧性、耐久性、界面黏结性能的抗扰动混凝土；同时开展与之相对应的抗扰动混凝土桥面施工与控制技术研究，在实际施工过程中，抓住关键施工工艺，形成技术指南。因此，研究抗扰动高性能混凝土技术将推动公路工程修复、加固技术的发展，改变桥梁维修加固的施工方式，使桥梁可以在开放交通的情况下进行

6 改扩建工程技术创新与实践

施工,避免车辆绕行,节省社会资源,推动公路养护技术的发展,节约养护成本,延长桥梁使用时间。该技术研究应用涵盖桥面铺装混凝土防扰动、防开裂混凝土评价体系搭建、扰动混凝土施工和工艺控制等一体化关键技术,切实满足高速公路桥面混凝土施工不中断交通的需求。

6.2.7.2 拼宽抗扰动混凝土创新技术与方法

结合工程实际应用需求、应用技术难点,开展抗扰动混凝土性能评价新技术研究及施工应用研究。

1)研究重点

(1)通车工况下桥梁拼缝处混凝土扰动特征及抗扰动混凝土性能标准评价体系

依据现有扰动振动特征,探索扰动破坏的影响因子及比重系数,分析扰动对混凝土性能影响的劣化机理及规律,进而搭建室内抗扰动混凝土性能指标及评价方法,指导不同拼宽桥梁用抗扰动混凝土的设计及制造。

①塑性阶段抗扰动混凝土工作性能评价。

通过模拟振动试验方法,研究振动扰动对修复混凝土性能影响,研究扰动破坏在混凝土凝结硬化不同阶段的影响,提出塑性阶段抗扰动混凝土的室内评价技术指标及方法,指导施工质量监控,客观评价抗扰动混凝土性能。

②室内缩尺抗扰动混凝土性能评价。

通过缩尺试验,模拟扰动振动变形,评价连接处混凝土性能。从材料的角度确定评价振动变形对连接混凝土性能影响的指标,研究抗扰混凝土力学性能指标,以及钢筋与混凝土之间握裹力性能指标。分析振动变形与连接混凝土裂缝产生及发展变化的关系。

(2)新旧桥梁拼缝桥面抗扰动混凝土施工技术

基于车桥耦合扰动特征,结合混凝土凝结-硬化抗扰动脆弱期特点,研制扰动低离散新型混凝土,探究抗扰动离散混凝土的模板支护、分层浇筑等工艺的抵抗扰动的技术措施,依托工程应用,从材料、机械、工艺、环境等方面入手,针对每一个抗扰动混凝土施工环节建立质量控制点和预控点,保证抗扰动混凝土的质量。

2)关键技术问题及创新点

(1)结合中江高速公路改扩建工程新旧桥梁拼接实体不中断交通、车流量大、气候湿热的条件特征,分析修复用混凝土拌合物扰动工况下的流变性衰变特征、颗粒离散程度、愈合黏结状况,揭示在不同扰动制式下受扰动混凝土塑性及硬化力学性能的应变规律,量化抗扰动混凝土塑性-黏性-力学性能指标,提出了抗扰动混凝土评价方法,进而搭建了抗扰动混凝土拌合物和硬化混凝土的指标评价标准体系。

(2)基于车桥耦合扰动特征,结合混凝土凝结-硬化抗扰动脆弱期特点,研制新型混凝土,依托中江高速公路改扩建工程不同应用场景,得到了验证及优化,形成了新旧桥梁拼缝抗扰动混凝土施工控制新技术,指导了中江高速公路改扩建工程公路该专项工程的质量控制过程。

3)技术路线

基于研究技术难点和工程实际需求,以现场调研结果为基础,以室内试验为主要手段,研究扰动对修复混凝土的塑性工作性能、早晚期力学性能及界面黏结性能的影响变化的规律,搭建试验方法指标评价,优化施工技术应用。开展拟解决的关键技术及实施方案如下。

(1)抗扰动桥梁混凝土性能指标搭建及评价分析

利用车桥扰动模型,开展混凝土水胶比、流变性等经受扰动后混凝土拌合物离析系数、集料颗粒分布特点、纤维分散均匀等性能的影响研究;研究扰动下混凝土力学性能、钢筋握裹力、抗拉拔特性的劣化影响。采用多元回归分析方法探讨影响混凝土凝结时间、强度的因素分析,通过对影响抗扰动混凝土干缩性能、耐久性能的因素进行分析,确定了配合比设计参数,配制了和易性优良、满足施工工艺要求的抗扰动混凝土。

(2)新旧桥梁拼缝桥面抗扰动混凝土施工技术

依据实体工程行车荷载作用下桥梁扰动对修复混凝土可能产生的破坏形式,以及破坏形式与混凝土性能的关系,开展抗扰动混凝新技术的施工应用过程工艺控制研究。

新旧桥梁拼接抗扰动混凝土性能评价标准体系研究的技术路线如图6-62所示。

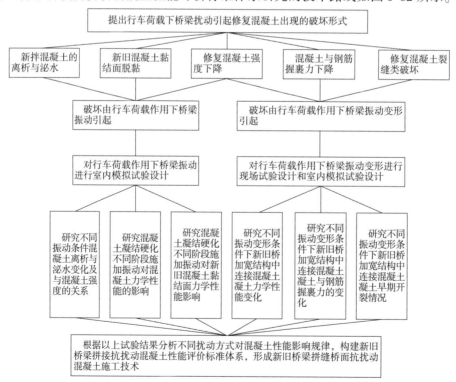

图6-62 研究技术路线

6.2.7.3 创新技术应用

实现抗扰动混凝土技术在改扩建工程不中断交通的情况下实施。行车扰动情况下,混凝土无离析泌水现象,提高混凝土均匀性,补偿扰动后混凝土的收缩,保持或提高扰动工况下混凝土长期力学性能、耐磨性、抗渗透性能等,可实现新旧桥梁一次性永久拼接。桥面抗扰动混凝土技术的现场运用如图 6-63 所示。

a) 抗扰动混凝土模板安装

b) 抗扰动混凝土养生

图 6-63　桥面抗扰动混凝土技术

通过试验段的实施,验证材料的性能,总结混凝土材料浇筑及施工工艺,主要包括原材料采购、模板加工、模板支护、抗扰动混凝土的配合比、浇筑的时间控制与振捣及混凝土养生。项目施工现场结合面的处理如图 6-64 所示。

a) 晒水车冲洗拼接带

b) 拼接带冲洗效果

c) 拼接带人工细部冲洗

图 6-64　结合面处理

为了防止混凝土温度过高,项目均选择在 16:00 之后进行混凝土浇筑,通过现场检测,混凝土入模温度均未超过 28℃,且与旧桥表面温差均超过 10℃。项目混凝土浇筑,从高处直接倾卸,且自由倾斜高度均未超过 2m,现场浇筑后的混凝土未出现离析现象。项目抗干抗混凝土昼夜养生现场如图 6-65 所示。

a) 抗扰动混凝土浇筑

b) 抗扰动混凝土拼接带盖布养生

c) 抗扰动混凝土洒水养生

图 6-65　抗扰动混凝土昼夜养生

依据相关文件要求，项目组对相关试验进行了检测，检测结果见表 6-26。

抗扰动混凝土施工质量检测　　　　　　　　　表 6-26

检测项目		单位	技术要求	检测结果	判定结果	表征性能
坍落度		mm	180~220	180	合格	测定拌合物的流动性
1h 坍落度损失		mm	≤35	20	合格	1h 后坍落度 - 原坍落度
泌水率		mm	≤6	0	合格	运输、振捣、泵送的过程中出现粗集料下沉、水分上浮的现象
1d 抗压强度		MPa	≥40	43	合格	单位面积承受竖向压力的极限破裂应力
28d 抗压强度		MPa	≥60	84.8	合格	
1d 抗折强度		MPa	≥2	5.3	合格	单位面积承受弯矩时的极限折断应力
28d 抗折强度		MPa	≥5	8.2	合格	
静压弹性模量比 (28d)		%	≥105	128	合格	在弹性变形阶段内，正应力和对应的正应变的比值
收缩率(28d) (1×10^{-6})		$\mu\varepsilon$	≤300	72	合格	28d 的体积收缩
容许裂缝宽度		mm	0.05~0.1	无裂纹	合格	产生裂缝最小宽度
容许裂缝深度		mm	0~3	无裂纹	合格	产生裂缝最大深度
整体化层外观裂缝	数量	条/孔	≤1	无裂纹	合格	整体化层外观裂缝要求
	宽度	mm	≤0.15	无裂纹	合格	
	长度	—	≤跨径的 1/10	无裂纹	合格	

续上表

检测项目	单位	技术要求	检测结果	判定结果	表征性能
芯样厚度	mm	—	282	合格	—
芯样强度(28d)	MPa	≥60	—	—	—

抗扰动混凝土外观及现场芯样尺寸均能满足中江高速公路改扩建工程混凝土质量检测与验收管理相关文件的要求,抗扰动混凝土首件工程表面平整、无裂缝、无空洞、无孔洞、无蜂窝、无麻面、无剥落和掉角等情况,总体质量可控。项目新旧桥梁拼接抗扰动混凝土外观及施工取芯现场如图 6-66 所示。

a) 取芯操作过程　　　　　　　　　　　　　　　　b) 现场芯样

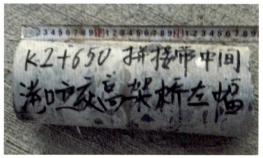

c) K2+649桩号处芯样　　　　　　　　　　　d) K2+650桩号处芯样

图 6-66　施工取芯现场及新旧桥梁拼接抗扰动混凝土外观

抗扰动混凝土可应用于在役桥梁的桥面板、伸缩缝的修补中。抗扰动混凝土可在开放交通的条件下进行施工,不影响当地的人流及物流的正常运行,社会效益显著。抗扰动混凝土新技术将为广东省乃至我国的新旧桥梁改扩建工程提供一种可持续的扩建技术方案,进一步推动桥梁工程修复、加固技术的发展,改变桥梁维修加固的施工方式,无形中节省了社会资源的运行成本。同时也可推动公路养护新技术的发展,节约养护成本,提高桥梁改造质量,延长桥梁服役寿命。

6.2.8 粤港澳大湾区立交密集型改扩建交通组织提升关键技术

6.2.8.1 研究背景

粤港澳大湾区是中国开放程度最高、经济活力最强的区域之一。但随着高标准高速公路网的全面覆盖,高速公路与地方道路相接的节点即互通立交的密度也在不断增大,密集的立交满足了粤港澳大湾区居民的出行需求,也为高速公路改扩建工程的交通组织设计带来了新的挑战。

为使区域路网和作业区的交通正常运行,高速公路施工作业区交通组织形式多采取边通车、边施工的方式。然而,在高速公路改扩建期间,由于需设置较多的交通标志和封闭部分车道,导致道路信息复杂、通行能力下降,使交通流运行特征发生变化,造成拥堵的概率和安全风险增加。因此,为保证改扩建施工作业区车辆顺畅通行,需结合周边路网的通行能力和服务水平,识别其交通瓶颈,并据此制定周边路网交通均衡诱导方案,对改扩建高速公路上过载的交通流量进行分流和转移。

准确识别周边路网的交通瓶颈路段是制定合理的交通均衡诱导方案的重要基础。针对交通瓶颈的识别,国内外学者开展了相关研究。学者通过分析道路合流区域车辆运行特征,对交通流特性进行评价,应用运动波模型来模拟交通瓶颈路段处的交通运行,并提出道路合流区的交通拥堵识别方法;或是构建路网模糊流量条件可靠性瓶颈逻辑割树算法模型,该模型可以识别交通环境稳定的情况下因流量变化而形成的短期瓶颈;还有学者识别交通瓶颈的主要条件属性,并构建基于粗糙集的路网瓶颈路段识别方法。

如何在确保施工进度和质量前提下安全保通,同时统筹分流路径和均衡诱导路网交通流,减少施工作业区路段和主要交通流分流路段的交通拥堵,降低社会影响,是高速公路改扩建施工作业必须面对的问题。目前提出的交通分流方法和模型均建立在研究区域内 OD 调查结果已知的基础上。由于高速公路改扩建过程中的交通调查范围广、路段交通量大、交通类型多样(包括过境交通、境内交通和出入境交通)等原因,全面了解改扩建高速公路及其周边路网内 OD 量的成本较高,因此,交通组织方案设计单位通常仅对改扩建高速公路沿线的出入口进行 OD 调查,对周边道路则只调查其路段交通量。因此,对立交密集型高速公路改扩建工程的交通安全保通技术进行研究是十分必要的。

同时,在高速公路改扩建工程中,需要设置中央分隔带临时开口或临时匝道开口,以满足改扩建期间的交通转换需求,并适应高速公路改扩建工程进度,使高速公路保持安全通车。因此,结合中江高速公路改扩建工程,针对高速公路改扩建工程的主线中央分隔带临时开口长度和互通立交临时匝道开口长度建立计算模型也是十分必要的。

为保障改扩建工程施工期间交通流的正常运行及道路行车畅通安全,减少因改扩建施工对交通流产生的影响,结合中江高速公路改扩建工程互通立交密集、车流量大、交通组织复杂等特点,遵循"保障安全、通行有序、保护环境、减少社会影响"的原则,开展"粤港澳大湾区立交密集型高速公路改扩建工程交通组织提升关键技术"研究,构建交通瓶颈识别模型,并基于交通瓶颈识别模型对周边路网在不同时段下的交通瓶颈路段进行识别;提出基于不完全OD数据的高速公路改扩建交通分流方案制定方法;建立高速公路改扩建工程中央分隔带临时开口长度计算模型,旨在提高改扩建时期高速公路的通行效率和安全性,减少改扩建时期高速公路运营安全事故率和经济损失。

6.2.8.2 交通组织提升实践

中江高速公路改扩建工程采用"边通车、边施工"的方案,主线的实际通行能力难以满足交通需求,需要将过载的交通流量分流和转移至周边区域路网。因此,需识别周边路网的交通瓶颈,为制定周边路网交通均衡诱导方案奠定基础。

1)高速公路改扩建周边路网交通瓶颈的识别

(1)交通运行状况调研与模型参数标定

通过实地调研及从高德数据平台获取数据的方式来调研道路交通运行状况。实地调研主要采用移动雷达测试仪测速法获取车辆行驶速度,采用录像机检测法获取道路的交通流量。移动雷达测试仪测速法利用多普勒效应,即车速与发射无线电波、反射波的频率差呈正相关关系,并根据该原理得到车速。录像机检测法通过对一定时间的连续交通流进行拍摄,按照一定的时间间隔统计交通量。移动雷达测试仪测量和视频车辆追踪软件效果分别如图 6-67、图 6-68 所示。

a) 测试现场

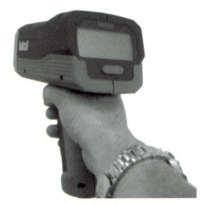
b) 测试设备

图 6-67　移动雷达测试仪

a) 测试现场　　　　　　　　　　b) 软件追踪显示界面

图 6-68　视频车辆追踪软件效果

中江高速公路周边路网拓扑图如图 6-69 所示。与立交出入口直接相连接的道路的通行能力直接决定了改扩建高速公路可向地方道路疏解的交通压力水平，而城市中的快速路、主干路等重要道路则决定了路网总体可承担的交通负荷水平。因此，项目对与立交出入口直接相连接的道路以及其他重要道路进行实地调研，调研内容包括道路交通流量以及大、小车型车速等数据，其他道路的交通运行状况数据从高德数据平台获取。大量数据的采集为后续构建交通瓶颈识别模型提供了有力的数据支撑。

根据道路宽度与自由流速度之间关系得到的道路自由流速度，以及实测平均速度和交通量，标定速度-密度关系模型的参数——阻塞密度 K_j。实地调研的中江高速公路周边路网的交通运行状况和交通瓶颈识别模型参数 K_j，见表 6-27。同时，根据相邻道路的参数 K_j、道路的自由流速度和高德地图交通运行数据，确定未进行实地调研道路的交通量。

（2）交通瓶颈识别

中江高速公路区域路网交通量高峰小时出现在 9:00—10:00、11:00—12:00、15:00—16:00、17:00—18:00 四个时间段。基于交通瓶颈识别模型，获得中江高速公路周边路网在平峰和高峰时段的交通量，结合周边道路等级，得到项目周边道路的 v/C 值和各交通服务水平分级的道路数量，见表 6-28。

平峰时段 94% 的道路服务水平为 A 级，2% 的道路服务水平为 B 级，4% 的道路服务水平为 C 级，无服务水平为 D 级的道路；9:00—10:00 时段 86% 的道路服务水平为 A 级，4% 的道路服务水平为 B 级，4% 的道路服务水平为 C 级，6% 的道路服务水平为 D 级；11:00—12:00 时段 88% 的道路服务水平为 A 级，4% 的道路服务水平为 B 级，2% 的道路服务水平为 C 级，6% 的道路服务水平为 D 级；15:00—16:00 时段 82% 的道路服务水平为 A 级，4% 的道路服务水平为 B 级，4% 的道路服务水平为 C 级，10% 的道路服务水平为 D 级；17:00—18:00 时段 78% 的道路服务水平为 A 级，4% 的道路服务水平为 B 级，2% 的道路服务水平为 C 级，16% 的道路服务水平为 D 级。

6 改扩建工程技术创新与实践

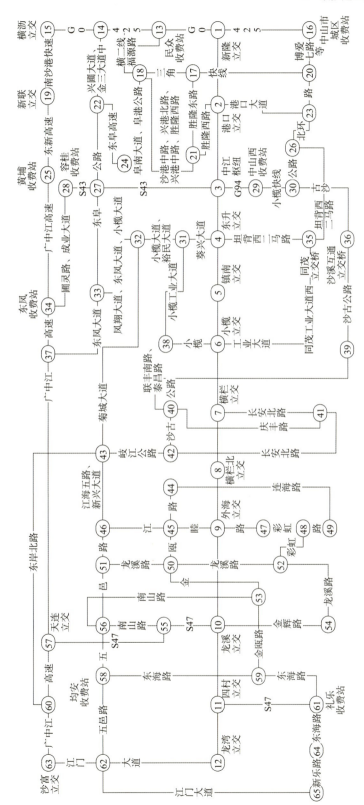

图 6-69 中江高速公路周边路网拓扑图

中江高速公路周边路网交通运行状况和交通瓶颈识别模型参数 K_j 表 6-27

参数	平均值	标准差	最小值	最大值
当量交通量[pcu/(h·ln)]	552.50	360.84	117.00	1721.00
大型车辆平均车速(km/h)	44.69	10.34	28.54	65.08
小客车平均车速(km/h)	51.15	11.65	34.57	75.07
大型车辆率	0.23	0.10	0.00	0.44
实测平均车速(km/h)	49.67	11.33	34.37	72.88
自由流速度(km/h)	67.64	5.15	58.15	78.30
交通瓶颈识别模型参数 K_j	109.84	209.77	7.31	1143.45

中江高速公路周边路网饱和度和交通服务水平分级   表 6-28

时段	v/C 值				服务水平分级			
	平均值	标准差	最小值	最大值	A	B	C	D
平峰时段	0.26	0.17	0.05	0.86	47	1	2	0
9:00—10:00	0.33	0.28	0.06	1.37	43	2	2	3
11:00—12:00	0.30	0.24	0.06	1.02	44	2	1	3
15:00—16:00	0.36	0.33	0.07	1.57	41	2	2	5
17:00—18:00	0.48	0.69	0.08	4.51	39	2	1	8

其中,平峰时段的 v/C 值最低,服务水平为 A 级的道路最多,服务水平为 B、C 级的道路数量分别仅为 1、2,而服务水平为 D 级的道路数量为 0,表明该时段总体上交通运行环境较好,道路交通流较为通畅。9:00—10:00 和 11:00—12:00 时段的 v/C 值分别位列第二、第三,服务水平为 A 级的道路数量略少于平峰时段时服务水平为 A 级的道路数量,服务水平为 B、C 级的道路数量较少,但服务水平为 D 级的道路数量较平峰时段时服务水平为 D 级的道路数量有所增加。15:00—16:00 时段的 v/C 值较大,服务水平为 A 级的道路数量有较大幅度的下降,服务水平为 B、C 级的道路数量变化不大,但服务水平为 D 级的道路数量有所增加,表明该时段总体交通运行环境已发生变化,道路交通流发生阻塞的概率有所增大。17:00—18:00 时段的 v/C 值最大,服务水平为 D 级的道路最多,表明该时段发生交通拥堵的可能性最大,应重点关注该时段的交通均衡诱导与分流,制定对应的诱导分流策略。

一般来说,交通瓶颈现象会先在路网中的个别路段发生,然后由于受到交通流所具有的流动性的影响,在个别路段上的交通瓶颈现象也会延伸、扩散到邻近道路上,甚至导致整个路网发生拥堵、瘫痪,因此交通瓶颈路段应得到更多的重点关注。根据项目周边道路在9:00—10:00、11:00—12:00、15:00—16:00 和 17:00—18:00 时段的交通服务水平分级,可绘制出周边路网在不同时段服务水平示意图,分析可知,中江高速公路东升立交与地方道路相连的出、入口道路的交通运行状况较差,该立交的出、入口道路在平峰时段为 C 级服务水平,在 9:00—10:00、11:00—12:00 和 15:00—16:00 时段为 C、D 级服务水平,在 17:00—18:00 时段为 B、D 级服务水平。因此,与东升立交出、入口直接相连的葵兴大道和坦背西二马路为交通瓶颈路段。G0425 高速公路通过新隆立交与中江高速公路相连,并通过博爱七路与中江高速公路周边路网相接。博爱七路在平峰时段为 B 级服务水平,在高峰时段为 D 级服务水平,为交通瓶颈路段。此外,沙古公路在高峰时段为 D 级服务水平,同样为交通瓶颈路段。

项目结合速度-密度关系模型和服务水平法的特点,构建了交通瓶颈识别模型,并运用在中江高速公路改扩建工程中。在对该高速公路改扩建工程周边路网交通运行状况调研的基础上,基于交通瓶颈识别模型获取平峰和高峰时段的路网饱和度和服务水平,对交通瓶颈路段进行识别。该方法和成果可为开展高速公路改扩建工程周边路网交通诱导管理提供理论依据,具有一定的实际工程应用价值。

2)高速公路改扩建施工期间的交通分流方案制定

(1)分流路网确定及现状分析

通过对中江高速公路周边区域调研,根据分流路网构建原则,将通行能力小、交通条件差等不适合分流的道路剔除,确定分流路网如图 6-70 所示,共有 53 个节点编号。

编号 1~10 是中江高速公路上的 10 个互通立交或枢纽。对其进行 OD 调查,获得的 OD 交通量见表 6-29。

进一步分析分流路网可以看出,与中江高速公路平行的高速公路有广中江高速公路、南沙港快速路、东新高速公路,此外还有 S43 广珠西线、G0425 广珠东线等南北向高速公路。地方路网主要包括 S364、S272、G105 以及江门大道、长安北路、沙港中路、兴港北/中路、胜隆西路等城市道路,其中 S364 与中江高速公路全线平行。

主要道路的现状交通量及服务水平见表 6-30,综合衡量可以判断出,中江高速公路周边路网十分发达,具备良好的交通分流条件。

(2)分流结果

由于中江高速公路上交通量较大,根据增量分配方法,将出行 OD 表分为 500 份,路段阻抗函数中的模型系数 α 和 β 分别取建议值 0.15 和 4.00,在 MATLAB 中进行编程计算,分流结果见表 6-31,10 个互通枢纽的 OD 交通量的具体分布情况和各路段交通量如图 6-71 所示。可以看出,中江高速公路上分流需求最大的路段为中江枢纽—东升立交,分流流量高达 1280pcu/h,分流比例达到 30.79%;分流需求最小的路段为四村立交—龙湾立交,分流流量为 157pcu/h,分流比例为 5.22%。

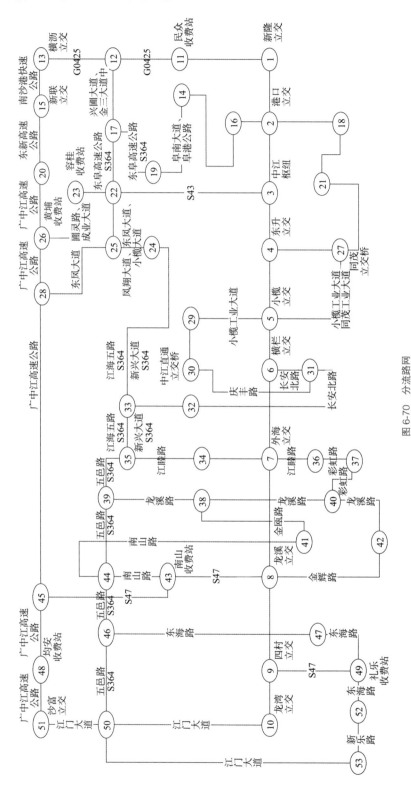

图 6-70 分流路网

中江高速公路出行 OD 矩阵　　　　　　　　　　　　　表 6-29

OD	龙湾	四村	龙溪	外海	横栏	小榄	东升	中江枢纽	港口	新隆	合计
龙湾	0	8479	957	3130	3777	1640	2551	3614	964	7747	32860
四村	8109	0	1728	865	1142	483	526	1133	142	1647	15774
龙溪	996	1769	0	0	653	268	332	740	182	1120	6061
外海	3089	873	0	0	3836	1101	891	1916	268	2254	14228
横栏	3698	1086	740	0	0	305	449	2177	139	2272	14532
小榄	1557	458	274	0	414	0	154	1970	249	1913	8052
东升	2913	512	395	0	547	276	0	9106	951	5694	21347
中江枢纽	3685	961	759	0	1987	1981	8103	0	2890	8079	30345
港口	918	110	165	0	123	233	882	3077	0	7032	12791
新隆	8439	1325	1169	0	2286	2202	5954	8060	6761	0	38566
合计	33404	15574	6186	14195	14765	8489	19843	31794	12547	37759	194556

分流路网主要道路现状交通量及服务水平　　　　　　　　　　　　　表 6-30

路段	通行能力（pcu/h）	当量交通量（pcu/h）	饱和度	服务水平
G0425 广珠东线	6600	3807	0.58	二级
S43 广珠西线	6300	4828	0.77	三级
南沙港快速	6000	1456	0.24	一级
广中江高速公路	6300	379	0.06	一级
港口大道	6800	1100	0.16	A
北环路	10200	1562	0.15	A
阜港公路	10200	2791	0.27	A
坦背西二马路(G105)	6800	5188	0.77	C
江睦路(S272)	8250	1747	0.22	A
长安北路(横栏收费站出口左转)	6600	1210	0.18	A

续上表

路段	通行能力（pcu/h）	当量交通量（pcu/h）	饱和度	服务水平
长安北路（横栏收费站出口右转）	8250	2720	0.33	A
沙港中路	6600	1207	0.18	A
金三大道中（S364）	4950	864	0.17	A
东阜公路（东阜收费站出口右转）	6600	696	0.11	A
东阜公路（东阜收费站出口左转）	6600	379	0.06	A
江门大道	6800	2739	0.51	B
新兴大道	8250	1341	0.16	A
小榄大道	6800	3389	0.5	B
江海五路（S364）	6600	1868	0.28	A
五邑路（龙湾立交出口—五邑路交叉口）	11900	4852	0.52	B
五邑路（南山路—五邑路交叉口）	10200	1748	0.3	A

注：地方道路服务水平评级为 A、B、C、D；高速公路服务水平评级为一～六级。

中江高速公路各路段交通分流情况　　　　　　　　　　　　　表6-31

路段名称	原有交通量（pcu/h）	分流后交通量（pcu/h）	分流交通量（pcu/h）	分流比例
港口立交—新隆立交	3398	2874	524	15.42%
中江枢纽—港口立交	3286	2571	715	21.76%
东升立交—中江枢纽	4157	2877	1280	30.79%
小榄立交—东升立交	3181	2757	424	13.33%
横栏立交—小榄立交	3137	2807	330	10.52%
外海立交—横栏立交	3503	2871	632	18.04%
外海立交—龙溪立交	2981	2824	157	5.27%
龙溪立交—四村立交	2915	2758	157	5.39%
四村立交—龙湾立交	3006	2849	157	5.22%

6 改扩建工程技术创新与实践

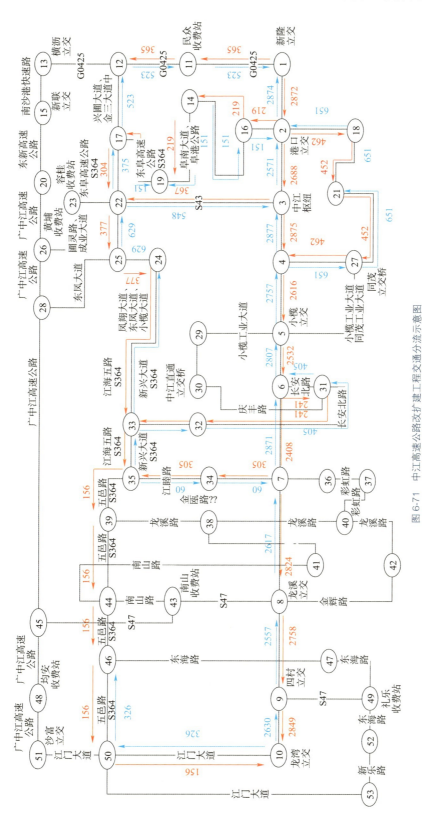

图 6-71 中江高速公路改扩建工程交通分流示意图

（3）分流方案评价

所有分流道路的平均车速和饱和度计算结果见表 6-32。各分流道路在原有交通量的基础上承担分流任务后道路饱和度仍比较低，服务水平良好，车辆行驶速度均处于正常水平，这说明本分流方案是合理可行的，分流后既不影响原路面交通的运行，又为中江高速公路施工期间车辆的出行提供了方便的绕行路径，较大地减轻了中江高速公路的交通负担，交通量在路网中的分配更加合理，现有的道路资源利用率得到提高。

分流道路平均车速和饱和度值　　　表 6-32

道路名称	承担分流流量（pcu/h）	原有交通量（pcu/h）	平均车速（km/h）	饱和度
G0425 广珠东线	523	3807	97	0.66
S43 广珠西线	549	4828	93	0.85
港口大道	651	1100	68	0.26
北环路	651	1563	40	0.22
阜南大道、阜港公路	219	2791	40	0.30
坦背西二马路（G105）	651	5188	63	0.86
江睦路（S272）	305	1747	72	0.25
长安北路（横栏收费站出口右转）	405	2720	68	0.38
长安北路（横栏收费站出口左转）	405	1210	63	0.24
沙港中路、兴港北/中路	219	1123	58	0.41
胜隆西路	219	589	58	0.25
金三大道中（S364）、兴圃大道	523	1754	64	0.30
东阜公路（东阜收费站出口右转）	375	696	68	0.16
东阜公路（东阜收费站出口左转）	629	379	71	0.15
新兴大道、菊城大道（S364）	629	1344	68	0.33
凤翔大道、东凤大道、小榄大道	629	2163	71	0.31
新兴大道（S364）、江海五路	632	1605	68	0.30
五邑路（南山路—五邑路交叉口）	327	1748	78	0.20
五邑路（龙湾立交—五邑路交叉口）	327	4852	78	0.44
江门大道	327	2739	67	0.45

3）中央分隔带临时开口长度计算

（1）中江高速公路主线 K27+650 交通转换点

中江高速公路改扩建工程主线 S4 标段的交通转换点，中心桩号为 K27+650，对应的线形为直线，横坡为 2%，设计速度为 60km/h，车道宽度 3.75m，中央分隔带宽度为 2m，采用的交通转换方式为单侧拼宽。

两次交通转换方式，均为半幅双向转半幅双向通行，对应的主线为直线条件下的四车道转换开口长度计算模型。经计算，在设计速度为60km/h的情况下，其中央分隔带临时开口长度极限值为125m，一般值为220m。广东省公路学会颁布的《高速公路改扩建工程交通组织设计规范》规定设计速度为60km/h时，建议最小值为180m。项目方案设计值为300m。

综合考虑交通转换的安全性和高效性，可推荐理论计算一般值220m作为采用值。为满足高速公路改扩建工程交通转换时车辆安全和道路通行能力，还应实地观测开口处的运行速度，结合实际情况，合理设置开口位置和长度。若开口处的转换交通流仍然存在明显的超速特征，还应充分考虑开口处限速的实施效果，并相应选取适当的中央分隔带保通开口长度。实际开口长度可根据现场实际情况适当调整，但不宜过长。

(2)中江高速公路立交C匝道

中江高速公路东升立交临时匝道C道开口长度的计算，采用入口临时匝道开口长度计算模型计算其在不同设计速度下的开口长度值，并制定了以下四种开口长度方案。

①方案一。

主线路段限速60km/h，采用规范值作为施工依据，入口段最小开口长度215m，满足广东省公路学会颁布的《高速公路改扩建工程交通组织设计规范》的要求。

②方案二。

主线限速80km/h，采用规范值作为施工依据，入口段最小开口长度250m，满足广东省公路学会颁布的《高速公路改扩建工程交通组织设计规范》的要求。

③方案三。

主线路段限速60km/h，采用计算模型结果，计算结果极限值为148m，一般值为207m，满足《高速公路改扩建交通组织设计规范》(JTG/T 3392—2022)要求，但不满足广东省公路学会颁布的《高速公路改扩建工程交通组织设计规范》最小值的要求。

④方案四。

主线限速80km/h，采用计算模型结果，极限值为232m，一般值为232m，满足规范要求，但不满足广东省公路学会颁布的《高速公路改扩建工程交通组织设计规范》最小值的要求。

东升立交C临时匝道位于桥梁段，路况复杂，且中江—东升复合立交为交通复杂路段，当采用方案一时，东升立交C临时匝道开口段可避开桥梁，降低施工难度，更有利于行车和施工安全，实现该路段的安全保通。故结合实际道路状况，最终选择方案一为东升立交临时匝道C道开口长度设计方案。

6.3 先进成果引进与创新应用

6.3.1 工程一体化管理平台

目前,单一的安全管理方式和传统安全管控手段制约着改扩建工程安全管理效率与质量,全员力量未充分调动,隐患预防不够精细,安全管控缺少针对性标准和信息化平台支撑,亟须新模式、新技术驱动安全管理质量变革、效率变革、动力变革。同时,中江高速公路改扩建工程具有交通组织难度大、安全管控任务重、通航安全管理难、气象灾害风险高等难点,需要管控技术提升项目管理水平,以减少高速公路改扩建工程期间事故隐患,保证高速公路交通运行与施工作业安全。

结合工程安全管理需求,研究适合改扩建工程的工程一体化管理平台,以解决交通运行和施工作业安全管理难等问题,推动改扩建安全管理与技术高质量发展。

6.3.1.1 工程一体化应用技术与场景

利用BIM技术对道路工程建立三维参数化模型,使道路工程模型具有参数化、三维可视化的功能。BIM技术功能在道路工程项目的不同阶段均可发挥显著的优势。

BIM技术在道路工程全生命周期的应用场景见表6-33。

BIM技术在道路工程全生命周期的应用场景 表6-33

序号	阶段	应用场景
1	设计阶段	方案比选
		三维可视化
		碰撞检查
2	施工阶段	工程计量
		施工模拟
		施工管理
3	运维阶段	运维管理

(1)设计阶段

在设计阶段,利用BIM技术建立三维设计方案模型,依靠参数化设计和三维可视化效果,可实现多种设计方案的有效比选,进而确定最佳设计方案。同时,结合GIS地图、倾斜摄影测绘地形,BIM三维可视化模型可以更直观形象地反映实际工程相貌,便于设计人员、项目业主等直观了解设计方案。对于主体工程与机电工程等多专业堆积的复杂部位,利用 BIM 技术进行碰撞检查,排除多专业设计中存在的"打架"情形,通过碰撞检查,提前规避设计漏洞,做好设计预留孔洞,便于各专业在施工阶段的正常实施。

(2)施工阶段

基于 BIM,可便捷、准确地进行复杂结构的工程计量。利用 BIM 技术参数化、信息化特点,建立工程实体模型,输出工程量清单,完成工程计量,提升计量人员的工作效率和计量数据的准确率。施工人员借助 BIM 技术,可快速认识施工对象,更加准确地开展施工。同时,对于复杂节点工程、施工困难路段,可利用 BIM 技术进行施工模拟,制定合理的施工方案,并辅助项目顺利实施。

(3)运维阶段

道路 BIM 模型作为工程项目的信息载体,在运维阶段可以提升道路智慧化服务水平。随着交通运输部推动智慧公路建设发展"一套模型、一套数据"政策要求的实施,融合云计算、大数据、GIS、移动互联网、物联网等信息技术,建立道路工程运维管理信息化平台,可满足运维阶段项目的日常管理工作要求,提升运维管理水平。

同时,随着道路工程基础设施监测技术的升级,运用 BIM 技术建立基础设施实体模型,挂接传感器设备,在基础设施健康监测系统中有较为广泛的应用。

6.3.1.2 一体化平台建设实践

项目通过搭建全线 BIM,将传统设计图纸转变和传递到施工信息化模型中,以 BIM 为载体搭建了工程一体化管理平台。该平台利用 BIM + GIS + 倾斜侧影等技术,结合工程管控的重点、难点以及工序流程,通过汇总项目参与各方的工程信息,可以实时把控工程建设质量、进度、安全、投资等信息,消除项目中的"信息孤岛",从而提升项目信息化管理水平。一体化平台组成如图 6-72 所示。

图 6-72 一体化平台组成图

该平台以质量管理、工序报验为核心,共分为 11 个子模块,包括质检管理系统、工序报验系统、进度产值系统、拌和控制系统、张拉压浆系统、安全管理系统、水泥土搅拌桩智能监控系统、工程监控系统、智能工牌系统、BIM 集成系统和商业智能(BI)大屏系统。

(1)质检管理系统和工序报验系统

以工序报验和质检资料管理为核心。

质检管理系统包括质检资料查询、质检资料统计、超期提醒、临期预警四个子模块,主要功能是方便一线员工对内业资料进行查缺补漏和进度督促。

工序报验模块实现线上工序报验申请与验收,通过设置各报验节点的审批时限,明确了施工单位和监理单位职责,提高了时效性;通过上传验收影像资料,强化了对隐蔽工程的监管;通过该系统与质检管理系统的联动,有效地提高了对质检资料的及时监管能力。

根据分部分项将工序流程与 BIM 模型相对应,与质检资料相关联,强化过程管控,重点关注隐蔽工程、重点部位,实现监理现场履约、过程留痕;并通过工序流程督促质检资料及时归档。

(2)进度产值系统

进度产值系统主要是方便员工进行进度管理,对各标段日产值做一个形象展示,以便记录和了解各个标段的进度情况。

(3)拌和控制系统

拌和控制系统是集实时监控、超标预警、超标处理、数据分析统计及图表于一体的在线实时监控管理平台。

拌和控制主要是通过物联网采集模块,实现对拌和数据的自动监管,避免大量的人为干预,同时防止造假。一体化平台已集成混凝土、沥青和水稳站相关数据,采用动态管理理念,对混凝土拌和过程进行跟踪观测,通过配合比设定、产量统计、误差分析等将理论用量与实际用量进行对比,对超过阈值的拌和站进行自动预警、分级推送,同时对超标混凝土需要做降级或废弃处理的,系统要求闭环处理,拍照上传,为混凝土质量监控提供有效工具。

(4)张拉压浆系统

张拉压浆系统通过无线网络将智能预应力张拉设备及智能压浆设备力值、伸长量、注浆数量、保压时间等数据实时采集并上传到服务器,并进行数据分析、处理,实现张拉过程的全过程监控及数据留痕,确保张拉规范可控,避免人为造假。

(5)安全管理系统

根据实际安全管理需求量身定制的"安全管理""安全学习"模块,将安全抽检、安全巡检和安全自检等过程留痕,发挥信息化平台的实效性,并通过系统化和可视化的统计处理,对安全问题的整改台账进行自动汇总和统计,对安全管理人员的安全学习时长进行自动统计,以达到促进安全管理规范化、高效化的目的。

(6) 水泥土搅拌桩智能监控系统

针对水泥土搅拌桩施工监管难度大、抽芯与载荷检测方法单一、无法对整个场地处理的均匀性做整体评价的问题,一体化平台集成水泥土搅拌桩远程实时监测系统,运用物联网技术,通过安装在施工设备上的流量传感器、深度仪、倾角仪、电流传感器等多种感应器件对水泥搅拌桩的桩长、钻进速度、垂直度、喷浆量等主控参数进行实时采集、监测,实时数据经记录仪采集并上传至网络服务器后传送至智能手机、个人计算机(PC)端等终端设备上,实现对施工过程的远程、实时、多终端监控,以确保成桩质量。水泥土搅拌桩远程实时监测系统的应用使得取芯优良率达100%。

(7) 工程监控系统

工程监控系统集成中心试验室、标段试验监控和重要工点监控视频,设计同时显示8个摄像头,可支持回放30d以上,可以实现对现场试验的全过程监控。工程一体化管理监控视频如图6-73所示。

a) 室内监控

b) 施工现场监控

图6-73 监控视频

(8) 智能工牌系统

一体化平台集成智能工牌管理,通过实时采集智能工牌定位数据,在工作时间内对现场管理人员进行在线定位、轨迹查询等。

通过工程一体化管理平台的应用,加强了平台及现场实践的结合,解决了传统工程管理的痛点问题,使管理更有目的性、针对性,减少了实施过程中成本、时间等各种损耗,实时把控了工程建设质量、进度、安全、投资、征拆等信息,保障了项目信息共享,实现了各参建方的协同工作,保障了项目安全形势稳定。

(9) BIM集成系统

BIM集成即建立项目全线40km三维模型,实现全线工程进度的可视化,并以结构物赋码的形式实现模型与分部分项的一一对应,以此横向打通工程管理各个环节间的数据关联。通过模型,可以直观形象地展示当前的形象进度以及相关的设计、质检资料填报、过程管理。

同时,通过全线交通组织动画模拟,形象生动地展示整个项目各阶段交通组织难点以及交通转换情况。三维建模界面如图 6-74 所示。

图 6-74　三维建模界面

(10) BI 大屏系统

BI 大屏实时集成主要施工内容、产值进度、工序报验、拌和控制、质检管理、人员管理等模块主线信息,可以实时掌控项目质量、进度等主要信息。BI 大屏——施工内容、产值进度、拌和控制模块如图 6-75 所示。

图 6-75　BI 大屏——施工内容、产值进度、拌和控制模块

6.3.2 水泥搅拌桩远程实时监测系统

水泥土搅拌桩施工简单、快捷、造价低,自引入我国以来,其鲜明的优点得到了广泛应用。近年来,虽然出现了双向水泥土搅拌桩技术与钉形水泥土搅拌桩技术,但是实际结果却往往不尽如人意。

国外水泥土搅拌桩质量监控仅作为设备一部分,主要以监控桩机设备运行状态的形式存在,且采集的数据有限,未见有根据监测参数对施工与设计进行指导与验证的报道,更没有单桩质量评估及整体质量分析的功能。与国外先进管理控制技术相比,我国的水泥土搅拌桩施工管理较为落后,施工队伍良莠不齐,目前质量控制主要依赖施工人员的责任心、操作经验以及监理单位的监理。由于水泥土搅拌桩一般 24 小时连续施工,且属于全隐蔽工程,其质量控制的几个要素为深度、流量、垂直度、钻速等,受人为因素影响较大,虽然人力物力投入大,但效果并不明显,严重影响了施工质量。针对目前施工中的这种现象,改扩建工程引进了智能监控系统,对搅拌桩的施工进行全过程控制。

6.3.2.1 远程实时监测技术

1)智能监控系统组成与原理

水泥土搅拌桩智能监控系统运用物联网技术,通过施工设备上安装的流量传感器、深度仪、倾角仪、电流传感器等多种感应器件对施工过程数据进行实时采集,实时数据经记录仪采集并上传至网络服务器后传送至智能手机、PC 端等终端设备上,实现对施工过程的远程、实时、多终端监控。水泥土搅拌桩施工智能监控系统由制浆监控系统、打桩监测系统、数据实时存储和分析系统组成,对制浆、供浆、下钻、提钻等施工环节均可进行实时的施工数据采集。整个系统分为四个部分,分别为现场数据采集系统、信号传输系统、监管中心和远程监测客户端。

2)智能监控系统功能

水泥土搅拌桩智能监控系统有六大功能,具体包括:实时采集、上传、存储原始施工数据,并可以随时随地远程查看;实时评估成桩质量,生成单桩及群桩质量评估报告;自动生成多项施工资料;实时报警;实时分析场地地质条件等影响因素;根据实际场地地质条件实时调整施工方案。水泥土搅拌桩智能监控系统主要功能如图 6-76 所示。

水泥土搅拌桩智能监控系统几乎完全实现无死

图 6-76 水泥土搅拌桩智能监控系统功能图

角监测,切实保证了施工数据的真实性,降低了施工管理难度;在施工过程中即对制桩质量进行严格把控及多方面评价,保证施工方案一直符合实际场地条件,提高了技术与实际的结合程度,非常适用于当前水泥土搅拌桩施工监测和质量控制工作。

3)智能监控系统优势

(1)监控信息全面性

水泥土搅拌桩施工主要施工工序有浆液拌和、喷浆下钻、搅拌提升。在地质勘查资料覆盖范围有限的情况下,很难全面、准确地判断施工区域内地质的变化情况。当地质条件发生变化时,如果不能及时对下钻速度、喷浆量等施工工艺参数进行调整,成桩质量就难以保证。

现阶段水泥土搅拌桩施工过程监控主要采用水泥喷浆记录仪和测量控制技术。水泥喷浆记录仪采用微型计算机技术,集数码显示和打印功能于一体,对打桩的开始时间、结束时间、喷浆量分布状况、总浆量进行记录,过程中通过数码显示屏显示喷浆量和总浆量。但对成桩质量影响较大的浆液密度、喷浆压力、下钻和提升速度、桩体垂直度等关键指标无法进行监控。

而水泥土搅拌桩智能监控系统将制浆系统、打桩系统进行整合,采用更先进、更丰富的传感模块实现对前端数据的全方位采集。采集的数据涵盖钻桩深度、内钻杆电流、外钻杆电流、前后倾角、左右倾角、水泥浆密度、泥浆流速、喷浆状态或压力、钻杆状态,采集数据较传统监控系统更全面、丰富,对施工过程的指导性更强。智能制浆和智能打桩现场系统界面如图6-77所示。

图6-77 智能制浆和智能打桩现场系统界面图

(2)监控信息时效性

水泥土搅拌桩智能监控系统利用物联网技术将安装在水泥浆拌和站和打桩机上的监

控、监测单元与安装在施工设备上的可视化数据处理终端进行连接,施工人员可实时了解施工过程中工艺参数的变化情况,以最快的速度采取相关措施进行调整,保证施工质量,避免资源浪费。同时,监测数据通过电信基站实时上传至数据存储服务器内,业主单位、监理单位、施工单位人员通过安装在智能手机、PC 设备上的客户端获得数据,不受地域限制,可随时随地查看现场施工数据,对现场施工情况作出有效分析判断,实现远程多人实时在线监测,极大提高工作效率。

(3)监控成本经济性

为确保水泥土搅拌桩的质量得到有效控制,我国部分省(区、市)相应出台了水泥土搅拌桩的施工质量管理指导意见,要求在施工过程中由现场技术人员、现场监理工程师进行全程旁站,现场监理工程师按至少每 3 台机 3 人的标准进行配置,极大地增加了水泥土搅拌桩的造价成本。

应用水泥土搅拌桩智能监控系统后,仅需在施工现场设置监控中心,使分散的管理集成化,做到 1 人即可管理多台施工机械,减少在人力资源上的过多投入。监控系统一次性投入后,可循环重复利用,后期维护成本较低,经济效益明显。

6.3.2.2 远程实时监测系统应用

中江高速公路改扩建工程场地位于广东省江门市,水泥土搅拌桩施工采用"四搅四喷"工艺,水泥土搅拌桩桩长 15m,桩径 500cm,共 340000m。根据现场桩机型号,选用相应的传感器及监控主机,并安装调试,保证施工数据传输、分析无误,确定系统可以正常运行。现场每台设备安装了一套监控设备,安装示意图如图 6-78 所示,监测仪器安装现场如图 6-79 所示,系统监测内容见表 6-34,成桩数据采集方法与报警值设置见表 6-35。施工现场对水泥土搅拌桩进行取样,取芯优良率达 100%,现场取芯如图 6-80 所示。

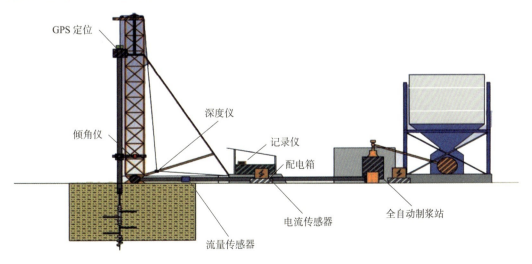

图 6-78 现场安装示意图

a) 水泥土搅拌桩水泥参数检测计

b) 水泥土搅拌桩监测参数显示器

图 6-79　监测仪器安装现场

监测项目与内容　　　　　　　　　　　　　　　　　　　　　　　表 6-34

序号	监测项目	单位	监测标准	监测频率	仪器设备
1	桩长	m	不低于设计值	全程监测	深度仪
2	水泥用量	kg	不低于设计值	全程监测	流量传感器
3	钻速	m/min	不超过规范要求	全程监测	
4	垂直度	%	不超过规范要求	全程监测	测斜仪
5	电流值	A	参考值	全程监测	电流互感器
6	成桩时间	s		全程监测	采集仪

成桩数据采集方法与报警值　　　　　　　　　　　　　　　　　　表 6-35

成桩数据	采集方法	报警值
桩长	在桩机底盘上安装深度传感器，下钻时编码器转动产生电信号传输至监控系统终端	小于 15m
总灰量	根据全自动制浆系统和电磁流量传感器采集的数据自动计算	不小于 1050kg
水灰比	通过现场测定数据自动计算	≠设计值
工作电流	在桩机电箱中分别安装测量钻杆工作电流的电流传感器，并连接至监控系统终端	不大于 80A
钻进速度	通过深度传感器采集的信号随时间变化自动计算	不大于 1m/min
垂直度	在桩机主塔上安装左右及前后倾角仪连接至监控系统终端	≥1%

图 6-80 现场取芯图

在水泥土搅拌桩施工过程中,智能监控系统的应用使整个施工过程更加透明,将隐蔽于地下的搅拌过程通过图表形式更直观地呈现;可对施工过程中的突发问题和潜在质量隐患采取更及时、更有针对性的处理措施,使水泥土搅拌桩施工质量大幅提升。智能监控系统的运用,大幅减少了人员投入,充分践行了品质工程中"自动化减人"的理念。

6.3.3 小型反循环回旋钻机的应用

中江高速公路改扩建工程在处理深层软基时采用钻孔灌注桩的处理方式,钻孔时可选用正循环回旋钻机或反循环回旋钻机。正循环是从钻杆内注循环泥浆,钻渣因相对密度小于泥浆而自浮于泥浆中,并随泥浆上升到孔顶排出,随着钻渣的逐渐加多,泥浆浓度越来越大,又因钻渣沉淀而致重复碾磨,故效率较低。但浓泥浆有利于钻孔护壁,不易塌孔,用于流沙等容易塌孔的土层是适宜的。反循环是钻杆吸出夹带钻渣的循环泥浆,并孔顶补充泥浆以保持孔内液面,从而保证孔壁的稳定性。反循环可大大减少重复碾磨钻渣的无效劳动,可使钻进效率大幅提高。

6.3.3.1 小型反循环回旋钻机施工技术与方法

小型反循环回旋钻机的主要工作原理是将泥浆从钻杆与钻孔之间注入,随着钻杆带动钻头并喷气削土,由于管径比孔小很多,所以泥浆加削下来的土渣等快速从钻杆内排出地面,进入泥浆沉淀池处理后可循环使用。小型反循环回旋钻机的关键技术主要是针对地质情况进行动力头的电机选型。

小型反循环回旋钻机是在软弱地基上开展软基处理钻孔灌注桩施工,钻孔灌注桩施工需进入强度较高的持力层,一般水井钻无法高效钻进。小型反循环回旋钻机可应用于不能使用其他大型设备进行施工的狭长及矮小场地,以及噪声敏感区域附近钻孔灌注桩施工。

应用小型反循环回旋钻机的流程为场地整平、钻机就位、埋设护筒、钻进成孔、安装导管、清孔、灌注水下混凝土及泥浆清理。

1) 场地整平

在钻孔桩施工前,应进行场地整平,钻机座不宜直接置于不坚实的填土上,以免产生不均匀沉陷。修通旱地位置便道,为施工机具、材料运送提供便利。

2) 钻机就位

按照基线控制网,用全站仪精确放出桩位,并在现场做好明显标记。放好桩位后进行现场交底,做十字护桩,以确定钻孔桩位。

钻机就位前,应对钻孔各项准备工作进行检查(尤其是垂直度)。钻机安装后的底座和顶端应平稳,在钻进过程中不应产生位移或沉陷。就位完毕后,施工队协同安质部和工程部对钻机就位进行自检,并符合桩位平面位置。

钻孔前,按施工设计提供的地质、水文资料绘制地质剖面图应挂在钻台上。针对不同地质层选用不同的钻头、钻进压力、钻进速度及适当的泥浆相对密度。

3) 埋设护筒

钻孔前应设置坚固、不漏水的孔口护筒。护筒内径大于钻头直径20cm,还需满足孔内泥浆面的高度要求,高出施工地面0.5m。护筒埋置深度为2m,且应保持孔内泥浆面高出地下水位2m以上。护筒位置应埋设正确和稳定,护筒与孔壁之间应用黏土填实,护筒顶面中心与设计桩位偏差应小于5cm,倾斜度应小于1%。

4) 钻进成孔

钻孔作业应分班连续进行,填写钻孔施工记录,交接班时应交代钻进情况及下一班应注意事项。应经常对钻孔泥浆及钻机对位进行检测,不符合要求时,应及时改正。

钻孔过程中应观察主机所在地面和支脚支承地面处的变化情况,发现沉降现象及时停机处理。因故停机时间较长时,应将套管口保险钩挂牢。

当钻孔深度达到设计要求时,用探孔器对孔深、孔径和孔形等进行检查,确认满足设计要求后,立即填写终孔检查证,并经驻地监理工程师认可,方可进行孔底清理和灌注水下混凝土的准备工作。

5) 安装导管

导管采用ϕ30mm钢管,厚为10mm,每节2~3m。钢导管内壁光滑、圆顺,内径一致,接口严密。导管直径与桩径及混凝土浇筑速度相适应。使用前进行试拼和水密、承压和接头抗拉试验,按自下而上顺序编号和标示尺度。导管组装后轴线偏差不超过钻孔深的0.5%且不大于10cm,试压力为孔底静水压力的1.5倍。

导管长度按孔深和工作平台高度决定。漏斗底距钻孔上口,大于一节中间导管长度。导管接头法兰盘加锥形活套,底节导管下端不得有法兰盘。采用螺旋丝扣型接头,设防松装置。导管安装后,其底部距孔底有 30~50cm 的空间。

6)清孔

清孔的目的是使孔底沉渣、泥浆相对密度、泥浆中含钻渣量等指标符合规范要求。钻至设计高程、经过检查后,应立即进行清孔。浇筑水下混凝土前允许沉渣厚度应不大于20cm,且不得用加深孔底深度的方法代替清孔。

7)灌注水下混凝土

(1)首批混凝土浇灌

打开漏斗阀门,放下封底混凝土,首批混凝土灌入孔底后,立即探测孔内混凝土面高度,计算出导管内埋置深度,如符合要求,即可正常灌注。首次灌注混凝土为13m,如发现导管内大量进水,表明出现灌注事故。

(2)水下混凝土浇灌

①桩基混凝土采用罐车运输配合导管灌注,灌注开始后,应紧凑连续地进行,严禁中途停工。在灌注过程中,应注意观察管内混凝土下降和孔内水位升降情况,及时测量孔内混凝土面高度,正确指挥导管的提升和拆除;导管的埋置深度应控制在2~6m之间。同时应经常测探孔内混凝土面的位置,调整导管埋深。

②导管提升时应保持轴线竖直和位置居中,逐步提升。拆除导管动作要快,时间一般不宜超过15min。已拆下的导管节要立即清洗干净,堆放整齐。循环使用导管4~8次后应重新进行水密性试验。

③在灌注过程中,当导管内混凝土不满含有空气时,后续混凝土要徐徐灌入,不可整漏斗地灌入漏斗和导管,以免在导管内形成高压气囊,挤出管节间的橡皮垫,而使导管漏水。

④当混凝土面升到钢筋骨架下端时,为防钢筋骨架被混凝土顶托上升,可采取措施尽量缩短混凝土总的灌注时间,防止顶层混凝土进入钢筋骨架时混凝土的流动性过小;当混凝土面接近以及进入钢筋骨架初期时,慢慢灌注混凝土,以减小混凝土从导管底口出来后向上的冲击力。

⑤在灌注即将结束时,由于导管内混凝土柱高减小,超压力降低,而导管外的泥浆及所含渣土稠度增加,相对密度增大。如在这种情况下出现混凝土顶升困难,可在孔内加水稀释泥浆,并掏出部分沉淀土,使灌注工作顺利进行。在拔出最后一段长导管时,拔管速度要慢,以防止桩顶沉淀的泥浆挤入导管下形成泥心。

8)泥浆清理

钻孔桩施工中,产生大量废弃的泥浆,为了保护环境,这些废弃泥浆将运往指定的废弃泥浆堆放场地,并做妥善处理。

小型反循环回旋钻机施工工艺流程如图6-81所示。

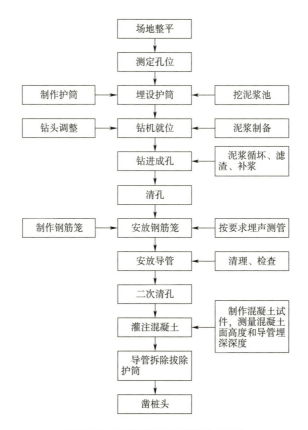

图 6-81 小型反循环回旋钻机施工流程

6.3.3.2 小型反循环回旋钻机应用

中江高速公路改扩建工程 S4 标段共有 4981 根软基处理钻孔灌注桩采用该小型反循环回旋钻机完成钻孔施工作业。

小型回旋钻机采用履带式自行走,机动性强;机身矮小、重量轻,对施工场地承载力和空间受限路段适用性强;钻孔工作时振动小、噪声小,适用于学校、办公区、居民区、医院等噪声敏感的区域附近施工作业。

设备自带小型卷扬机,可配合完成钻杆装拆、导管安拆及混凝土浇筑等一系列工作,节省了大量配合施工的机械台班费用;回旋钻动力电机可根据地质软硬情况进行选配,对强风化以下强度等级地质成孔具有显著的优势。小型反循环回旋钻机的现场应用如图 6-82 所示。

6.3.4 车载激光扫描测量技术

改扩建工程施工开工前、施工过程中需多次复测,对测量成果进行比较,因为测量条件(通车时进行的路面测量)、地质条件(软基、土层等)、路面材料损耗等原因,原来施工图设计阶段的测量成果可能难以满足现在的应用需要,故而需要对现有路面在不同阶段进行高精准测量。

a) 小型回旋钻机实物图

b) 钻孔垂直度控制

c) 成桩后桩头完整圆润

d) 抽芯检测全部为一类桩

图 6-82 小型回旋钻机现场应用

空间数据快速采集是基础测绘的关键技术，在道路勘察测绘工程中，通常是以全野外的方式来获取，携带仪器上路施测，对每个横断面的道路中央分隔带、路面、路基边界等多个测量点位进行人工上路测量，需要测量人员进行大量地面作业，存在较大安全隐患，且测量周期较长，人力和物力成本较高。

车载激光扫描测量系统是以汽车为平台，搭载激光扫描测量系统，在汽车的行进过程中获取空间信息数据，车载激光扫描测量系统的应用可以大大扩大数据采集的范围，增强数据采集能力，显著提升施工现场的数据采集效率，实现全方位的三维空间信息采集和反射强度信息获取，从而满足空间信息的表达和获取需求，突破了传统测量技术的局限，使其技术优势在公路测量领域得到最大程度的发挥。

6.3.4.1 车载激光扫描技术方法

车载激光扫描技术是一种基于激光测距和精确角度编码器的三维测量方法，通过高速高精度的激光扫描仪获取周围环境的点云数据，用于构建高精度三维模型，通过点云数据和三维模型,能够直观地展示周围环境情况。车载激光扫描技术具有高精度、高效率、高分辨率和抗干扰能力强等特点,能够快速获取大量地形和建筑物信息,采用激光扫描方式,不易受到外界环境的干扰,能够保证数据的准确性。

1)系统组成

系统包括激光扫描仪、控制系统、GPS定位系统、惯性测量单元(IMU)和存储系统五部分,主要功能如下。

(1)激光扫描仪

发射激光束并接收从目标物体反射回来的激光束,通过计算激光束往返时间,获取目标物体的距离信息。

(2)控制系统

控制扫描仪的运转,以及数据的处理和存储。

(3)GPS定位系统

确定车辆的位置信息,与激光扫描仪获取的距离信息结合,生成三维地形数据。

(4)惯性测量单元(IMU)

提供车辆的姿态信息,帮助确定激光扫描仪的相对位置。

(5)存储系统

存储扫描数据和车辆位置信息等。

2)工作原理

激光扫描仪按照一定的角度旋转,同时车辆在行驶过程中不断通过GPS和IMU获取位置和姿态信息。激光扫描仪发射的激光束遇到目标物体后反射回来,通过计算激光束往返时间,得到目标物体的距离信息。控制系统根据获取的距离信息、车辆的位置和姿态信息生成三维地形数据。

3)数据处理流程

(1)数据采集

①设备选择:选择合适的车载激光扫描设备,考虑设备的扫描速度、精度、测程等参数,以及设备是否易于集成到车辆中。

②车辆平台选择:选择适合车载激光扫描设备的车辆平台,考虑车辆的稳定性、行驶速度、车辆改造难度等因素。

③定位与导航系统:集成定位和导航系统,以确保数据采集的准确性和可重复性。

(2)数据预处理

①数据滤波:去除噪声和异常值,平滑数据,提高数据质量。

②数据拼接:将多个扫描数据拼接在一起,形成完整的场景数据。

③数据裁剪:根据需要,对数据进行裁剪和筛选,以去除不必要的部分。

(3)点云数据生成

①激光扫描仪数据获取:通过激光扫描仪获取目标物体的三维坐标信息。

②点云数据生成算法:利用点云数据生成算法,将多个扫描数据拼接成一个完整的点云数据。

③数据格式转换:将点云数据转换为常用的数据格式,如 XYZ、LAS 等。

(4)数据后处理

①数据分类:根据点云数据的属性,将数据分类为不同的对象,如建筑物、树木、道路等。

②数据滤波与平滑:进一步处理点云数据,去除噪声和异常值,平滑数据。

③数据压缩与优化:对点云数据进行压缩和优化,以减小数据量,方便存储和传输。

6.3.4.2 激光扫描测量技术应用

项目施工建设期三个阶段需要进行全面、系统的高精准测量。

1)全线纵坡调整阶段应用测量

原有的施工图设计阶段的测量数据与目前路面的实际情况有差异,原来设计方案的纵坡和横坡,要根据实际情况进行调整,因此,需要对现有路面进行高精准、高密度测量。本阶段测量,是在正常通车情况下进行路面数据采集,传统的测量方法难以满足要求,需要应用车载(车载+机载)测量系统。

项目路面高精准数据采集操作采用车载激光扫描测量技术,测量车在测区内匀速行驶,确保获取的点云数据的均匀性和稳定性。内业数据处理通过对前面获取的基站数据、控制靶标数据和测区的点云数据进行综合处理,获得原始的点云数据,配合控制靶标点坐标,纠正点云坐标,提高点云精度,并根据需要,对点云数据进行分类、提取。成果平面点位中误差小于 0.05m,高程中误差小于 0.02m。车载激光雷达系统如图 6-83 所示,靶标控制点布设分布如图 6-84 所示,生成的点云成果如图 6-85 所示。

图 6-83 车载激光雷达系统

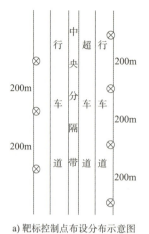

a) 靶标控制点布设分布示意图　　　　b) 控制点布设现场

图 6-84　靶标控制点布设分布

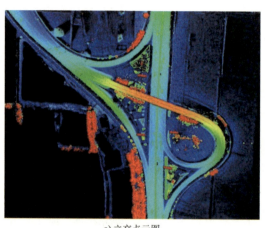
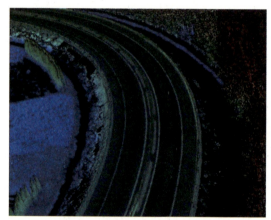

a) 立交点云图　　　　　　　　　　　b) 转弯处点云图

图 6-85　点云成果

2) 沥青摊铺前系统测量

新建路基完成水泥稳定碎石基层后,为了对基面的精度进行检核,保证新旧路面的有机衔接,为沥青用量提供有效参考数据,需要对路基面进行高精高密度(激光扫描)测量。

3) 竣工测量需要

全部工程完成后,应用车载激光测量系统、全景相机、空中倾斜测量系统,对全线进行全方位数据(激光点云、影像)采集,与设计数据进行对比,检查施工质量,为道路竣工验收提供有力依据。

6.3.5　快速、无损检测技术应用

项目既有公路经过长期服役后,路面产生了各种类型的病害,路面结构强度存在衰减,

尤其是路面结构内部隐形病害,若不进行有效处理,将对改扩建后的路面耐久性产生较大影响。但中江高速公路改扩建路面工程涉及的分部分项工程多,交通组织难度高,工作界面复杂,对路面的施工质量提出了更高的管理要求。

常规的以人工为主的路基路面检测方法,不但检测效率低,而且会破坏路面结构。目前的路面结构性能检测无法获取路面内部结构情况中准确的数据,存在诊断准确率不高、耗时和价格昂贵的弊端,如采用传统点状式开挖式旧路检测,对路面损伤大、检测效率低且内部隐形病害识别难;路面维修工作因"病因"拿捏不准,通常采用在原路面恢复或加铺的传统方法,有可能导致路面过度维修而又产生往复破坏。

无损检测技术不仅不会对路面造成任何损坏,还能对路面结构情况和使用寿命给出准确的评价。无损检测技术被认定为是一种有效的路面检测手段,这得益于我国科技水平的不断提升,同时它还交叉多个学科,主要是以物理学为基础,以计算机科学为辅助手段。

相较于人工路面检测方法,无损检测技术具有不会对被检测目标体结构造成损坏、应用领域更广泛、手段更丰富、检测效果更佳的特点。因此,有必要引入快速、无损检测技术对既有旧路病害进行科学检测评估。

6.3.5.1 无损检测技术与方法

3D雷达检测技术通过采用介电常数来检测沥青混合料内部均匀性,其检测面积大、测试效率高,是一种评价沥青路面均匀性的有效技术手段。在路面质量检测领域,传统方法以贝克曼梁检测法为主,但其实际应用中存在流程复杂、精度低、速度慢等局限性。相比而言,落锤式弯沉检测技术的流程更为精简,在精度和速度方面均有所提升,因此在公路路面质量检测领域的应用越来越广泛。

1)3D探地雷达探测技术

3D探地雷达探测主要通过"步进式三维雷达检测车"来实现对既有路面的检测,它主要通过三维雷达的天线列阵向地下发射一定频率的信号,再通过接收天线反馈回雷达系统。三维雷达天线一次可扫描1.8m宽的范围,2次即可实现整个车道路面的全覆盖扫描,探测深度在地下5m左右,误差不超过5cm。此外,雷达车上搭载先进的基于北斗卫星可精确到毫米级别的GPS设备、车体前后搭载的高清路况采集设备、距离编码器等可精确定位塌陷隐患,如果某一路段下方的土体存在异常,就能够通过多重手段精确定位隐患,并对隐患大小、深度、位置等信息成立三维图像,一旦发现脱空等现象,就可精准定位病害,根据三维雷达数据纵断面图像上创建路面结构层的分界面,结合三维雷达数据纵断面、水平面及横断面的图像特征,实现对路基、路面结构层内的裂缝、脱空、层间失效、松散、沉陷、富水区域进行准确的识别与判断。路面结构内部脱空、路面结构内部横向裂缝及沥青层厚度均匀性云图如图6-86所示。

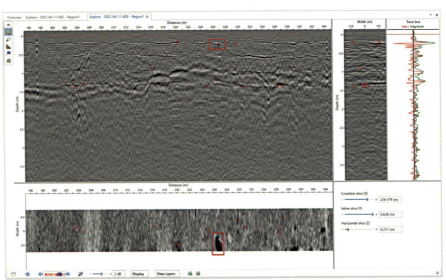

a) 路面结构内部脱空示意图

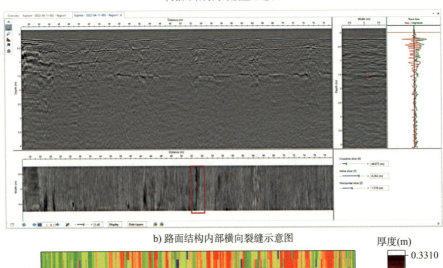

b) 路面结构内部横向裂缝示意图

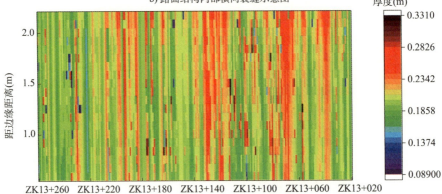

c) 沥青层厚度均匀性云图

图6-86　3D探地雷达探测技术

2)落锤式弯沉仪(FWD)检测技术

落锤式弯沉仪检测过程中,高精度传感器负责采集并传输数据,不同路面的结构形式存在差异,弯沉盆半径不尽相同。我国的高等级公路普遍采用半刚性基层+沥青路面,通常此类路面结构的弯沉影响半径为3~5m。根据该特点,宜在距荷载中心3~4m处布设传感器,用于测量路面弯沉盆形状。

FWD由拖车(包括加载系统和位移传感器)与微型计算机控制系统(包括控制及数据采集处理部分)组成。其工作原理是在计算机控制下,把一定质量的重锤由液压传动装置提升至一定高度后自由落下,冲击力作用于承载板上并传递到路面,从而对路面施加脉冲荷载,导致路面表面产生瞬时变形。分布于距测点不同距离的传感器检测结构层表面的变形,记录系统将信号传输至计算机,即测定在动态荷载作用下产生的动态弯沉及弯沉盆。测试数据可用于反算路面结构层模量,从而科学地评价路面的承载能力。

6.3.5.2 检测技术应用

项目建设过程中采用旧路快速、无损检测技术,有效保障旧路处治施工质量。

1)3D探地雷达探测技术应用

针对传统内部病害检测方法的不足,项目引进了3D雷达检测技术对既有路面及硬路肩内部脱空、裂缝、松散等病害和沥青层结构层厚度及其均匀性进行检测,可实现快速、无损和精准识别既有路面隐形病害,分析路面结构层厚度均匀性,发现路面结构层薄弱点,为项目管理决策者在硬路肩台阶铣刨宽度、厚度和脱空处治方案提供科学依据,保障路面施工质量。3D探地雷达探测技术应用情况如图6-87所示。

a) 3D探地雷达技术应用

b) 3D探地雷达检测记录

图6-87 3D探地雷达探测技术应用

2)落锤式弯沉仪(FWD)检测技术应用

路面弯沉检测是高速公路改扩建工程既有路面检测评估的关键性工作之一,项目引进落锤式弯沉仪(FWD)检测技术对既有路面弯沉进行快速、无损检测。FWD无损快速检测技术的应用现场如图 6-88 所示。

a) FWD 检测设备

b) FWD 检测技术应用现场

图 6-88　FWD 无损快速检测技术应用

根据设备检测结果评估分析路面剩余结构强度,基于 FWD 弯沉盆反演技术,反向推算出路面各个结构层的模量等参数,用于评价路面结构的承载能力或者跟踪路面服务期内路面材料性能衰变规律,结果可为管理者制定旧路处治利用方案提供科学依据,保障路面施工质量及路面整体耐久性。

6.3.6　沥青路面施工质量智慧监测技术

铺筑的沥青路面因配比波动较大、均匀性不佳等缺陷而出现车辙、坑槽等早期病害,会严重影响沥青路面的使用寿命。现有路面质量监测主要依据现行规范对路面原材料、配合比及实体工程进行常规指标的检测,而常规手段存在难以甄别路面材料优劣、配合比波动大、破坏性检测、无法全覆盖评价施工均匀性等问题,进而导致管理人员无法全面掌握沥青路面整体质量。

6.3.6.1　智慧监测技术与方法

智慧监测技术采用无核密度仪、激光纹理仪、高精度断面仪、红外摄像技术、信息化监控技术等开展沥青路面密度、颗粒离析、碾压均匀性、路面平整度、渗水状况均匀性及拌和楼计量系统的快速无损监控,发现沥青路面施工过程中存在的质量问题,及时分析产生的原因,提出改进的措施和对策,保证路面工程的建设质量,提高路面的工程质量和使用性能。

路面施工质量智慧监控主要包括原材料质量智慧监控(沥青质量指纹识别、集料质量深度检测评价)、沥青路面施工过程动态监控(混合料拌和过程信息化监控及摊铺、碾压智慧监控)、沥青面层全断面渗水状况、平整度及均匀性快速检测评价等。相比常规的点状、损坏检测,采用智慧监控技术,效率更高、覆盖面更广。该技术可全面、快速评价沥青路面施工质量,为管理者决策提供依据,保障沥青路面施工质量。

6.3.6.2 智慧监测技术应用

针对传统路面施工质量监测的不足,中江高速公路引进智慧监控技术。

1)原材料质量智慧监控技术

(1)沥青运输采用 GPS 进行全过程监控

中江高速公路改扩建工程路面工程所用的沥青采用统一采购、集中供应管理,并派驻监控人员驻库监管。从沥青采购到岸开始,对沥青取样进行检测合格后,采取入库封存、电子监控、发货监测、车辆 GPS 定位等一系列措施,实行点对点的全过程监控管理,确保沥青供应、使用的可追溯性。对沥青进行入库铅封和库区监控如图 6-89、图 6-90 所示。

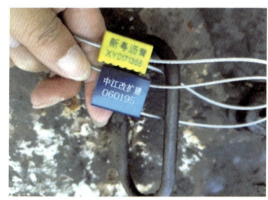

图 6-89 入库铅封

图 6-90 库区摄像头监控

(2)沥青指纹识别快速检测技术

每种沥青都具有其特殊的分子和结构,对应独有的指纹图谱,通过傅里叶变换红外(FT-IR)光谱技术可以对沥青的指纹图谱进行识别,判断沥青的结构组成、添加剂(SBS、SBR)掺量、纯度、老化程度等。红外光谱技术检测设备如图 6-91 所示。项目引进沥青指纹识别快速检测技术,该技术检测速度快,方法简单易用,且拥有广东省各种品牌沥青的数据库,可快速检测改性沥青中 SBS 掺量及基质沥青的品质,具有测试精度高、速度快、便捷(可采用集装箱流动试验室)等优点,与传统沥青检测方法结合使用,有效提高了检测效率,可实现沥青全覆盖检测与质量控制,保障了施工过程中沥青供应质量。

(3)扫描电镜检测集料微观形貌

采用规范试验指标及扫描电镜检测路面用集料的微观形貌,对承包人初步选定的石料的路用性能进行试验评价与分级,提出集料选用建议与原则,确保用于项目各结构层的集料质量可靠、性能优良。扫描电镜检测集料放大 2000 倍和 5000 倍的扫描电子显微镜(SEM)图像分别如图 6-92、图 6-93 所示。

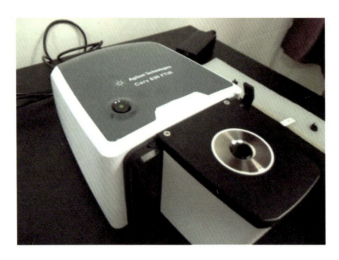

图 6-91　红外光谱技术检测设备

图 6-92　集料放大 2000 倍 SEM 图像

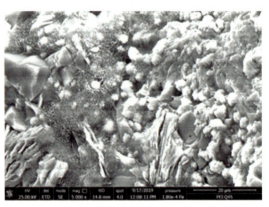

图 6-93　集料放大 5000 倍 SEM 图像

2）路面施工过程智慧监控技术

（1）配合比优化验证及拌和楼信息化监控

为了确保中江高速公路改扩建工程路面工程的品质，在现行《沥青路面施工技术规范》（JTG F40）对沥青混合料原材料要求的基础上，根据集料、沥青的实际情况，对各路面标段分别开展水泥稳定碎石基层和沥青面层配合比优化验证。

以现行沥青混凝土路面的标准、规范、规程为依据，运用质量动态管理方法，采用软、硬件相结合的手段，建设信息化质量管理平台，对水稳拌和站、沥青拌和站的混合料拌和、摊铺、碾压等影响路面施工质量的过程数据进行实时采集、传输、分析、反馈，对异常的施工数据以报警方式实时报告给管理人员，管理人员根据质量管理制度及时对出现异常数据的工程情况进行闭合处理，实现对沥青路面施工质量的实时动态监控。项目施工质量监测一体化平台如图 6-94 所示。

6 改扩建工程技术创新与实践

图 6-94 施工质量监测一体化平台

(2) 沥青路面智能压实技术

沥青路面碾压遍数和速度受人为因素影响大,存在过压和欠压的现象。项目引进智能压实监控系统,对沥青路面施工过程中的碾压温度、碾压速度、碾压遍数及压实质量进行评估,生成压实质量报告并归档存储,形成可永久保存、可追溯查询的电子档案。该技术可明显提高压实作业规范性,对规范沥青路面施工、提高作业效率和保障路面压实质量发挥重要作用。智能压实技术运用的北斗定位如图 6-95 所示,液晶屏可实时显示对沥青路面的碾压轨迹,如图 6-96 所示。

图 6-95 北斗定位   图 6-96 液晶屏实时显示碾压轨迹

3) 沥青路面全断面评价技术

(1) 沥青路面全断面渗水状况检测技术

引进沥青路面全断面渗水状况快速检测系统,对沥青路面全断面渗水状况进行测试和评价,同时该技术可对路面均匀性进行评价,保证湿热地区沥青路面的密实性和均匀性。沥青路面全断面渗水系数检测车及软件分析如图 6-97 所示。

a) 沥青路面全断面渗水系数检测车　　　　　　b) 全断面渗水系数分析图

图 6-97　沥青路面全断面渗水系数检测

对采集到的全断面温度数据进行分类(对采集区域进行分区),计算不同区域渗水系数,以测试结果对路面渗水状况进行范围划分,并计算其各自所占比例,以评价沥青路面的渗水状况。初步确定的 GAC-16、GAC-20、GAC-25 渗水系数等级范围见表 6-36 ~ 表 6-38。

上面层 GAC-16 渗水系数范围划分　　　　表 6-36

等级	优	良	中	次
渗水系统范围(ml/min)	0 ~ 120	120 ~ 200	200 ~ 300	>300

中面层 GAC-20 渗水系数范围划分　　　　表 6-37

等级	优	良	中	次
渗水系统范围(ml/min)	0 ~ 150	150 ~ 300	300 ~ 600	>600

下面层 GAC-25 渗水系数范围划分　　　　表 6-38

等级	优	良	中	次
渗水系统范围(ml/min)	0 ~ 200	200 ~ 300	300 ~ 600	>600

(2)高精度断面仪平整度测试技术

采用 Walking Profiler G3 高精度手推式断面仪,如图 6-98 所示,通过安装在滚动平台上的三轴加速度传感器对纵断面的相对高程(Elevation)及平整度进行测量,采样间隔为10cm,其中平整度测试出的结果为国际平整度指数(IRI),每 1m 输出一次结果,基于检测结果可绘制路面平整度变化曲线,对整体或局部面平整度进行评价。高精度断面仪平整度测试技术应用可为路面平整度施工控制提供依据,提高行车舒适性。

(3)沥青路面施工均匀性检测技术

①无核密度仪均匀性检测。

无核密度仪是根据沥青路面材料的密度与介电常数之间存在一定的比例关系,通过感应板产生探测磁场来测试压实沥青混合料的介电常数,然后利用电子部件将场信号转换成密度。根据已知现场芯样的室内马歇尔密度与无核密度仪测试结果的关系,利用测试区域的测试密度计算相应的压实度及孔隙率,评价路面压实情况。项目使用无核密度仪进行现场检测,如图6-99所示。采用无核密度仪对压实后的沥青路面进行压实度、密度无损检测及压实均匀性分析评价。

图6-98 高精度断面仪现场检测　　图6-99 无核密度仪现场检测

无核密度仪均匀性检测技术可为提高沥青路面的压实均匀性提供技术支持,也可在沥青混合料压实过程中,采用无核密度仪检测评价混合料的压实特性,为制定合理碾压工艺提供依据。

②高精度激光纹理仪均匀性检测。

TM2手推式高精度激光纹理仪主要用于测量道路表面的宏观纹理和微观纹理,通过表面纹理的指标来评价路面的抗滑性能、吸收噪声的性能以及抵抗车轮轮胎阻力的能力。手推式高精度激光纹理仪检测现场如图6-100所示。其测试原理是使用线扫描激光器对路面进行扫描,通过测量的高程来计算平均断面构造深度(MPD),采样间隔为10cm,每1m输出一次结果。基于检测结果,可统计分析沥青路面表观纹理的均匀性,为调整路面摊铺工艺提供依据。

图6-100 手推式高精度激光纹理仪检测现场

工程应用表明,路面质量智慧监控技术使建设单位在材料控制、混合料拌和、摊铺、碾压及工后评价中能够快速、准确、高效地判断路面施工过程中存在的问题,提高了管理效率和技术管理水平,减少了路面的局部缺陷,提高了沥青路面的均匀性,可延长沥青路面的使用寿命。

6.4 "微创新"技术与方法

6.4.1 地下管线探测系统及探测方法

地下管线是城市基础设施的重要组成部分,是城市正常运转的"生命线",包括地下管道(排水和燃气等)和地下电缆(电力和通信电缆)。目前地下管线常采用非开挖敷设方式,该技术是以非开挖定向钻进为核心,施工时通过多次扩孔、回拖,完成敷设拟建管道的一种方式,具有成本低、施工快、无干扰、污染小等优势。但因其埋深大、平面分布不规律,后继构筑物建设时,非开挖管线探测精度很难得到保证。另外,由于普遍的管理不当,这些隐蔽管线的相关资料缺乏和失真,使得非开挖管线成为工程建设过程中地下空间开发的重大隐患,在施工前对这类管线进行精确定位极为重要。

现有管线探测方法具有局限性。常用地下管线探测方法主要有地面电磁感应法、探地雷达法、高密度电阻率法、井中磁梯度法等。地面电磁感应法是地下管线探测中使用频次最高的方法,但当管线埋深超过 3m 时,基本不能实现有效探测,主要适用于在地面对管线的探测。探地雷达法利用地下介质电磁特性的差异来探测地下环境,是探测非金属管道和非开挖管道的良好工具,但其探测距离受地下介质因素影响较大,不能在淤泥地层使用,且该法经常无法探测到目标、抗干扰能力差。高密度电阻率法在管线探测、岩溶调查等方面效果较好、精度高,但一次需布设 36 个以上电极,且电极需砸入地面 30cm,测线长度在几十米至上百米之间不等,且操作烦琐,实用性较低。井中磁梯度法是基于目标管线与周围介质磁性差异为基础的被动源探测方法,能较准确地推定地下深埋管线平面位置及埋深,其误差一般小于 30cm,但探测距离一般小于 1.5m,同时,其探测距离短、管线精确定位的理论分析方法欠缺。由此可见,现有方法存在探测精度低、探测范围小或者操作烦琐等缺点。

地-井瞬变电磁法(地-井 TEM)可以克服以上方法探测深度浅、探测范围小的问题,探测深度可达数十米,在勘察深部矿产资源中应用广泛。该方法在地面使用发射装置激发地下二次磁场,并使用接收探头在钻井中测量电磁响应特征。因此,借鉴地-井 TEM,将地面电磁感应法与井中磁梯度法相结合,提出了定向源地-井电磁感应法(定向源地-井 EIM)。

定向源地-井 EIM 使用的探测设备主要为:目标管线磁场源发射装置、可旋转磁通量测量线圈、线圈磁通量实时数显设备以及竖向探进位移装置。定向源地-井 EIM 适用于钢管、电缆及铸铁管等管线探测,发射机通过夹钳在出露处连接管线并施加信号电流,激发一个感应磁场。接收线圈是一个矩形空心电感线圈,线圈平面与水平面的固定夹角(锐角)称线圈倾角 γ,载流管线表面产生的变化二次磁场将通过线圈转化为可数显的电信号。

中江高速公路沿线两侧密布工商业区及生活区,道路下穿有各种管线,包括高压电缆、给水管、污水管和燃气管等,这些管线是区域经济和生活的必要设施。扩建长度约 40km,范围内下穿管线多达 50 余条,其中位置不明确且难以改迁的有 10 余条,扩建区域内采用桩基处理,存在较大潜在隐患。

定向源地-井 EIM 技术已成功应用于改扩建工程,避免拆迁 110kV 深埋电缆 5 回路 10 条、地下深埋污水主管 2 条、其他管线 31 条,节约拆迁费约 5000 万元。同时节约了工期,对公路沿线工业生产和人民生活做到了零干扰。所使用的定向源地-井电磁感应法管线探测仪如图 6-101 所示。

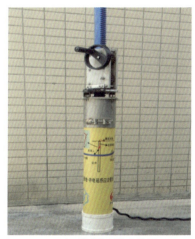
a) 地下管线探测仪实物图

b) 地下管线探测仪现场操作图

图 6-101 地-井电磁感应法管线探测仪

6.4.2 旧路处治全自动注浆控制系统

在原有旧路处施工注浆时,传统工艺需要耗费大量人力和材料,且施工效果受人工影响大,注浆质量无法保证,容易导致路面开裂等质量问题,同时注浆时会对环境产生污染、制造噪声,且对施工人员的人身安全有较大威胁。

6.4.2.1 全自动注浆控制技术与方法

高速公路改扩建旧路处治全自动注浆控制系统是一种创新性的路面旧路处治施工技术,主要包括以下几个创新点:

(1)采用全自动控制系统,实现注浆过程中的自动、连续和稳定运行,提高施工质量和效率。

(2)采用高精度传感器和实时数据采集技术,实现对注浆流量和压力的精确控制,降低施工成本和风险。

(3)采用节能环保型注浆设备和材料,降低对环境的影响,符合可持续发展的要求。

旧路处治全自动注浆控制系统的使用流程如图 6-102 所示。

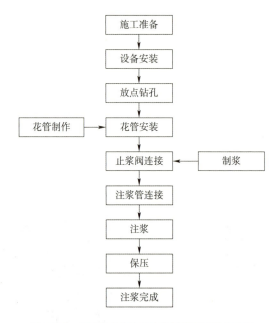

图 6-102　旧路处治全自动注浆控制系统使用流程

6.4.2.2　全自动注浆控制系统应用

项目通过使用旧路处治全自动注浆控制系统,提高了注浆质量,降低了路面开裂、沉降等质量问题的发生率;缩短了施工工期,降低了施工成本,提高了工程效益;提高了施工安全性,降低了施工过程中的安全事故发生率;降低了对环境的影响,减少了施工过程中的噪声和污染。全自动注浆控制系统在施工现场的运用如图 6-103 所示。

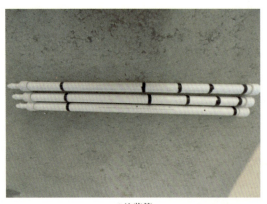

a) 注浆管

b) 全自动注浆机

图　6-103

c) 泥浆制备

d) 注浆施工现场

图 6-103 旧路处治全自动注浆控制系统的应用

全自动注浆控制系统的应用可提高项目的施工质量和效率，满足社会对交通设施高质量、高效率的需求，也可降低施工过程中的噪声和污染，改善施工环境，从而提升项目的社会形象。

6.4.3 公路架桥机倒 Ω 形加长悬臂中支腿

倒 Ω 形加长悬臂中支腿架桥机与公路行业常见的架桥机类型基本相同，主要特点是中支腿横移梁体为倒 Ω 形加长悬臂，两侧悬挑臂较长，可以很好地避开中支腿横移时下部约 1.2m 高的障碍物，确保预制梁可以顺利就位落梁，悬臂的高度可以通过横移轨道梁下放的支垫枕木进行调整，从而很好地避开中支腿横移时既有桥梁外侧既有防撞护栏及其他附属结构物的影响，确保预制梁可以顺利、精准、就位落梁。倒 Ω 形加长悬臂中支腿架桥机示意图如图 6-104 所示。

在桥梁扩建项目中，利用 JQ140-30 型公路架桥机的倒 Ω 形加长悬臂中支腿特点，无须提前对既有桥梁的外侧防撞护栏进行整体或局部拆除，即可将拼宽桥梁的所有预制梁板精准架设到位，架设过程安全、可靠，该中支腿两侧的长悬挑横梁可以很好地避开架梁时两侧的既有结构障碍物，确保桥梁的顺利架设。

在对旧桥进行拼宽时，使用该设备可以避开既有桥梁侧边的防撞护栏，保证拼宽桥最内侧预制梁的顺利架设。倒 Ω 形加长悬臂中支腿架桥机现场施工如图 6-105 所示。

在确保预制梁架设质量要求的前提下，该创新技术能取得良好的经济效益，且具有很强的适用性。

6.4.4 有底套箱承重梁拆除简便装置

在水中承台施工时，采用有底套箱施工，有底套箱由安装牛腿、承重梁、套箱安装临边走道、套箱混凝土底板、抽水后承重体系转换挂点、模板系统、圈梁及内撑、封边装置系统、套箱下放吊点系统组成。其中,承重梁为2Ⅰ45b工字钢(或其他型钢材料),位于套箱最底下,套箱下放后,承重梁位于水中,拆除时需要潜水员到水下拆除吊杆螺母,挂设钢丝绳,再采用起重机吊出。考虑到位于中间的承重梁底部有可能脱落,潜水员无充足时间逃离,故位于桩基之间的承重梁难以拆除。

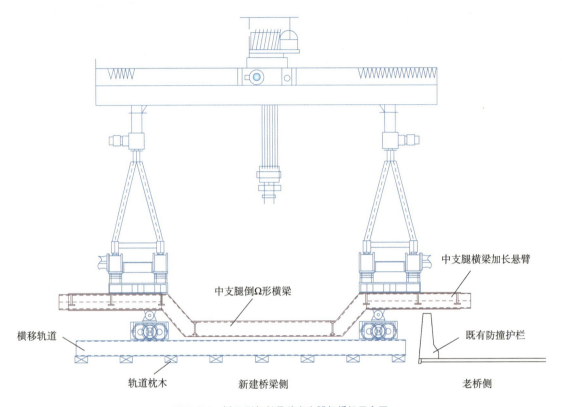

图6-104 倒Ω形加长悬臂中支腿架桥机示意图

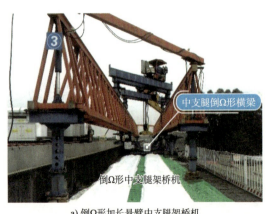

a) 倒Ω形加长悬臂中支腿架桥机

b) 施工现场

图 6-105

6 改扩建工程技术创新与实践

c) 旧桥既有防撞护栏

d) 中支腿加长悬臂横梁

图 6-105　公路架桥机倒 Ω 形加长悬臂中支腿

为了减少潜水员拆除承重梁导致发生危险的情况,设计了一种便于有底套箱承重梁拆除的简便装置。装置包括承重梁、连接件、连接柱、拉绳、导向件,其中,承重梁设有多根,多根承重梁沿承台的宽度方向分布;连接件与承重梁固定连接,连接件贯穿有内螺纹孔;连接柱设有外螺纹,从承台上表面贯穿承台并与连接件螺纹连接;拉绳与承重梁固定连接,远离承重梁的一端延伸至承台上;导向件设于承台下方,限制承重梁的活动方向,使得承重梁在拆除过程中沿拉绳拉动方向运动。

连接件固定在承重梁上,承重梁在导向件的限制下难以转动,在承台上方转动连接柱即可使得连接柱与连接件分离,从而解除承台与承重梁之间的固定连接关系,而无须潜水员到水下解除承台与承重梁之间的连接关系,有利于减少潜水员下水作业过程中发生危险的情况。在承台上拉动拉绳,承重梁在水的浮力作用下紧贴承台,拉绳拉动过程中,导向件的设置有利于减少承重梁在承台下方自由飘动的情况,从而有利于减少人力,使得承重梁更加容易回收。

使用有底套箱承重梁拆除简便装置时,先封底浇筑,PVC 材料将吊杆与混凝土隔离开,吊杆拆除后,浮力管提供浮力,承重梁浮于水中,然后通过导向装置与牵引绳,将承重梁取出。该技术可实现由一般施工人员在无水作业下进行承载梁拆除并回收,无须潜水员进行水下作业,将烦琐的工序简单化,减小水下作业的施工风险,实现材料的回收周转,提高材料的利用率。有底套箱承重梁拆除简便装置原理及流程如图 6-106 所示。

通过有底套箱承重梁拆除回收技术改进,项目完成了 2 个防撞墩套箱底全部承重梁的回收,回收率由西江特大桥主桥承台施工期间的 50% 提升到 100%。施工工效由 2 个台班下降至 0.5 个台班,工效提升 4 倍。有底套箱承重梁拆除简便装置应用现场如图 6-107 所示。

通过材料的回收周转,减少了承重梁的投入及损失,节约材料费和特殊工种人工费。拆除装置的结构设计合理,操作简便,能够有效避免在拆除过程中发生意外,最大限度地保证了作业人员的安全。

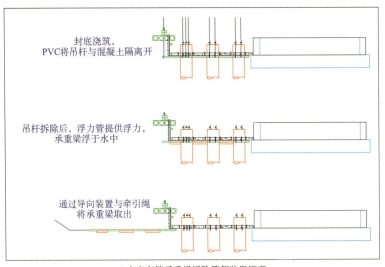

a) 有底套箱承重梁拆除简便装置原理

b) 有底套箱承重梁拆除简便装置流程图

图 6-106　有底套箱承重梁拆除简便装置

a) 封底浇筑

b) 承重梁拆除

图 6-107　有底套箱承重梁拆除简便装置操作现场

6.4.5　精轧螺纹钢与钢绞线连接器装置

传统高大支架反拉预压施工中单独采用钢绞线预埋或锚筋+钢板预埋形式,结构受力受施工偏差、混凝土振捣质量、预埋件焊接质量等影响较大,保护难度较大,不便于施工安全控制,且精轧螺纹钢连接接头较多,存在安拆困难的问题。连续刚构、现浇箱梁等刚性基础支架存在反拉预压施工问题,特别是在支架高度较高、荷载较大的情况下。而采用在承台上

预埋 φ32mm 精轧螺纹钢,通过一种精轧螺纹钢与钢绞线连接器装置,将精轧螺纹钢锚固力通过连接器装置、钢绞线等传递到支架上部反力架上,各部件受力明确,施工过程较简单,施工操作安全连接性较好,可减小施工安全风险。

项目有效利用精轧螺纹钢和钢绞线各自的优点,设计出一种精轧螺纹钢与钢绞线连接器装置。该装置的主要原理是利用精轧螺纹钢与承台进行锚固,将钢绞线与螺纹钢通过连接器进行连接,精轧螺纹钢锚固力通过连接器装置、钢绞线等传递到支架上部反力架上,形成支架反拉系统。支架反拉预压施工时,精轧螺纹钢与钢绞线连接器装置中间孔安装精轧螺纹并用螺母固定,周边几个锥形孔穿钢绞线并用夹片固定,夹片与连接器间有防止脱漏钢板,用于防止夹片掉落。精轧螺纹钢与钢绞线连接器装置对支架反拉预压安拆极为方便,施工速度较快。装置具有预埋方便、安拆简单、可靠等特点。

精轧螺纹钢型号为 PSB830,直径 φ32mm,锚固长度不小于 10cm,连接器规格、钢绞线根数、连接方式等可以保证连接器装置传力有效、安全、稳定。

该装置的应用可解决连续刚构、现浇箱梁等刚性基础支架,特别是支架高度较高、荷载较大情况下的反拉预压施工中单独采用钢绞线预埋不便和保护难度较大、精轧螺纹钢连接接头较多及安拆困难等问题。精轧螺纹钢与钢绞线连接器装置的原理如图 6-108 所示。

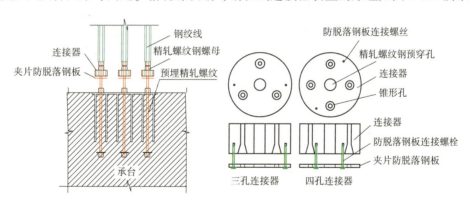

图 6-108　精轧螺纹钢与钢绞线连接器装置细部结构图

睦洲大桥主桥是中江高速公路改扩建工程的重要节点工期控制性工程,工期紧张,2022年1月开始安装0号块支架系统,支架预压同步进行。睦洲大桥和江门大桥主桥连续刚构左右幅共计8个0号块,其中睦洲大桥主桥 65m+118m+65m 为预应力混凝土连续刚构箱梁,梁高和底板厚度均按二次抛物线设计,采用单箱双室预应力混凝土结构。0号块梁高从跨中(边跨端部)6.72m 变化到主墩根部 7.0m、节段长为 6.0m+6.0m(12m),节段混凝土采用 C55 混凝土,合计 388.4m³。

主桥连续刚构墩顶0号块现浇支架反压预埋件主要为 φ32mm 精轧螺纹,长度为 1.2m,伸入承台部分长度为 1.0m,外露部分长为 0.2m,用于与连接器装置连接。它仅需要 150mm×150mm×20mm 钢垫板、螺母及铁丝就可以固定,且预埋不需要调整承台面板钢筋,减小了常规预埋锚筋+钢板施工难度。因此,预埋 ϕ32mm 精轧螺纹埋件定位精准、固定牢靠、施工方便。

精轧螺纹钢与钢绞线连接器装置如图 6-109 所示,江门大桥主墩 0 号块支架施工现场如图 6-110 所示。

a) 精轧螺纹钢与钢绞线通过连接器装置相连

b) 连接器周边锥形孔中穿钢绞线并用夹片固定

c) 在承台中精准预埋ϕ32mm精轧螺纹钢

d) 在连接器中间孔安装ϕ32mm精轧螺纹与螺母固定

图 6-109　精轧螺纹钢与钢绞线连接器装置

图 6-110　江门大桥主墩 0 号块支架施工现场

精轧螺纹钢与钢绞线连接器装置投入使用后,睦洲大桥及江门大桥主墩0号块支架预压的反拉问题得以解决,降低了反拉难度,提高了操作效率,施工更方便,安拆更快捷,省时又省力,为建设品质工程起到了很好的推动作用。

6.4.6 预应力管桩连接螺栓特制电动扳手

项目全线预应力管桩均采用机械啮合连接的方式,该方法上节管桩的连接销需要人工进行旋入,每节管桩连接板之间有10枚双头连接销(连接螺栓),根据设计桩长及现场配桩情况,一条桩基需2~3个连接接头。采用传统的人工手持扳手进行螺栓选入的方式,按照一个人工进行作业计算,至少耗时15min,工作效率低,且采用人工旋入时螺栓受力不均,常出现卡销、丝头磨损的情况,导致螺栓无法旋入到底,后续管节起吊啮合时出现较大缝隙,影响管桩的连接质量,也有后期桩检产生误判为断桩情况的出现。

管桩连接销的间距较密,相邻之间间距远小于手持扳手的长度,人工手持扳手作业空间受限,无法按照正常旋转一周的选入方式,一般每个螺栓拧紧都需要重复多次操作,施工效率极低。

预应力管桩连接螺栓特制电动扳手是在普通便携式电动扭矩扳手转头上插入特种连接螺栓套筒,将预应力管桩连接螺栓从侧面套入特制的机械连接螺栓套筒中,套入时要注意将套筒的凸键对准螺栓的卡口部位。将连接螺栓对准预制管桩连接销壳,开动扭矩扳手后,即可快速将螺栓旋入连接销壳内,直至电动扳手产生空转,表示螺栓已经拧紧,操作过程轻松便捷且效率极高。利用特制机械连接套筒的侧面开口,可以直观清楚地看到连接螺栓的拧紧状态,并提高螺栓的连接效率。采用特制电动扳手,既能保证连接螺栓连接质量,又能提高施工效率,减少人工施工成本。

电动扳手采用市面上常见的便携式电动扭矩扳手,连接螺栓套筒则由专门的厂家加工而成,连接螺栓的扭矩大小可以根据需要进行购置。预应力管桩连接螺栓特制电动扳手示意图如图6-111所示。

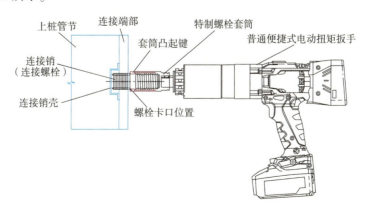

图6-111 预应力管桩连接螺栓特制电动扳手示意图

预应力管桩连接螺栓特制电动扳手可用于预应力管桩软基处理施工中预制管桩机械接头的连接。预应力管桩连接螺栓特制电动扳手现场施工如图6-112所示。

a) 预应力管桩连接螺栓特制电动扳手实物

b) 特制螺栓套筒

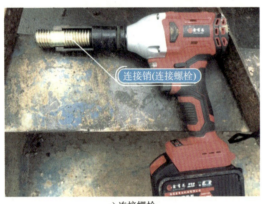
c) 连接螺栓

d) 电动扳手操作图

图6-112 预应力管桩连接螺栓特制电动扳手现场施工

经过现场施工证明，采用该特制设备可以节省上桩管节连接销（连接螺栓）的拧入时间，有效提高连接螺栓的施工效率，避免现场工人因采用传统手持扳手带来的烦琐重复操作导致螺栓出现未拧紧的情况；很好地解决了预应力管桩螺栓采用传统人工手持扳手旋入时丝头容易出现磨损、扳手与卡口尺寸不统一、因连接螺栓较密集导致人工手持扳手作业空间受限等问题。该创新技术在保证管桩连接质量的前提下，能取得更好的经济效益，具有很强的可操作性。

6.4.7 三面围堰封边止水装置

在水中承台施工时，通常采用有底套箱施工工艺。目前，传统的有底套箱围堰施工均为四面围堰施工，但有时会受施工条件的限制，如水中旧承台的扩建施工。

项目承台为水中防撞墩承台施工，新承台施工紧接旧桥承台，新旧承台间隙仅2.2cm，相对于传统的四面套箱,此套箱受施工条件限制,仅可以设置三面围堰边,靠近旧承台侧无法设置第四面围堰,套箱两侧围堰模板只能紧挨在旧承台两侧,无法锁紧封闭,导致套箱的相对两侧围堰模板与旧承台的相对两侧壁之间漏水,不利于围堰止水。且套箱下放距离控制精度通常难以保证,利用传统下放施工工艺,容易造成套箱底板与旧承台封底顶面之间出现台阶,底部封底时容易造成混凝土外泄。且旧桥承台采用有底钢套箱围堰施工,旧承台由上往下依次为承台主体结构、封底混凝土和套箱预制混凝土底板,预制混凝土底板边线较旧承台边线外扩约90cm。

新承台施工时,应保证套箱预制混凝土底板顶面与旧承台施工时遗留的预制混凝土底板顶面基本在同一个高程,在封底混凝土浇筑时,利用旧桥承台设置"第四面围堰"进行封堵,确保混凝土不外泄至河水中。但预制混凝土底板位于水下,无法准确定位,新旧承台套箱预制混凝土底板交接处无法避免地会存在空隙。

项目设计了一种三面围堰封边止水装置,装置包括有底套箱,有底套箱具有第一围堰模板和两个相对设置的第二围堰模板,第一围堰模板的两端分别与两个第二围堰模板的第一端连接固定,两个第二围堰模板第二端的端面上沿竖直方向均设置有封边管,封边管的外壁与第二围堰模板连接固定,两个封边管上朝向旧承台的一侧均具有与自身内腔连通的开口,两个开口可分别与旧承台的相对两侧壁面相接,以使封边管与旧承台之间形成封堵空间,封堵空间用于浇筑混凝土。

其中,第二围堰模板第二端的底面用于与旧承台的封底顶面抵接,封堵空间的顶端面与旧承台的顶端面平齐。封边管的外壁上均套设有弧形活动套件,弧形活动套件活动固定于封边管上并可沿竖直方向移动,内腔用于延长封堵空间的高度而使封堵空间的底端能够与封底顶面抵接。第二围堰模板的底端面上沿其长度方向开设有槽口,槽口内活动插接有活动板,以使活动板可在竖直方向上活动,活动板上形成有第一封堵部,用于封堵第二围堰模板的底端面与有底套箱的底板之间的缝隙。活动板上还形成有第二封堵部,其位于所述第一封堵部的一端,用于封堵第二围堰模板的底端面与封底顶面之间的缝隙。

三面围堰封边止水装置即在新旧桥底板交接处预留15cm理论间隙,在底板顶面铺放钢板封堵底板交接处的空隙,以解决新底板预制过大、下放时新底板卡在旧底板顶面的问题,以及新底板尺寸较小、旧桥底板间存在空隙、封底时导致混凝土外泄的问题。

在靠近旧桥处,模板拼接时,预留20cm高差用于调节套箱下放高差,避免套箱下放深度超出设计深度(即新底板顶面高程位于旧底板顶面高程之下),导致套箱出现倾斜的危险工况,因高差导致的空隙采用"L"钢板+沙包封堵。

在靠近旧桥处的模板设置对拉精轧螺纹钢,在模板与旧桥承台之间塞长度为7m、宽度10cm、厚度6mm的吸水膨胀橡胶条,精轧钢在下放到位后,预紧100kN预紧力,给侧边两个面提供锁紧力,拉紧模板系统,吸水膨胀橡胶条用来解决因旧桥承台面凹凸不平产生的微小空隙而导致套箱渗水的问题。三面围堰封边止水装置原理及流程如图6-113所示。

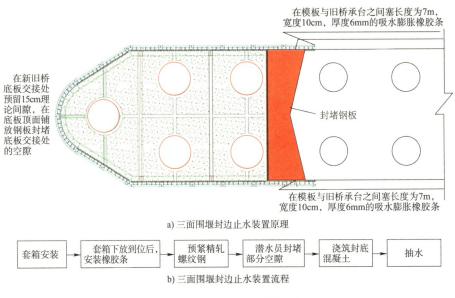

图 6-113　三面围堰封边止水装置原理及流程

通过在两个相对设置的第二围堰模板上且背向第一围堰模板的端面上沿竖直方向设置封边管，利用封边管的开口与旧承台的相对两侧壁面抵接，使得封边管的内腔与旧承台形成封堵空间，如此通过在封堵空间内浇筑混凝土，即可将套箱的两侧围堰模板锁紧在旧承台的两侧壁上，解决因缺少第四面围堰而导致套箱无法锁紧的问题，同时有效地阻止套箱的相对两侧围堰模板与旧承台的相对两侧壁之间漏水，达到初步止水的效果。三面围堰封边止水装置现场应用如图6-114所示。

a) 三面围堰封边止水装置

b) 三面围堰钢结构

图 6-114　三面围堰封边止水装置现场应用

通过创新设计与采用特殊材料进行第四面围堰止水，现场止水效果良好，套箱内为干燥环境，便于现场施工。与传统四面围堰相比，三面围堰封边止水装置的第四面利用了旧桥承台，节省了第四面的钢结构材料费用。通过方案设计，采取相关技术措施等，为后续在水中旧桥承台拼接施工提供了参考,为桥梁施工技术积累了相关经验。

6.4.8 高耸设备防倾覆装置

项目路基采用软基处理,而软基处理多采用钻孔桩机、水泥粉煤灰碎石桩(CFG)桩机、管桩机、旋挖钻机等高大机械设备(统称"大型设备"),而这些大型设备距离既有高速公路最近的就在路基边坡坡脚处,再加之项目位于广东省中山市,存在软基层较厚、地基承载力低、工程工期紧张、高耸设备多、场地狭窄、广东地区台风频繁、既有高速公路路线车辆多等问题。如果不加强对这些大型设备的安全管理,采取有效的防倾覆措施,很有可能发生机械设备倾覆倒向既有高速公路的事故。

高耸机械设备防倾倒安全缆绳装置,是用于对高耸机械设备在施工过程中保持稳定不晃动的一种安全缆绳装置,通过设置多条安全绳对高耸机械设备进行牵拉,从而保持高耸机械设备稳定工作。

现有的安全缆绳装置在高耸机械设备未开始工作时,须对安全绳预先人工施加初始拉力,不能灵活调整拉力,也不能适应不同的高耸机械设备在不同的施工环境中所需要的稳定拉力;此外,现有的安全缆绳装置在使用过程中所安装的地锚不具备快拆性,无法跟随高耸机械设备灵活地调整地锚位置,高耸机械设备不能灵活地进行位置调整,位置调整所耗工时较长,工作效率较低,现有的安全缆绳装置在工作时不能快速地适用于不同的高耸机械设备,安装耗时长,不容易保持稳定,也不能对安全绳的牵拉角度进行灵活调整。因此,设计了一种高耸机械设备防倾倒安全缆绳装置,提升了整体的工作效率。

针对项目的软基处理大型设备,采用埋设地锚、拉设缆风绳的方式进行加固、防倾覆,以保证既有高速公路运行安全和施工生产安全,装置的运用切实有效地降低了高耸设备倾覆事故的发生率。

(1)地锚制作及埋设

地锚采用长度为 6m 的拉森Ⅲ钢板桩,并在离钢板桩上端 5cm 处设置 1 个缆风绳拉孔。地锚一般沿管桩机两侧、与既有线平行每隔 15~20m 设置 1 个,每台桩机设置 4 个,且钢板桩可以重复循环利用。

(2)缆风绳尺寸确定及应用方法

从桩机主支架的 2/3 处拉 4 根(背离既有线人字形布置,特殊外侧有高压线地段两侧分别设置),倾斜角度 30°~70°,防止机具倒向既有线方向的缆风绳,缆风绳采用 $\phi \geq 16mm$ 钢丝绳。

高耸设备防倾覆装置操作流程如图 6-115 所示。

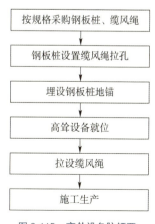

图 6-115 高耸设备防倾覆装置操作流程

中江高速公路改扩建工程施工期间所使用的高耸设备防倾覆装置如图6-116所示。钢板桩可以重复循环利用，且该措施切实有效降低了高耸设备倾覆的安全事故发生率。

a) 埋设钢板桩

b) 缆风绳拉设

c) 管桩机拉设缆风绳(一)

d) 管桩机拉设缆风绳(二)

图6-116　高耸设备防倾覆装置

6.4.9　独柱墩盖梁可调撑杆抱箍法支架系统

中江高速公路改扩建工程S3标段独柱墩盖梁较多，且项目地处深厚软基地带，使用频率较高的落地钢管支架的费用较高，落地式支架施工周期长、钢管等周转材料使用多，不利于项目的施工生产。因此，受地形、地质等不利因素影响，现场无法采用落地支架的独柱墩盖梁施工。

在高速公路桥梁建设过程中，高墩盖梁施工方法较多，盖梁支撑架施工技术也比较成熟。在保证质量和安全的前提下，选择可靠的盖梁支撑方式对工程的建设及管理是非常重要的。

项目技术人员在传统抱箍法的基础上，在抱箍上设置4道可调斜撑（撑杆），将立柱抱箍与现浇盖梁施工平台连为整体，形成一个完整的现浇盖梁支撑系统。

撑杆采用直径ϕ100mm的圆钢，在撑杆两头各开25cm长的正反螺栓及配套设置一个开30cm长的正反丝圆螺帽，确保螺杆在一个方向旋转时，两头的螺栓与圆螺帽之间可同进同出。撑杆与盖梁施工平台的托座及立柱抱箍之间采用铰接的方式,保证撑杆调节长度时与施工平台主梁间可任意旋转,达到盖梁施工平台可按图纸要求转动到设计横坡。可调撑杆在加工制作时,需在撑杆中部设置一个直径约2cm的调节孔,施工人员需转动撑杆时可在调节孔内插入一根钢筋再进行转动,便可轻松调节撑杆的长度,来改变盖梁施工平台的坡度。该工艺充分利用墩身的承载能力作为支撑,结构受力明确,轻巧稳固。独柱墩盖梁可调撑杆抱箍法支架原理如图6-117所示。

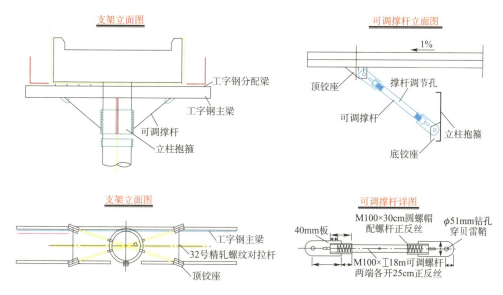

图6-117 独柱墩盖梁可调撑杆抱箍法支架原理图

撑杆式抱箍非常适用于独柱式盖梁结构施工,对于不同坡度的盖梁,无须对支架进行改装,可直接调节撑杆的长度来改变施工平台的坡度。该方法简单、快速且调节精度高,可调节的横坡范围为0~6%,可调节范围大,基本可满足公路建设的要求。独柱墩盖梁可调撑杆抱箍法支架系统在项目施工时的应用如图6-118所示。

a) 独柱墩盖梁可调撑杆抱箍法支架搭建

b) 可调撑杆

图 6-118

c) 支架平台

d) 支架施工爬梯

图 6-118 独柱墩盖梁可调撑杆抱箍法支架系统的应用

独柱墩盖梁可调撑杆抱箍法支架系统可用于新建及改扩建桥梁的独柱墩现浇盖梁施工，另外，由于斜撑杆可有效改善施工平台主梁受力，稍做改进，还可用于双柱式大跨度盖梁或大悬臂式预应力盖梁的施工。该创新在独柱墩盖梁施工中优越性明显，拆装方便，周转效率高，极大地提高了盖梁的施工效率，安装过程不受场地限制，受力明确，安全可靠，相比落地式支架等其他施工方式，能取得良好的经济效益，且具有很强的适用性。

6.4.10 预应力整束穿束台车

在桥梁预制箱梁预应力施工中，以往的单根穿束存在钢绞线相互缠绕、无序缠绕而导致的钢绞线张拉后受力不均的问题，且传统的纯人工整束穿索至少需要6人共同配合完成，施工工期长，耗费大量人力，人工、材料成本较大，而且穿束效果受施工人员操作影响，人工操作无法保证箱梁预应力穿束的施工质量。同时，施工人员在操作过程中容易出现意外事故，存在施工风险。因此，施工时引入梁场预应力整束穿束台车，用以解决传统操作存在的问题。

预应力整束穿束台车主要由电控系统、剪叉升降系统、机头穿束系统、液压系统组成，机头穿束平台可根据预应力孔道的高低进行调整。台车穿束作业时，电机带动双主动轮转动，钢绞线从一端进线口插入，主动轮与双从动轮压住钢绞线向前移动，沿导管穿入预留孔道，直到从孔道另一端穿出达到张拉需要的长度。

钢绞线编束及绑扎固定过程中，主动滚轮和从动滚轮对钢绞线夹持力适中（不出现夹持过松导致打滑或过紧导致钢束变形的情况），穿束过程平顺无卡顿、无扭转。

预应力整束穿束台车可以通过其独特的结构和功能，大大提升预应力工程的效率，它可以快速地将整束或穿束举升到所需的位置，从而省去人工传送的时间和步骤，大大节约人力、物力和时间成本。预应力整束穿束台车的使用可以大大增加工程的安全性，与传统的人工操作相比，它可以更加轻松和安全地完成举升和穿束的作业，其配备的安全机制和控制系统也能有效地避免在操作过程中出现意外事故，降低施工风险。预应力整束穿束台车的运用对工程人员的体力和心理压力都有明显的缓解作用,它可以代替人工完成举升、穿设和调整等过程,减轻了工人的劳动强度,缓解了劳动压力,提高了工作效率、工作质量,保证了职业健康。同时,预应力整束穿束台车操作简单,对孔灵活,可连续穿束,速度可控,且穿束后钢绞线无发生相互缠绕、无序缠绕的情况。

中江高速公路改扩建工程 S4、S5 标段共 1400 片预制箱梁生产均使用该形式的预应力整束穿束台车。同时,该技术应用在西江特大桥(斜拉桥)预应力混凝土主纵梁施工中。施工现场预应力整束穿束台车的应用如图 6-119 所示。

a) 钢绞线下料、编束

b) 整束钢绞线头部穿入孔道

c) 整束钢绞线穿过孔道

d) 整束钢绞线穿束完成

图 6-119 预应力整束穿束台车的应用

预应力整束穿束台车,具有快速对孔、速度可调、自动连续穿束、机械性能稳定等优点。相比以往人工整束穿束,预应力整束穿束台车大幅降低了工人的劳动强度,整个流程仅需 10min/片梁,工效较纯人工穿束至少提高 10 倍,节省了大量的人工成本,也保证了施工质量,加快了施工进度。

一台预应力整束穿束台车只需 2 人配合操作便可完成预应力穿束施工,对解决当前建筑行业"用工荒"难题具有显著的效果。大量自动化、智能化的机械设备创新应用,将为今后道路桥梁工厂化生产、装配化施工提供强有力的支撑。

CHAPTER 7

典型施工案例

7.1 东升立交互通 A 匝道桥顶升施工

7.1.1 工程概况

中江高速公路扩建后,主线高程和幅宽调整,致使原东升互通立交 A 匝道桥第八、九跨桥下净空不能满足规范要求,须对桥梁进行抬升加高、更换支座。A 匝道桥全桥共 3 联,共计 16 孔,整体顶升高度均为 40cm。原东升互通立交 A 匝道桥第八、九跨桥梁平面图如图 7-1 所示。

图 7-1 原东升互通立交 A 匝道桥第八、九跨桥梁平面图

原 A 匝道桥为 $7 \times 20m + 2 \times 25m + 7 \times 20m$ 普通钢筋混凝土连续箱梁桥,桥长 335.6m,桥面全宽 15.5m,桥梁正交。上部采用 120m + 90m + 120m(第一联为 $6 \times 20m$;第二联为 $20m + 2 \times 25m + 20m$;第三联为 $6 \times 20m$)三联普通钢筋混凝土连续箱梁,下部桥台采用座板式桥台,桥墩采用双柱式桥墩,其中 3 号、8 号、13 号墩柱为固结墩。顶升前桥梁位置图及桥型布置图分别如图 7-2、图 7-3 所示。

a) 跨主线顶升匝道航拍图

b) 顶升匝道外观图

图 7-2 顶升前桥梁位置图

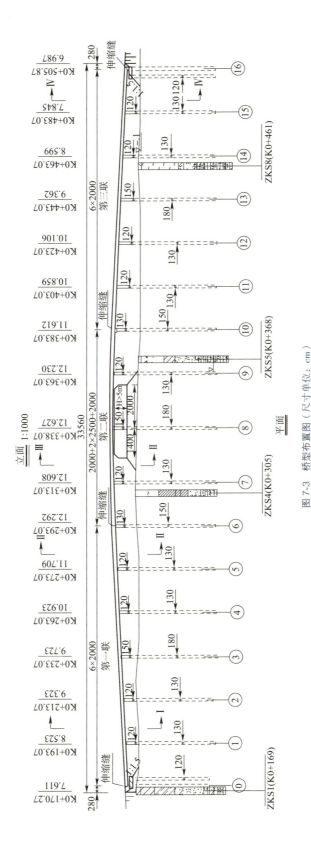

图 7-3 桥型布置图（尺寸单位：cm）

顶升施工过程中,东升互通 A 匝道进行全幅封闭施工;第二联顶升作业时,由于上跨主线施工,安全风险较大,采用主线道路临时断交配合施工。

7.1.2 施工设备

立交顶升施工采用可编程逻辑控制器(Programmable Logic Controller,PLC)控制液压同步顶升系统,千斤顶采用螺母锁定液压双作用千斤顶。顶升系统包括 2 套 32 点 PLC 控制液压同步顶升系统,控制精度为 ±0.5mm。液压系统包括 2 台同步顶升液压泵站、34 台 150t 薄型、138 台 200t 千斤顶和 12 台 400t 千斤顶。主要施工机械设备见表 7-1。

机械设备配置一览表　　　表 7-1

序号	名称	型号规格	数量	用途
1	随车起重机	12t	2 台	钢构件安装、转运
2	电焊机	500A	4 台	钢构件安装
3	电动葫芦	3t/5m	18 台	钢构件安装
4	PLC	32 点	2 台	同步顶升
5	双作用千斤顶	200t	138 台	同步顶升
6	双作用千斤顶	400t	12 台	同步顶升
7	薄型千斤顶	150t	34 台	同步顶升
8	高压油管	—	5000m	同步顶升
9	千斤顶	10t	4 台	构件安装
10	电锤	40J	10 把	钢构件安装
11	等离子切割机	320V	1 套	钢构件安装
12	气割工具	—	2 套	钢构件安装
13	角磨机	—	4 台	钢构件安装
14	全站仪	—	1 台	同步顶升
15	水准仪	—	1 台	同步顶升
16	水平尺	250mm×250mm	10 把	钢构件安装
17	砂浆泵	—	1 台	垫石施工
18	对讲机	—	8 个	同步顶升
19	绳锯切割机	—	2 台	固结墩解除切割
20	挖掘机	160t	2 台	顶升保护
21	登高车	—	4 辆	工作平台

7.1.3 施工工序与工艺

考虑到东升互通 A 匝道桥横纵坡较大,解除固结后全桥顶升安全风险大,故顶升期间采用分联顶升施工。由于 A 匝道长时间封闭对高速公路运营影响较大,故项目施工采用全桥布设支撑装置、限位装置及顶升装置,仅在顶升施工期间采用分联顶升施工,以达到缩短整体工期的效果。

1)施工工序

(1)设备人员进场,测量复核图纸,完成设备标定,做好顶升前的准备工作。

(2)高程测量、墩柱切割、牛腿安装、限位施工、腹板临时顶升反力架施工、挡块加高、顶升系统安装调试、监测系统安装。

(3)切割固结墩柱。

(4)固结墩安装千斤顶。

(5)试顶升。

(6)正式顶升至设计高度。

(7)拆除旧支座,墩柱加高施工,安装新支座。

(8)全桥顶升加高施工完成,撤场。

施工前对顶升作业有关人员进行安全技术交底,并做好安全交底记录。交底内容包括工程概况、施工工艺、施工进度计划、涉路施工、安全文明施工要求等。

2)施工工艺

(1)平整、硬化支架基础

施工前先用挖机平整、压实场地,浇筑10cm厚混凝土支架基础,确保支架基础有足够大的承载力。

(2)支架体系搭设

支架基础养护结束后,在基础上进行支架搭设,支架立杆纵距1.5m,横距1.1m,步距1.8m,支架外侧用密目网全围蔽,并挂设安全警示标牌。

(3)钢牛腿平台安装

桥墩柱包括有盖梁和无盖梁两种形式,有盖梁处千斤顶设置在盖梁上,无盖梁墩采用钢牛腿作为支撑平台。固结墩直径为1.5m,一般墩直径为1.2m,故钢牛腿抱箍尺寸有两种。钢牛腿安装采用手拉葫芦提升至高程位置,安装前在墩顶进行预留孔锚栓定位、钻孔、清孔,安装钢抱箍,抱箍安装完成后再进行相应位置开孔,锚固螺栓采用植筋螺栓,螺栓直径20mm,有效埋深不小于21mm。

(4)限位装置安装

顶升施工采用三种限位方式:一是在桥面伸缩缝处设置纵横向限位;二是在墩顶和梁底之间设置横向限位,三是利用原桥挡块进行横向限位,利用桥台及相邻联端进行纵向限位。

①桥台、伸缩缝限位装置。

利用桥台背墙或相邻联桥面作为限位基础,安装钢结构限位柱,在桥面上安装限位钢结构支撑,在钢支撑与限位柱间预留2mm空隙。伸缩缝限位主要对上部横纵向进行限位。桥台、伸缩缝限位装置设计图及实物如图7-4所示。

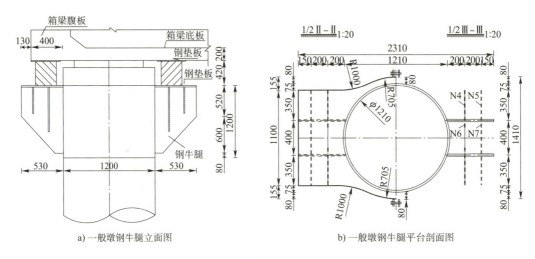

图 7-4　钢牛腿平台设计图(尺寸单位:mm)

②桥墩限位装置。

利用桥墩钢牛腿作为限位基础,在桥梁底板安装钢结构限位柱,预留 2mm 空隙。桥墩限位主要是对上部梁体进行限位,限位时采用植筋螺栓固定,螺栓直径 22mm,长度 250mm。桥墩限位装置如图 7-5 所示。

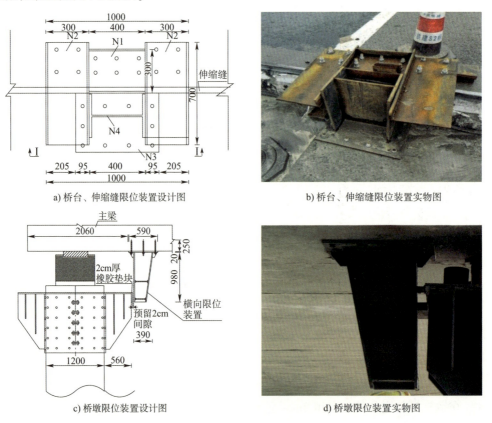

图 7-5　顶升施工限位装置(尺寸单位:mm)

(5) 腹板顶升反力架施工

由于固结墩桥柱与腹板之间的距离较小，不足以放置千斤顶，为保证对称受力，两侧均设置千斤顶，并设置临时顶升反力架。顶升反力架施工如图7-6所示。

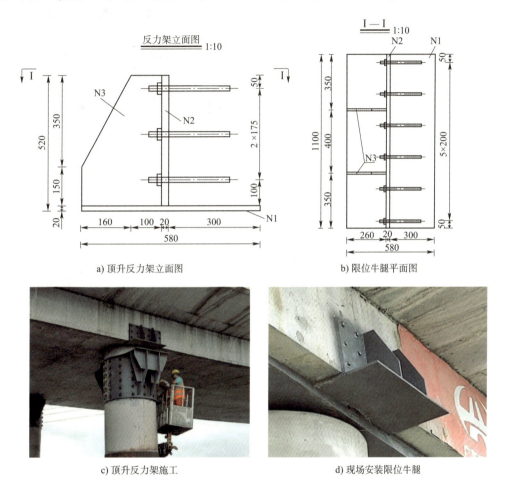

图7-6 顶升反力架施工(尺寸单位：mm)

(6) 千斤顶布设

千斤顶根据设计及方案布设。在施工过程定时检查千斤顶位置，确保顶升施工受力均匀。千斤顶现场布设如图7-7所示。

(7) 固结墩切割

桥固结墩为：3号、8号、13号，采用绳锯切割的方法，对墩顶与箱梁底进行切割分离，切割采用金刚石绳锯。切割在顶升系统布置完成后进行，切割过程中不断增加顶升力，顶升力的比例和切割面积比例要基本保持一致，将荷载匀速转移到顶升系统，同时增加梁体支撑和结构约束，确保梁体体系转换顺利。切割后对固结墩进行单墩顶升，确保水平力消除，顶升高度为3mm。固结墩切割施工如图7-8所示。

a) 顶升牛腿及千斤顶布置

b) 千斤顶顶升过程

图 7-7　千斤顶现场布设

a) 固结墩切割施工现场

b) 固结墩切割效果图

图 7-8　固结墩切割施工

(8) 顶升系统及准备

现场施工采用 1 套 32 点 PLC 计算机同步控制系统、1 套施工液压泵站、34 个 7cm 150t 薄型千斤顶 (盖梁处初始高度不足放置 200t 千斤顶,抬升到一定高度后更换) 和 138 个 200t 千斤顶。PLC 计算机同步控制系统和施工液压泵站分别如图 7-9 所示。

a) PLC 计算机同步控制系统

b) 施工液压泵站

图 7-9　PLC 计算机同步控制系统和施工液压泵站

7 典型施工案例

(9) 试顶升

在正式顶升之前要进行试顶升。在试顶升施工前已对原桥梁结构现状线形进行全面测量,方便后续正式顶升监测对比参照。试顶升高度为10mm。试顶升前对千斤顶安装偏差、各顶升点的同步参数等进行校核,首先进行单墩试顶,单墩试顶完成后进行全桥试顶。

(10) 顶升

顶升施工每一个行程完成后,采用临时支撑垫块在原支座处支撑梁体,千斤顶收缸后加上垫块,再重新顶升,重复直至顶升至设计高度。顶升施工前使用临时垫块,顶面距离梁底不超过12mm,顶升每达到10mm增加一块10mm钢板,每个行程完成后将钢板换为钢箱垫块,始终保持临时支撑顶与梁底间距不超过12mm,防止由于液压失效造成梁体突然下落。顶升施工流程及现场分别如图7-10、图7-11所示。

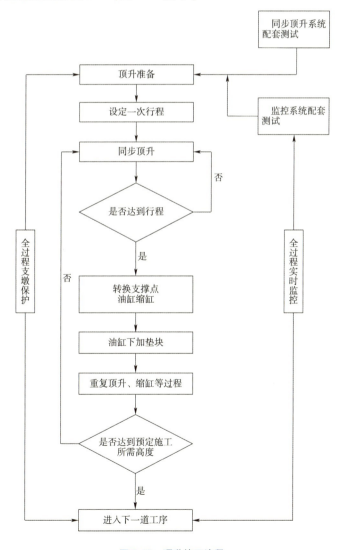

图7-10 顶升施工流程

a) 固结墩顶升过程　　　　　　　　b) 活动墩顶升过程

图 7-11　顶升施工现场

(11) 垫石、支座施工

顶升至设计高程后,在柱顶牛腿处增加临时钢垫块,同时锁止挡块及伸缩缝间隙,进行垫石和支座施工。

对于有盖梁墩及桥台位置,拆除旧支座,打磨原有垫石顶面及梁板调平层底面,剔除松散混凝土,对支座垫石顶面凿毛处理,按照原支座尺寸加工钢模板,套入原垫石进行环氧砂浆浇筑。盖梁墩垫石与支座设计图及施工现场如图 7-12 所示。

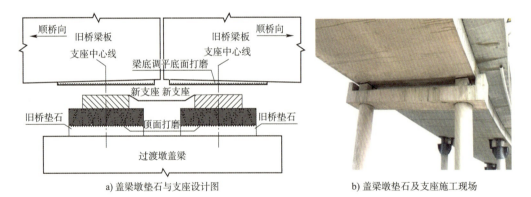

a) 盖梁墩垫石与支座设计图　　　　　　　　b) 盖梁墩垫石及支座施工现场

图 7-12　盖梁墩垫石及支座施工

对于无盖梁墩及固结墩位置,打磨梁底及调平混凝土块底面,剔除松散混凝土。在梁底调平块的底部放置一块 5mm 厚的耐候钢板,并在钢板上打孔安装锚固螺栓,钢板顶面灌注一层高强环氧灌浆料,固结后作为梁底调平。墩柱顶部凿毛,安装钢筋骨架,钢模内表面与墩柱侧面紧贴,浇筑高强环氧灌浆料。

灌浆料强度达到 30MPa 以上进行拆模,安装新支座。新支座就位后进行第一次落梁,旧桥梁体与新支座顶面高强环氧灌浆料充分接触,让多余的高强环氧灌浆料从支座周围挤出,使旧桥预制梁体落至设计高程位置,确保梁体与钢板间的空隙被高强环氧灌浆料充满,然后清理支座周围高强环氧灌浆料,打孔安装锚固螺栓。无盖梁墩加高设计图及施工现场如图 7-13 所示。

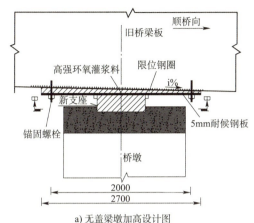
a) 无盖梁墩加高设计图

b) 无盖梁墩加高施工现场

图 7-13　无盖梁墩加高施工(尺寸单位:mm)

(12) 梁体落位

顶升支座垫石加高并达到设计强度后即可落梁就位。落梁时逐级卸载,完成受力体系转换。梁体就位后进行高程测量,2h 后再次进行高程测量,确定符合设计高程,顶升施工至此完毕。

(13) 顶升设施拆除

落梁就位后,回收千斤顶,按照自上而下的顺序拆除千斤顶、油路、支架及反力架,并安装好纵向限位块。顶升施工效果如图 7-14 所示。

a) 顶升施工整体效果

b) 顶升施工局部效果

图 7-14　顶升施工效果

7.1.4　顶升监测与检测

1) 监测内容

桥梁顶升监测内容见表 7-2。

桥梁顶升监测内容汇总表 表7-2

序号	监测项目	监测频率	允许偏差（mm）	监控设备
1	上部结构高程	5次	<1	水准仪
2	水平位移	5次	±3	全站仪
	控制点三维坐标测量	不少于3次	<1	全站仪
3	竖向位移	实时监测（每行程1次）	±3	拉绳式位移传感器（自动化）
4	裂缝监测	实时监测（每行程1次）	<0.15	裂缝传感器（自动化）
5	应变监测	实时监测（每行程1次）	—	应变传感器（自动化）

2）监测流程

桥梁顶升监测流程计划见表7-3。

桥梁顶升监测流程计划 表7-3

工作阶段	时间		内容
准备阶段	进场后		埋设水准测量点、三维坐标控制点
			安装并调试竖向位移传感器、应变传感器、裂缝传感器
测量阶段	墩柱切割前		上部结构高程测量、控制点三维坐标测量
			应变、裂缝、位移传感器初始数据记录并保存(1)
	切割过程中		读取应变、裂缝、位移传感器数据(2)
	试顶升 1cm	单墩	读取应变、裂缝、位移传感器数据(3)
		全桥	读取竖向位移传感器读数，判断是否分离
			全桥顶升至1cm后，读取应变、裂缝、位移传感器数据(4)
			上部结构高程测量、控制点三维坐标测量
	正式顶升	6个行程	读取应变、裂缝、位移传感器数据(5)~(9)
		添加钢垫块后	全桥顶升至40cm，并添加钢垫块后，读取应变、裂缝、位移传感器/百分表数据(10)
			上部结构高程测量、控制点三维坐标测量
	落梁后	落梁完成	读取应变、裂缝、位移传感器数据(11)
			上部结构高程测量、控制点三维坐标测量
		2h后	读取应变、裂缝、位移传感器数据(12)
			上部结构高程测量、控制点三维坐标测量
撤场	稳定后		拆除仪器

注：应变、裂缝、位移为实时自动测量，测量频率为1次/min。

3）监测结论

（1）竖向位移

第三联竖向位移为394.4~411.0mm。

第二联竖向位移为387.5~411.3mm。

第一联竖向位移为 391.4~401.1mm。

(2) 结构应变

第三联顶升过程中混凝土应力波动幅值为：最大拉应力 2.54MPa，最大压应力 6.78MPa。

第二联顶升过程中混凝土应力波动幅值为：最大拉应力 2.72MPa，最大压应力 2.04MPa。

第一联顶升过程中混凝土应力波动幅值为：最大拉应力 2.81MPa，最大压应力 4.1MPa。

(3) 结构裂缝

第三联顶升及落梁期间，裂缝宽度变化最大幅值为 0.017mm。

第二联顶升及落梁期间，裂缝宽度变化最大幅值为 0.057mm。

第一联顶升及落梁期间，裂缝宽度变化最大幅值为 0.016mm。

4) 检测数据

根据《桥梁顶升移位改造技术规范》(GB/T 51256—2017) 检测要求，对东升互通 A 匝道桥进行检测，数据见表 7-4。

东升互通 A 匝道桥检测数据　　表 7-4

项次	检测项目	允许偏差值	现场检测值									合格率(%)
1	桥面中心偏位(mm)	±20	4.2	4.2	1.0	2.3	6.3	4.5	14.3	3.6	1.4	7.3	100
			12.7	8.9	8.6	2.2	3.0	5.8	12.8	5.9	8.8	4.6	
2	桥面横坡(%)	±0.15	0.01	0.02	0.04	0.02	0.03	0.05	0.04	0.04	0.02	0.01	100
			0.03	0.05	0.04	0.02	0.03	0.04	0.02	0.03	0.05	0.04	
3	墩柱或盖梁顶面高程(mm)	±10	3	5	4								100
4	混凝土强度(MPa)	设计50	52	55	56	58	55	53	54	55	55	54	100
5	混凝土保护层和钢筋间距(mm)	设计30	25	28	27	26	25	24	28	29	25	28	100

东升互通 A 匝道桥桥面中心偏位最大值偏差为 14.3mm，桥面横坡最大偏差值为 0.05%，墩柱或盖梁顶面高程最大偏差值为 5mm，混凝土强度、钢筋保护层均能满足设计及规范要求。

7.1.5　问题与解决措施

(1) 旧桥墩柱尺寸存在偏差。解决措施：全面排查旧桥墩柱尺寸，按照排查尺寸定制钢牛腿，如图 7-15 所示。

(2) 钢牛腿安装钻螺栓孔时会碰到原墩柱钢筋。解决措施：查看旧桥图纸，结合钢保仪测量找出原墩柱钢筋位置,避免开孔不到位的情况。钢牛腿安装如图 7-16 所示。

图 7-15　定制钢牛腿　　　　　　　　　　图 7-16　钢牛腿安装

(3)顶升第三联时梁端顶住背墙。解决措施:凿除部分背墙,保证梁体与背墙之间存在空隙。

(4)监测数据和 PLC 控制端数据不同步。解决措施:检测单位派人全程跟踪同施工单位及时发现解决,施工过程中尽量不要触碰各个传感器,如有触碰及时联系检测单位复位。施工过程中增加人员进行高程测量,对比传感器和控制端数据,多方印证复核,确保数据准确。

(5)对照设计图纸纵断面,A 匝道桥高程抬升不均为 40cm(存在上下浮动),且横坡由 5% 调整为 4%。由于桥梁上部结构本身为现浇箱梁,顶升施工期间需解除固结墩,若各墩顶抬升高程不一致,易造成梁体滑移及结构破坏。解决措施:针对 A 匝道桥现状情况,按全桥抬升 40cm 实施,维持旧桥横坡,在桥头路基段落进行调坡和高程调整,以确保顶升施工安全。

(6)原设计 1.2m 直径墩柱采用垫石加高方式进行顶升,经现场查验,1.2m 墩柱实际情况与竣工图不符,柱顶无垫石,无法进行垫石加高施工。解决措施:将现场查验确认无垫石的 1.2m 墩柱加高方式调整为墩柱整体加高,如图 7-17 所示。

(7)顶升高度有限,作业空间小,在墩柱上不易进行高墩柱钢筋绑扎施工。解决措施:将墩柱钢筋提前绑扎成型后吊至墩顶安装,如图 7-18 所示。

图 7-17　墩柱整体加高　　　　　　　　　图 7-18　钢筋吊顶安装

(8)千斤顶位置靠近墩柱,导致模板施工不便。解决措施:采用定制钢模。

(9)顶升后桥梁裂缝宽度变化。解决措施:对顶升后桥梁裂缝进行注浆加固。

7.2 西江特大桥施工

7.2.1 工程概况

(1)工程环境

西江特大桥桥位地处珠江三角洲平原区,分布大量苗圃、厂房,跨越西江、连海路、S272、西江大堤及堤顶路、同兴南路、河涌、乡道,地势平坦,地面高程为 1.8~2.23m。其中,主桥上跨西江流域属内河一级航道,同时穿越中山市古镇新水厂饮用水源二级保护区。

(2)桥型布置

西江特大桥采用三塔预应力混凝土梁斜拉桥,主桥跨径组合为 130m + 2 × 240m + 130m,全长 740m,采用中塔固结、边塔半飘浮结构体系。桥型布置图如图7-19所示。

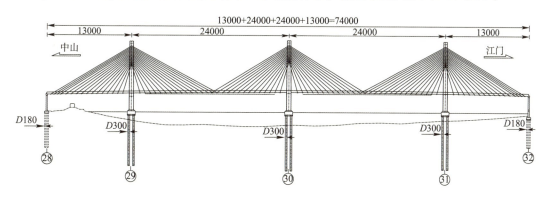

图7-19 西江特大桥主桥桥型布置图(尺寸单位:cm)

(3)主墩基础设计

主塔承台采用整体式圆端矩形结构,横桥向长度为32m,顺桥向宽度为12.4m,承台高5.0m,承台与塔柱间设高度为1.5m的塔座。承台顶面高程为2.0m。承台下设置10根直径3.0m的钻孔灌注桩,呈2行5列矩阵式排列,顺桥向桩间中心距7.4m,横桥向桩间中心距均为6m。承台和桩基均设计为普通钢筋混凝土结构。

(4)索塔设计

主塔采用钻石形塔,中塔高103.744m,下塔柱高24.696m,上塔柱高79.048m。边塔高102.144m,下塔柱高23.096m,上塔柱高79.048m。上下塔柱均采用钢筋混凝土空心结构,塔柱采用外侧带倒角,内侧带圆弧矩形断面,上塔柱尺寸为(7~5.8)×3.5m,下塔柱尺寸为 7×(6.5~4.5)m。塔柱采用C50混凝土,中塔在塔梁固结处设一道横梁,横梁顶面设2%坡度,与桥面横坡一致。边塔在上下塔柱相接处设一道横梁,横梁水平设置,横梁高4.5m。横梁采用四角倒圆弧空心矩形截面,采用C55混凝土。

上塔柱为分离单箱单室矩形断面,外侧壁厚80cm,锚索壁厚130cm。为增加索塔的景观效果,在塔柱内侧设有$R=20cm$的倒角,外侧设$50cm×100cm$切角。下塔柱亦为分离单箱单室矩形断面,壁厚度分别为100cm和130cm,倒角和切角同上塔柱。

斜拉索通过锚固齿块锚固于上塔柱内壁上。为平衡斜拉索的水平分力,在上塔柱斜拉索锚固区配置环形预应力和直线形预应力钢绞线束。由于预应力钢束长度较小,为减小预应力损失,钢束采用单端张拉,张拉端锚具采用二次张拉锚具。预应力管道设计采用塑料波纹管成型并采用真空吸(压)浆工艺。

主塔在上下塔柱相接处设置一道横梁,横梁将左右塔柱连为一体,中塔横梁上缘为单向2%的横坡,下缘为水平,边塔上下缘都水平。横梁采用箱形截面,顶、底板壁厚为80cm,侧壁厚130cm。

为保证塔柱与横梁的整体性,横梁的纵向钢筋皆锚固于塔柱混凝土内壁靠外侧部位,横梁预应力钢束则锚固于塔柱的外侧。桥索设计图如图7-20所示。

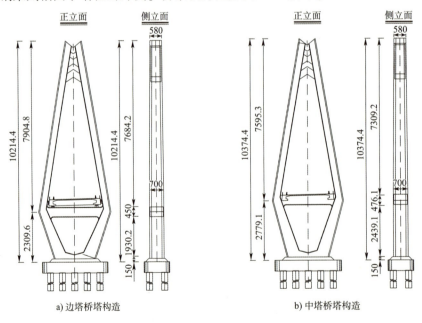

a) 边塔桥塔构造   b) 中塔桥塔构造

图7-20 29号和31号边塔、30号中塔索塔设计图(尺寸单位:cm)

(5)过渡墩及辅助墩设计

28号墩和32号墩为主引桥交接墩。28号墩位于中山岸陆地上,32号墩位于江门侧水中。墩身采用分离式矩形柱式结构,单个桥墩断面为矩形,横桥向宽度为4.5m,纵桥向宽度

2m。为增加景观效果,在墩身外侧设置 $R=15cm$ 的倒角。墩柱顶部设盖梁。单个承台外轮廓尺寸为 $7m×7m×2.7m$(高),承台间采用系梁连接,每个承台下设置 4 根直径 1.8m 的钻孔灌注桩基础。桩中心间距 4m。过渡墩及辅助墩设计图如图 7-21 所示。

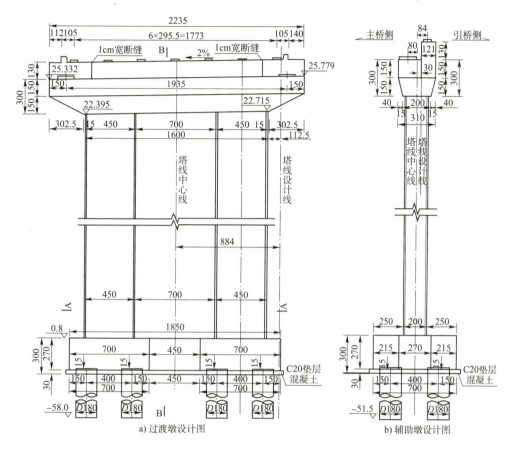

图 7-21 过渡墩及辅助墩设计图(尺寸单位:cm)

(6)主梁设计

主梁采用带翼缘板的 DP 断面,双向预应力混凝土结构,纵向设横隔板,横隔板标准间距为 8m。

主梁设 2%的横坡,梁体横坡由顶、底板斜置形成,肋板内侧铅锤,外侧斜率保持一致。肋板高 2.8m。梁肋标准宽度为 1.8m,在主塔处,肋板加宽至 2.4m,在跨中交叉索段,肋板加宽至 2.45m。标准段梁长 8m,塔顶 0 号段梁长 14m,合龙段梁长 2m,另 A14 节段梁长 5m,A15 节段梁长 11.7m。标准梁段最大重量为 552.5t,塔顶梁重 1254.3t。

主跨主梁纵向划分为 0~14 号及跨中合龙段,共 16 个施工节段,边跨划分为 0~15 号及边跨合龙段,共 17 个施工节段。其中 0 号节段为墩顶现浇段,1~14 号节段为挂篮悬浇梁段,15 号梁段为边跨支架现浇梁段。

主梁支架现浇及悬浇梁段采用 C60 混凝土,合龙段采用 C60 聚丙烯纤维混凝土。预应力管道灌浆时,采用真空压浆工艺。主梁索区梁段横截面设计图如图7-22所示。

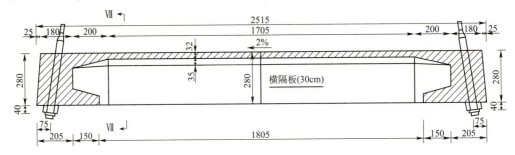

图7-22 主梁索区梁段横截面设计图(尺寸单位:cm)

(7)斜拉索设计

斜拉索采用四索面扇形布置、平行钢束体系,采用高强镀锌铝合金钢索,$f_{pk}=1770\mathrm{MPa}$,在梁上标准索距为8m,边跨尾索段锚固间距5m,在塔上的理论索距为1.8m。锚具采用冷铸锚,斜拉索在塔端张拉。全桥斜拉索根数与规格分为24根7-139、36根7-163、48根7-187、12根7-199、32根7-223、16根7-241、16根7-253共计184根7种规格,单根拉索最大重量为12.4t。斜拉索外包彩色聚乙烯(PE)材料,PE颜色由业主结合景观要求确定。斜拉索结构如图7-23所示。

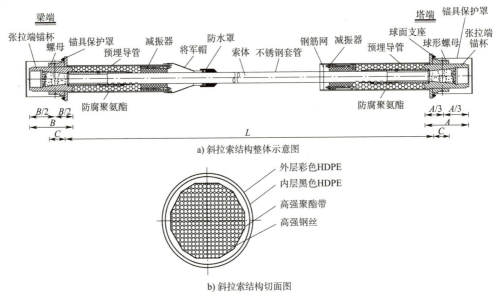

图7-23 斜拉索结构示意图

A-塔端张拉端锚杯长度(cm);B-梁端张拉端锚杯长度(cm);C-球形螺母长度(cm)

7.2.2 施工内容与工艺

1)桩基施工

(1)护筒埋设稳定、牢固,顶部高出地面0.3m或水面1~2m,且高于设计桩顶1m,护筒中心与桩中心的平面位置偏差不大于5cm,护筒倾斜度不大于1%。

(2)泥浆池设置方正美观,围蔽紧密,标示清晰;沉淀池和储浆池分隔明显,且安排专人及时清渣。

(3)钻头直径不小于设计桩径。

(4)桩头要求采用环切法,保证桩顶平整、密实,周边钢筋保护层均匀、完好。

2)承台施工

(1)承台基底按设计要求加固,封底混凝土不得出现上浮、下沉或破碎现象。

(2)承台大体积混凝土浇筑必须严格按设计要求设置水化热散热系统,宜在夜间温度较低时施工,混凝土入模温度不宜高于28℃,承台内部最高温度不高于75℃,内表温差不大于25℃,混凝土表面与大气温差不大于20℃。

(3)在混凝土内部通水降温时,进出口水的温差宜小于或等于10℃,且水温与内部混凝土的温差宜不大于20℃,降温速率宜不大于2℃/d;在混凝土顶面利用冷却水管中排出的降温用水蓄水保温养生时,养生水温度与混凝土表面温差值应不大于15℃。

(4)大体积混凝土可分层、分块浇筑,分层、分块的尺寸宜根据温控设计的要求及浇筑能力合理确定。

(5)分层浇筑时,在上层混凝土浇筑之前应对下层混凝土的顶面作凿毛处理,且新浇筑混凝土与下层已浇筑混凝土的温差宜小于20℃,并应采取措施将各层间的浇筑间歇期控制在7d以内。

(6)大体积混凝土采用硅酸盐水泥或普通硅酸盐水泥时,其浇筑后的养生时间宜不少于14d,采用其他品种水泥时宜不少于21d。

3)斜拉桥主塔施工

(1)索塔的索道孔、锚固位置及锚固平面与水平面的交角均应控制准确,锚垫板与孔道垂直。

(2)尽量少设施工缝,索塔各部的施工缝均应进行凿毛、除油、清洗处理,以保证新旧混凝土的结合。

(3)横梁施工中,支架变形应符合相关施工技术规范规定,横梁与塔柱应紧密连成整体。

(4)施工前必须将塔柱与承台接触面凿毛并清洗干净。

(5)立模时,塔柱与承台连接处若采用高强度等级砂浆找平,严禁砂浆侵入塔柱模板内。

(6)塔柱实体段处采取降低内部水化热措施,并注意保温和养生,防止因水化热过高而使塔柱开裂。尽量缩短塔柱起步段混凝土与承台混凝土之间的龄期差。

(7)采取有效措施以保证在拆除模板后的混凝土体内预埋件不外露,对拉杆留下的孔眼,必须采用与主体材料材质相一致的材料进行填补,填补后的混凝土外观不得留下明显痕迹,以确保塔柱的外观质量。

(8)塔柱混凝土硬化后立即覆盖洒水养生,拆模后由于塔柱不易于包裹养生,可考虑采取喷淋养生液的方式代替洒水养生,养生期不得少于7d。

(9)塔柱施工时,随时观测塔柱的变形,并及时进行相应的调整,以保证塔柱的几何形状符合设计要求。

4)悬臂浇筑主梁施工

(1)千斤顶及油压表等斜拉索张拉工具配套标定和使用,并不得超过标定期限使用。

(2)穿索前锚索孔道不得存在毛刺。

(3)施工过程中对索力、高程、塔柱变形及环境温度进行观测。

(4)悬臂施工梁段前,对0号块件的高程、桥轴线做详细复核,满足设计要求后方可进行悬臂梁段的施工;悬臂施工对称进行,斜拉索张拉的次数、量值和顺序应按设计要求及施工控制的要求进行。

(5)梁体受力裂缝宽度应满足相关规范和设计要求。

(6)施工过程中,当索力和高程超过设计允许偏差时,按施工控制的要求进行调整。

5)斜拉索制作及安装

(1)斜拉索的钢丝、钢绞线不应出现缠绕、扭结,斜拉索、锚具防护不得出现裂纹、破损。

(2)斜拉索进场使用前必须具备材料出厂证明、产品合格证明及有资质单位的外委检测合格报告等。

6)阻尼器制作及安装

(1)塔梁阻尼器

①要求阻尼装置对各种动力激励,如脉动风、车辆制动力和车辆颠簸等引起的不同频率、速度和振幅的振动均具有良好的阻尼作用。

②阻尼器安装后能够在 -25~60℃的气温、100%相对湿度的环境中工作,并能承受雨、雹、雾、烟、风、臭氧、紫外线、砂、尘及盐雾等气象条件下的各种可能组合。

③在大桥桥位处工作条件下,阻尼器的缸体服务寿命要求达到60年、可动构件达到20年;关节轴承和销轴应能承受拉、压交替荷载的冲击。

(2)拉索阻尼器

①外置阻尼器采用速度型可调式阻尼器,具有稳定的阻尼特性,并易于调节,以适应不同振形的最优阻尼要求。本身及其连接件具有足够的强度。

②阻尼器行程应满足3Hz以下振型且拉索最大振幅为索长的±1/1700时的要求,必要时应考虑限位措施以保护阻尼器不受破坏。

③全金属结构件,在全使用寿命内不发生漏液。

④耗能效率高,体积可控,造型美观。

⑤工作温度范围广,冬天和夏天工作效率变化不大。

⑥行程能够满足拉索振动控制的需要。

⑦可用于拉索风雨振、干索驰振及其他拉索振动形式多种减振目标需要。

⑧工作时启动摩擦力应小于最大阻尼力的5%。

⑨必须能够同时抑制拉索面内与面外两个方向的振动。

7)附属工程施工

(1)对先安装后灌浆的支座,灌浆材料性能应满足设计要求,灌注密实,不得出现空洞、缝隙。

(2)支座上下各部件纵轴线应对正,当安装时温度与设计要求不同时,应通过计算设置支座顺桥向预偏量;支座不得发生偏歪、不均匀受力和脱空现象,滑动面上的四氟滑板和不锈钢板不得有划痕、碰伤等,位置正确,安装前应涂上硅脂油。

(3)支座与桥梁上、下部的连接应满足设计要求并符合施工技术规范的规定,支座钢构件及连接件表面应按设计要求进行防护处理。

(4)伸缩装置两侧混凝土的类型和强度应满足设计要求,预埋锚固钢筋定位准确、无缺失,伸缩装置处不得积水,且无渗漏、变形、开裂;伸缩缝及伸缩装置中无阻塞活动的杂物;焊缝无裂纹、焊瘤、夹渣、未焊透、电弧擦伤。

(5)桥面钢护栏各构件、零件应经验收合格后方可安装;应按设计要求的施工阶段安装护栏;护栏防护及端头、断缝处理应满足设计要求。

7.2.3 施工质量保证方案

1)桩基施工质量保证

(1)规范泥浆池设置,做好浆、渣分离

回旋钻泥浆池分在陆地和水中两种工况条件下使用。在陆地上设置泥浆池,考虑邻近两个墩的桩基共用1个,与冲击成孔泥浆池类同,沉淀池(储渣池)和泥浆池(储浆池)分开设置,两个池之间设置隔墙分开;水中桩泥浆池则采用专用钢套箱进行储浆和临时储砂,同时配备大型泥浆船作为环保应急储备。泥浆池、泥浆箱及泥浆船如图7-24a)~c)所示。

(2)统一桩基渣样盒、渣样袋及渣样卡片,实现全线标准化

全线桩基施工,采用统一样式的渣样盒、渣样卡片,确保留样标识清楚明了,对照钻孔记录表即可快速查找对应留样,以方便桩基定岩、终孔工作的开展。桩基渣样盒、渣样袋及渣样卡片如图7-24d)、e)所示。

(3)统一定制桩基钢筋笼临时存放架,解决钢筋笼现场存放难的问题

充分考虑钢筋笼出厂临时存放条件差的问题,统一定制桩基钢筋笼现场临时存放架,规范钢筋笼的场外临时存放。钢筋笼现场临时存放架如图7-24f)所示。

a) 泥浆池

b) 泥浆箱

c) 泥浆船

d) 统一定制的渣样盒

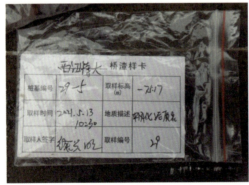
e) 统一样式的渣样袋、渣样卡片

f) 钢筋笼现场临时存放架

图 7-24 桩基施工质量保证措施

(4)桩基成孔全部使用超声波检孔仪检孔,严格把控成孔质量

对于桩基成孔,全部采用超声波检孔仪进行验孔,有效保证成孔孔型、孔径、孔深、垂直度等指标,从而保证成桩质量。

2)承台施工质量保证

承台钢筋下料全部由钢筋集中加工及配送中心机械化、自动化生产线完成,提高钢筋加工精度;钢筋安装过程采用卡槽、胎架进行精准定位,有效控制钢筋安装间距和骨架尺寸,便于后续钢筋保护层厚度的控制。承台钢筋保护设施措施如图7-25a)~c)所示。

做好承台大体积混凝土温控措施、裂缝控制。①降低水化热:优化混凝土配合比,使用低水化热水泥,采用掺混合料、加缓凝剂等措施减少混凝土水泥用量;②降低混凝土浇筑温度:混凝土用水采用冷却设备或加入冰块降温、将碎石洒水降温以降低混凝土入模温度;③内外温差控制:在混凝土内部埋设冷却管,通过冷水降温,利用循环出来的热水覆盖承台表面进行保温。承台大体积混凝土温控措施、裂缝控制如图7-25d)~f)所示。

a) 钢筋安装采用卡槽辅助定位

b) 钢筋安装采用胎架辅助定位

c) 承台钢筋保护层厚度监测

d) 拌和用水中加入冰块

e) 拌和用水配置冷却设备

f) 同类型承台预埋冷却水管

图7-25 承台施工质量保证措施

3)斜拉桥主塔施工质量保证

（1）塔柱钢筋制作均在钢筋加工中心采用自动化生产设备统一完成，钢筋安装采用定制的塔柱钢筋定位劲性骨架及卡槽辅助定位，确保钢筋下料合格率达到100%，钢筋安装各项指标合格率达到95%以上。

（2）利用先进的测量手段确保超高索塔控制测量、施工测量、施工监控的需要。

（3）钢筋安装过程设置足够的定位筋、垫块，确保保护层厚度及钢筋间距；所有预埋件需防锈处理，并确保预埋准确性。

（4）做好混凝土配合比设计，分层浇筑混凝土，及时振捣，不过振、漏振，混凝土浇筑后及时进行养生；做好防护措施，避免上部塔体施工时对下部塔体表面造成污染。

（5）做好塔座防开裂措施；做好索塔线形控制、确保混凝土外观及耐久性。

（6）优化混凝土配合比，选择超高压混凝土输送泵，提高设备的泵送能力；定期对泵管弯管及接头处进行检查，发现泵管壁厚偏薄时即进行更换，防止泵管爆管造成二次污染。

（7）采用智能张拉、压浆设备，张拉、压浆过程严格遵照预应力张拉工艺，采用双控措施张拉；预应力张拉中千斤顶漏油，油压表不回零或调换千斤顶油压表等，重新进行校验；施工过程做好防污措施，防止千斤顶漏油及压浆漏浆污染主塔。

4)悬臂浇筑主梁质量保证

（1）主梁0号、1号段采用满堂支架施工。支架必须进行预压，消除非弹性变形；0号段混凝土浇筑前，对其高程、桥轴线做详细复核，满足设计要求后方可浇筑。

（2）对挂篮体系进行专项设计、验证，单套挂篮与模板的重量（含施工荷载）不能超过1940kN，挂篮使用前进行预压、验收。

（3）挂篮组拼后，在浇筑混凝土前，全面检查安装质量，并对挂篮进行荷载试验，测定其各部件变形量（弹性变形）及应力，并设法消除其永久变形（非弹性变形）。

（4）委托专业生产厂家设计、加工、制作拆装方便的大块钢模，模板设计满足强度和刚度的要求，施工过程中确保模板不发生变形、跑模和漏浆现象。

（5）为保证梁体的结构安全和线形的平顺，在主梁悬浇施工过程中，必须进行施工过程监，监控的主要对象包括梁体的高程与应力、斜拉索的索力和索塔变位，同时必须考虑主梁受体系温差影响所引起的高程变化。

（6）为了确保钢筋保护层和模板定位，钢筋安装前，测量放样定位，网格法，标识钢筋纵横位置，确保钢筋的保护层满足设计要求。

（7）斜拉索套管定位须准确，以确保斜拉索受力符合设计要求。

（8）在挂篮前移定位、梁段浇筑混凝土、斜拉索安装和张拉等主要工序施工前，必须测量悬臂挠度和悬臂端高程，并与设计监控值复核，如偏差大于控制值，应找出原因进行改进，必要时与设计监控部门联系，采取适当方法进行挠度控制。

(9)混凝土浇筑确保连续不间断,合理控制混凝土布料位置,分层振捣密实,保证混凝土的浇筑质量。

(10)在浇筑过程中安排专人监控模板紧固情况,防止模板拉杆在混凝土振捣过程中出现松动脱落现象,造成跑模影响悬浇梁线形。

(11)实行挂牌养生制度,安排专人跟进混凝土养生,保证养生效果。

(12)采用智能张拉压浆设备进行张拉压浆作业。

(13)水灰比不大于0.55,最小水泥含量为350kg/m³,水泥最大氯离子的含量为0.06%,最大碱含量为1.8kg/m³(混凝土)。要求使用不具备碱和性反应的砂石材料。

(14)对梁顶高程、墩顶变位、主梁应力、索塔应力、索力等项目预埋测试元件以实测参数,预测施工预拱度,以便随时指导和提供梁段立模高程,确保成桥线形与设计吻合。

(15)合龙施工前,对两端悬臂梁段的轴线、高程和梁长受温度影响的偏移值进行观测,并根据实际观测值进行合龙的施工计算,确定准确的合龙温度、合龙时间及合龙程序。

(16)合龙顺序为先边跨后中跨,劲性骨架通过严谨的计算并留有一定的受力富余量;合龙段混凝土浇筑宜选择温度相对稳定的夜间进行,浇筑前根据合龙段恒载采用水箱配重,水箱放水重量与浇筑合龙段混凝土重量同步均衡完成。

(17)主梁中跨合龙后,按设计要求的程序在规定时间内拆除塔梁临时固结装置,保证结构体系的安全转换;合龙段浇筑后应及时覆盖洒水养生,养生时间宜不少于14d。

5)斜拉索制作及安装质量保证

(1)本标段斜拉索直接采购工厂制作生产的成型产品,并且在拉索生产厂家的指导下进行挂索及调索施工。

(2)采用高精度测量设备进行斜拉索预埋件和斜拉索安装放样、定位。

(3)斜拉索采用双层PE防护系统,施工时应加强对PE护套的保护,防止剐伤。

(4)锚固区的钢丝由PE导管组件防护,在拉索导管及防护罩内填充非硫化不干性防腐密封胶,在钢垫板与防护罩的对接面以及索导管端部采用聚硫防腐密封胶封闭密实。

(5)斜拉索安装前尚应全面检查预埋拉索导管的位置是否准确,发现问题应及时采取措施予以处理,同时应将导管内可能有的杂物清理干净。

(6)拉索张拉的顺序、级次数和量值应符合设计和施工控制的规定;张拉宜以测定的索力或油压的索力或油压表量值为准,以延伸值作为校核;应采用无应力索长和索力双控的方法,且宜以索长控制为主,以索力作为校核。

(7)斜拉索安装时不得挤压、弯折索体,不得损伤索体的保护层和索端的锚头及螺纹;应在索管管口处设置对中控制的装置或限位器进行调控,防止锚头和索体在穿入索管时偏位而产生摩擦受损。

(8)拉索的内置式减振圈和外置式抑振器未安装前,应采取有效措施,保证塔、梁两端的索管和锚头不受到水或其他介质的污染和腐蚀。

（9）钢绞线的下料长度应计入牵引、张拉时的工作长度；下料时对钢绞线的切割应采用砂轮锯，不得采用电弧焊或氧乙炔进行切断。

（10）在一根斜拉索中，单根张拉后各钢绞线索力的离散误差宜不超过±2%；整体张拉完成后，各钢绞线索力的离散误差宜不超过±2%。

（11）拉索索力实测值与设计值的偏差宜为±5%，超过时宜进行调整。调整索力时应对索塔和相应的主梁梁段进行变形和应力的监测，并做记录。

6）阻尼器制作及安装质量保证

阻尼器的生产制造必须委托具有相关资质的专业厂家完成，安装前必须经检验合格，相关的检验合格报告齐全；阻尼器预埋钢板定位准确，平面位置及高程经测量人员及现场监理工程师验收合格，安装时间、温度、工况及工序节点符合设计图纸要求。

7）支座安装质量保证

支座安装前，先对垫石顶面高程、平整度、轴线偏位、断面尺寸及锚栓孔位置和深度进行复核，确保满足设计及规范要求；安装时对支座型号方向进行再次核对，确认无误后方可吊装就位；安装过程应注意不要划伤防护层，不得损坏防尘罩；支座表面应无污损及灰尘，支座附近无建筑垃圾和其他杂物。

8）伸缩缝制作及安装质量保证

伸缩缝进场提供质量合格证，经验收合格后方可使用；预留伸缩量、平整度、坡度符合设计要求；梁板运输过程中注意在伸缩缝上铺设钢板，避免直接碾压损坏预埋外露钢筋；严格控制定位型钢的位置，保证伸缩装置正常使用。

9）桥面钢护栏质量保证

防撞钢护栏混凝土基础必须在斜拉索调索（主纵梁调线形）后施工；测量精确放样护栏混凝土基础位置，多人反复校核拟浇筑模板高程，保证护栏混凝土基础施工精度；钢护栏立柱焊接前先整体拉线放样出立柱中心位置，焊接时严格按放样的位置进行定位并焊接牢固。

7.2.4 问题与解决措施

1）桩基施工质量通病及解决措施

（1）桩基钢筋笼安装过程中，易将附着在孔壁的大量泥皮、岩石碎渣刮蹭掉进孔内，大大降低二次清孔的效率，且二次清孔难以将沉渣全部清理干净，增大了成品桩桩底沉渣厚度。

解决措施：桩基终孔后，一次清孔前，在钻头周围设置一圈直径与设计桩径大小一致的扫孔圈，通过佩带扫孔圈的钻头上下反复修整孔壁，又依靠钻头冲进将孔内大块沉渣打散，便于泥浆循环将碎渣带出孔外。在钢筋笼安装环节，可根据吊装工况设置专门的吊架，使4

个吊装点均匀受力,既可防止钢筋笼起吊变形又可保证钢筋笼垂直入孔,有效避免钢筋笼倾斜而碰撞孔壁,刮落钻渣甚至造成塌孔,避免二次清孔困难,提高成品桩Ⅰ类桩比例。扫孔圈及钢筋笼吊架如图7-26、图7-27所示。

图7-26　扫孔圈

图7-27　钢筋笼吊架

(2)施工现场湿度较大,用于桩基水下混凝土浇筑的导管极易锈蚀、穿孔,若导管在使用过程出现穿孔渗漏,则极易造成断桩事故。

解决措施:加强导管的堆放及使用管理,所有导管在使用前及每半年至少要进行一次水密试验检验;对目测表面锈蚀或磨损较明显的导管进行剔除。在导管使用过程中,每拆除一节导管,均将这一节导管及时清洗干净并转移至干燥无水的地方码放整齐,减少导管浸泡水的次数和时长,有效减缓导管的锈蚀速度,提高导管的周转利用率。

(3)孔内局部坍塌,孔口突然快速冒出大量气泡且水面出现上升,或先上升后回落;孔口坍塌或孔口与孔内同时坍塌,孔口地面可见明显下沉且倾向桩孔内部,地表周边出现多处裂缝。

解决措施:在陆地上埋置护筒时,底部应夯填密实,护筒周围也要回填密实,不良地质位置应适当增加护筒的埋设深度;水中振动沉入护筒时,根据地质资料,将护筒穿过淤泥及透水层,护筒应衔接严密不漏水;根据勘探资料,对于不同的地质情况,选用适宜的泥浆密度、泥浆黏度和不同的钻进速度;在砂层中钻孔,应加大泥浆稠度,提高泥浆黏度以加强护壁,并适当减小冲程降低进尺速度;钢筋笼下放前要做好充分的准备工作,确保各项工作衔接紧密,缩短钢筋笼下放持续时间,也缩短孔内泥浆静置时间,保证孔壁安全;钢筋笼起吊下放时,要求精确对中,垂直下放,尽量减少对孔壁的剐蹭;在桩孔钻进过程中,5m范围内禁止重型车辆、机器设备经过或者作业,地质特别差的地段,增加至10~15m;清孔后及时进行混凝土灌注。

(4)桩孔倾斜度超过垂直偏差及桩顶位移偏差过大,超过5cm(图纸要求不超过2.5cm)。

解决措施:严格按图纸的桩位坐标进行测量放样,严格按要求执行换手测量;发现桩位标志丢失或偏移,应采用测量仪器重新进行精确放样;每台班定期检查2次钻孔中心偏位情况,若有特殊情况,应增大检查频率,如钻机平台出现沉陷、怀疑桩孔中心产生偏移等;钻孔进入斜坡岩层时,应采用小冲程(低压)慢速钻进,待钻头全截面进入岩层后方可恢复正常钻进速度。

(5)采用超声波检孔仪检孔时,发现钻孔某一部位的直径小于设计桩径;若进行钢筋笼安装,则在该部位难以下放。

解决措施:根据地质钻探资料,钻孔进入软弱土层或塑性土层时,要注意经常扫孔;经常检查钻头,当出现磨损时要及时补焊,把磨损较多的钻头补焊后,再进行扩孔至设计桩径;孔内投入膨润土改善泥浆性能指标,提高孔壁稳定性。

(6)桩孔倾斜度超标,超声波检孔垂直度偏差超过1%;钢筋笼下放不能顺利入孔。

解决措施:钻机就位前,应对施工现场进行整平和压实,把钻机调整到水平状态,在钻进过程中,应经常检查,确保钻机始终处于水平状态工作;钻孔进入软硬不均的地质层时,应采用小冲程(低压)慢速钻进,发现孔位偏移时,应及时回填片石,纠正钻头偏差,继续慢速冲进,直至钻头全截面进入岩层或穿过孤石后方可恢复正常钻进速度。

(7)桩基定岩、终孔判别不准确,桩基定岩、终孔在斜坡岩上或在孤石上、在强风化夹层上和强风化、中(微)风化互层上。

解决措施:确保地质钻探报告的准确性;在原桩位置进行补勘;综合参考钻孔进尺和孔位周边钻探资料进行地质判断,并请专业人员进行桩基定岩、终孔指导;桩基终孔时,对于不确定持力层是否进入坚硬的中、微风化花岗岩层的区域,可通过采用冲锤敲打岩层传递的声音进行地质判断。

(8)在灌注水下混凝土过程中,钢筋笼随着混凝土的上升而徐徐上浮。

解决措施:桩基水下混凝土灌注时,混凝土应沿着漏斗及导管壁下流,避免卸料口正对导管口下料,减小混凝土的冲击力对钢筋笼的影响;当导管底与钢筋笼底部距离较近时(导管在钢筋笼底以下不足1.5m,以上不足1.0m),应降低混凝土灌注速度,慢速通过;当导管口超过钢筋笼底1m时再逐渐恢复正常灌注速度;合理组织施工,确保桩基混凝土灌注连续无间断;混凝土灌注过程中,严格按规范要求控制导管埋管深度,埋管深度宜控制在2~6m之间,并应随时测探桩孔内混凝土面的位置,及时调整导管埋深;在确保能将导管顺利提升的前提下,方可根据现场的实际情况适当放宽导管的埋深,但最大埋深应不超过9m;钢筋笼最后一节下放定位完成后,将钢筋笼与永久钢护筒进行焊接牢固,确保钢筋笼固定牢靠。

(9)成桩桩底沉渣厚度超过设计要求的2cm。

解决措施:钢筋笼安装时采用吊架起吊,保证钢筋笼垂直和居中下放,避免刮蹭孔壁;钢筋笼下放后要选择合适的二次清孔工艺(气举反循环清孔效果较好),确保清孔质量;灌注混凝土前孔底检查,由经验丰富的技术人员进行;采用底部扁平(测饼)和底部削尖(测针)的两个测锤分别检验,提高准确度;混凝土灌注前,泥浆密度及含砂率应严格按施工规范的要求控制;泥浆密度宜控制在 1.03~1.10g/cm³ 范围内(冲击成孔可放宽到 1.15g/cm³),含砂率不宜超过 2%;首批混凝土剪球灌注前,需进行一次详细的孔底检查,防止塌孔造成桩底沉渣超厚。

(10)成桩桩身夹泥(断桩)。

解决措施:桩基混凝土的生产必须严格按总监办批复的配合比进行,生产、配送、灌注等各个环节,全过程由试验室专业人员跟踪控制,确保混凝土质量符合要求;导管需进行密水试验和抗拉拔试验,经现场监理工程师检验合格后方可投入使用;对已在使用的导管,每桩灌注前均要求仔细检查导管接头的密封情况和管身的完好情况,发现问题立即处理;桩基水下混凝土灌注前要做好充分的准备,灌注过程各项工作衔接紧密,确保混凝土灌注的连续性,缩短灌注时间;水下混凝土灌注,量测孔深由有经验的人员专人进行操作,采用经长度复核无误的新测绳。

(11)桩头混凝土强度不足。

解决措施:水下混凝土灌注时,加强桩顶位置的插捣(振捣),保证桩头密实;桩顶应超高灌注 80~100cm;灌注到桩顶 9m 范围内增大埋管深度,以 7~9m 埋管为宜。

(12)主塔桩基直径达 3m,属于大长直径桩基,且桩位所处区域地质条件复杂,原旧桥抛石防冲刷层厚度不一,钻进难度极大,抛石挤压钻头极易偏孔,成孔质量难以保证。

解决措施:查阅旧桥桩基施工资料,针对旧桥桩基施工过程中遇到的问题制定可行的保障措施;采用抓斗设备对桩位抛石进行提前清理,减小抛石对钻机正常钻进的影响;采用性能优异的回旋钻机,加强对钻机的检查及维护;根据现场实际情况配置钻孔泥浆,配备大功率空气压缩机、泥浆处理器;成孔后全部采用超声波检孔,检查孔径、孔型、孔深及垂直度情况,发现不符合要求的指标可立即进行修孔处理。

2)承台施工质量通病及解决措施

承台大体积混凝土开裂的解决措施:承台钢筋安装采用框架定位,精准控制好钢筋骨架尺寸;钢筋保护层按 4~6 块/m² 设置,精准控制结构物钢筋保护层厚度,工后钢筋保护层合格率力争达到 85% 及以上,避免因钢筋保护层偏大或过小造成混凝土开裂。做好结构物温度应力监控和混凝土内外温差控制。对大体积混凝土结构物施工进行全过程温度应力监控,根据监控数据和现场实际情况采取相应的保温和降温措施,减少结构物因温差过大而出现裂缝的情况。承台施工温度监测如图 7-28 所示。

3)斜拉桥主塔施工质量通病及解决措施

(1)西江特大桥主塔位置是典型的季风区,常年大部分时间风速大、风况复杂,对测量放样、桩点定位精度影响较大,从而直接影响钢筋及模板安装定位的精度,影响塔柱的轴线偏位、竖直度和钢筋保护层合格率的控制。

a) 拌和水温度监测

b) 粗集料温度监测

c) 细集料温度监测

d) 浇筑温度监测

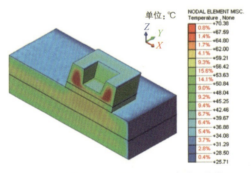

e) 类似桥梁大体积混凝土水化热仿真计算模型

图 7-28　承台施工温度监测

解决措施：在西江两岸建立西江大桥独立施工控制网，同时两岸埋设测量强制观测墩，增强测量仪器稳定性；使用高精度的先进全站仪，减少人为误差；日常测量放样全过程由两名测量技术员换手测量，相互校核，有效降低人为失误的测量风险。

（2）斜拉桥主塔塔身尺寸变化段较多，给钢筋制作及安装和模板安装造成困难，钢筋保护层精度较难控制，合格率难以保证。

解决措施:钢筋制作全部采用自动化、智能化设备,提高加工精度;钢筋安装设置劲性骨架辅助定位,提高安装精度;采用进口维萨木模板精确裁切配合定型钢模使用;根据设计计算考虑钢筋及模板安装的预偏量。以问题为导向,成立钢筋保护层 QC 小组,通过开展"头脑风暴",从人、机、料、法、环五个大的方面针对症结进行原因分析,最终确定影响钢筋保护层合格率的主要原因。通过加强施工作业人员技术交底,明确质量要求,进一步提高质量工作意识。严格按要求使用胎架定位,提高钢筋笼骨架尺寸控制精度;加强精细化施工管理,重视施工细节,如使所有外侧钢筋绑扎扎丝尾部内扣,避免因扎丝影响钢筋保护层检测,逐步提高钢筋保护层合格率。钢筋合格率保证措施如图 7-29 所示。

a) 扎丝头朝外影响钢筋保护层　　　　　b) 扎丝头全部内扣

图 7-29　钢筋合格率保证措施

(3)主塔主钢筋直径为 40mm、32mm,箍筋直径为 22mm,钢筋骨架刚度大,难以通过钢筋保护层垫块的定位、挤压调整钢筋保护层厚度,对测量放样及钢筋骨架安装精度提出了非常高的要求。

解决措施:按设计图纸钢筋间距做好胎架或钢筋安装限位卡槽,钢筋安装时根据胎架或限位卡槽的位置安装钢筋,减小安装误差;采用强度较高的水泥砂浆保护层垫块,垫块安装牢固、位置准确,确保混凝土保护层厚度。

(4)塔柱实心段及横梁等部位均为大体积混凝土,混凝土浇筑硬化过程中水化热过高极易出现结构物开裂的质量问题。

解决措施:严格控制混凝土施工温度,水泥、粉煤灰提早入灌,降低使用时的温度;砂石料洒水降温,对搅拌用水进行冷却处理;避开炎热天气浇筑混凝土,如夏天施工宜选择夜间浇筑;在大体积混凝土结构物中预埋冷却水管,适时通水降温,减小内外温差;结构物外表面覆盖塑料薄膜、土工布保温养护;延长大体积混凝土养生时间。

(5)塔柱下部施工节段容易受到上部节段施工的二次污染,如水泥浆"泪线"、油污及锈水痕迹等。

解决措施:模板安装前增加一道刮除过量脱模剂的工序,将多余的脱模剂刮除干净,防止油污沿墩身下渗造成污染;墩身分节段施工时,采用双面胶＋泡沫胶做好施工缝位置模板与混凝土缝隙的封堵工作,严防上一节段混凝土浇筑外流水泥浆污染下一节段成品,若已出现渗流水泥浆,则及时冲洗干净;对外露钢筋、钢板及时涂刷防锈水泥浆或油漆,防止钢筋锈蚀,锈蚀水沿塔身流淌污染下部塔身。塔柱成品二次污染管控措施如图7-30所示。

a) 模板安装前增加一道刮除过量脱模剂的工序　　b) 对被水泥浆液污染的墩身及时冲洗干净

图7-30　塔柱成品二次污染管控措施

(6)塔柱横梁、塔顶斜拉索锚固区、节段现浇混凝土主纵梁均设计有预应力筋,预应力张拉后有效力值大小和单根预应力筋受力不均匀。

解决措施:使用在标定有效期内的智能张拉设备进行张拉作业;全部预应力束实行编束、编号,整束穿索,整束张拉;整束张拉之前均先单根预紧(按10%的控制应力),使均匀受力。整束张拉时充分考虑其摩阻损失,综合施工技术规范规定,延长持荷时间(超过5min),并适当增大拉力抵消摩阻力和锚固回缩导致的有效力值损失量。

4)悬臂浇筑主梁施工质量及通病解决措施

(1)现浇箱梁预应力施工,为避免混凝土浇筑时漏浆而堵塞管道,需在混凝土浇筑前完成预应力筋穿索。由于管道设计弯曲段较多,施工操作平台往往受限,难以通过人工进行整束穿索,只能通过卷扬机整束穿索。预应力筋穿索或多或少会出现缠绕情况,这对有效预应力值的控制提出了较高的要求。

解决措施:对每一束预应力筋在整束张拉之前先单根预紧(按10%的控制应力),使均匀受力。整束张拉时也充分考虑其摩阻损失和锚固回缩导致的应力损失,适当增大张拉力值和延长稳压时间,以保证有效力值满足设计要求。

(2)合龙段混凝土开裂。

解决措施:提高劲性骨架强度,避免合龙段两端梁段产生相对位移;选择夜间进行混凝土浇筑,减小温度应力对合龙段混凝土的影响;合龙段预应力张拉前,控制施工作业荷载,避免产生振动导致合龙段混凝土开裂。

(3)本项目所处位置雨期降雨较频繁,单次降雨量较大,经常出现无明显征兆阵雨,主纵梁浇筑因其敞口表面积大,如在混凝土浇筑时遭受突降暴雨,则对成品质量影响恶劣。

解决措施:与项目附近检测点的气象管理部门取得联系,结合天气情况安排主梁混凝土浇筑时间;混凝土浇筑前根据覆盖面积大小准备好防雨彩条布,一旦出现降雨,立即振捣密实已布料部分混凝土,并停止混凝土布料,采用彩条布覆盖已浇筑部位,有效保证浇筑质量。

(4)悬臂浇筑主梁平整度控制不佳。

解决措施:采用桁架式三辊轴振捣提浆机和驾驶型抹平机整平混凝土表面;采用自动拉毛机进行拉毛作业。应用成套设备,克服主梁面板浇筑不平整、拉毛不均匀、有脚印等问题。悬臂浇筑主梁平整度控制措施如图 7-31 所示。

a) 桁架式三辊轴振捣提浆机

b) 驾驶型抹平机

c) 悬挂式混凝土地面拉毛机

d) 自动拉毛机拉毛

图 7-31 悬臂浇筑主梁平整度控制措施

(5)悬臂浇筑主梁线形不顺,合龙段存在明显错台。

解决措施:委托有资质且经验丰富的监控单位对桥梁施工进行监控量测,充分考虑各方面受力情况,建立符合实际情况的模型,对钢筋及模板安装适当考虑预偏量,以保证主梁总体线形。

5)斜拉索制作及安装质量通病及解决措施

斜拉索下料拖拽过程中,存在与地面物体碰撞、摩擦的情况,极易损坏包裹在表面的 PE 护套。

解决措施:采用转向轮托举斜拉索,减少斜拉索与其他物体的摩擦,有效保护其表面 PE 护套的完整性。斜拉索制作及安装质量通病防治措施如图 7-32 所示。

a) 斜拉索安装采用的导向轮　　　　　　b) 转向轮托举斜拉索

图 7-32　斜拉索制作及安装质量通病防治措施

6)附属工程施工质量通病及解决措施

(1)支座锚栓孔灌浆不密实,特别是水平抗风支座锚栓孔灌浆容易出现空洞。

解决措施:支座安装前使用鼓风机清理锚栓孔内的浮浆及杂物;支座就位后(未正式固定),采用土工布及胶布将锚栓孔进行临时封堵密实,防止杂物落入孔内造成清理困难。

(2)沥青路面铺装前,未在伸缩缝两端做好伸缩缝后续开槽施工宽度的标记,开槽宽度不足,造成缝内临时填筑的砂浆清除不彻底,同时也可能造成开槽宽度过大,造成资源浪费。

解决措施:在沥青铺装施工前,可根据现场实际情况做好伸缩缝开槽宽度标记,确保准确开槽。伸缩缝开槽宽度不足及防治措施如图 7-33a)~c)所示。

(3)伸缩缝施工过程对沥青路面造成污染。

解决措施:为防止浇筑伸缩缝混凝土时污染新铺装的沥青路面,可在伸缩缝两侧铺设彩条布作为隔离层,有效防止沥青路面二次污染。彩布条隔离层布设如图 7-33d)所示。

(4)桥面钢护栏线形不顺直,容易出现弯折或波浪形。

解决措施:防撞钢护栏混凝土基础必须在斜拉索调索(主纵梁调线形)后施工;测量精确放样护栏混凝土基础位置,多人反复校核拟浇筑模板高程,保证护栏混凝土基础施工精度;钢护栏立柱焊接前先整体拉线放样出立柱中心位置,焊接时严格按放样的位置进行定位并焊接牢固。

a) 伸缩缝切缝宽度不足,需二次开槽

b) 伸缩缝两侧开槽宽度标记

c) 已做宽度标记的伸缩缝,开槽一次到位

d) 彩布条隔离层避免沥青路面污染

图 7-33 附属工程施工质量通病及防治措施

CHAPTER 8

品质工程建设成果

中江高速公路改扩建工程荣获多项技术成果，获奖情况如下：

（1）2022 年 10 月，“数字新基建-广东中江改扩建工程 BIM 技术应用”荣获中国公路学会“2022 年度交通 BIM 工程创新奖”二等奖，如图 8-1 所示。

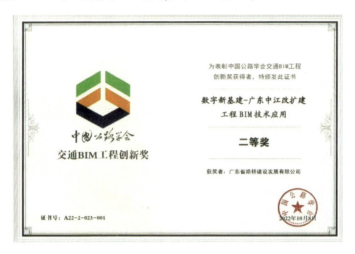

图 8-1　2022 年度交通 BIM 工程创新奖二等奖证书

（2）2022 年，“安全教育体验培训中心”“高速公路改扩建项目桥缝施工安全作业车”“新型桥梁防撞护栏施工作业车”“‘锥桶收放一体机’在改扩建项目的应用”“‘智慧用电’的应用”5 项安全创新获评为广东省交通运输行业科技兴安和安全宣教“创新案例”，如图 8-2 所示。

广东省交通运输厅文件

粤交安〔2022〕365 号

广东省交通运输厅关于 2022 年广东省交通运输行业科技兴安和安全宣教“创新案例”征集活动结果的通报

各地级以上市交通运输局、广州市港务局，珠海、佛山、东莞市轨道交通局，厅直属（代管）各单位，省交通集团、港航集团、铁投集团，行业相关协会：

为深入宣传贯彻习近平总书记关于安全生产重要论述精神，落实好交通运输安全生产领域改革发展意见，深化实施道路运输、交通运输安全生产专项整治三年行动、交通运输安全生产强化年和大检查工作以及船舶碰撞桥梁隐患治理等专项行动，进一

—1—

附件

2022 年广东省交通运输行业科技兴安和安全宣教“创新案例”征集活动获奖名单

一、安全管理或安全宣教的体制、机制创新成果（10 个）

（一）特别优秀案例（3 个）：

1.《公路建设项目安全生产“1234+N”管理机制》（申报单位：广东省南粤化湛高速公路管理处）；

2.《高桥隧比高速公路的智慧交通安全管理及实践》（申报单位：广东潮汕环线高速公路有限公司）；

3.《安全教育体验培训中心》（申报单位：中江高速公路改扩建管理处）。

（二）重点推荐案例（5 个）：

1.《高速公路改扩建项目桥缝施工安全作业车》（申报单位：中江高速公路改扩建管理处）；

（三）优秀案例（10 个）：

1.《新型桥梁防撞护栏施工作业车》（申报单位：中江高速公路改扩建管理处）；

2.《“锥桶收放一体机”在改扩建项目的应用》（申报单位：中江高速公路改扩建管理处）；

7.《“智慧用电”的应用》（申报单位：中江高速公路改扩建管理处）；

图 8-2　广东省交通运输行业科技兴安和安全宣教“创新案例”获奖公示文件

(3) 2023年3月,《无辅助墩、大中边跨比三塔PC斜拉桥结构刚度研究》论文荣获中国公路学会"桥隧产业创新论坛"优秀论文,如图8-3所示。

图8-3 "桥隧产业创新论坛"优秀论文证书

(4) 2023年8月,"基于地-井电磁感应法的地下管线探测系统及探测方法"微创新技术荣获中国公路学会"第四届全国公路微创新大赛"银奖,如图8-4所示。

图8-4 第四届全国公路微创新大赛银奖证书

(5)2023年11月,"数字新基建-广东中江高速改扩建工程设计与施工阶段BIM及知识管理技术应用与研究"荣获中国图学学会第十二届"龙图杯"全国BIM大赛综合组二等奖,如图8-5所示。

图8-5 第十二届"龙图杯"全国BIM大赛二等奖证书

(6)2023年11月,"智慧新基建-中江高速改扩建工程数字化技术应用"荣获中国公路学会"天工杯"数字交通及智能建造技术应用大赛金奖,如图8-6所示。

图8-6 "天工杯"数字交通及智能建造技术应用大赛金奖证书

(7)2023年11月,"高速公路养护和改扩建工程施工作业区交通风险防控对策研究"荣获2023年度广东省公路学会科学技术奖三等奖,如图8-7所示。

广 东 省 公 路 学 会

粤公学字〔2023〕111号

“2023年度广东省公路学会科学技术奖”
评审结果公示

“2023年度广东省公路学会科学技术奖”于2023年6月发出推荐（申报）通知，各相关单位积极推荐(申报)。日前，广东省公路学会已按照《广东省公路学会科学技术奖评奖办法》和《广东省公路学会科学技术奖评奖办法实施细则》有关规定和程序，组织完成了“2023年度广东省公路学会科学技术奖”评审工作，现将评审结果(见附件)进行公示。

“广东省公路学会科学技术奖”接受社会监督，任何单位和个人对上述公示持有异议的，请于本公告公布之日起15日内以书面形式提出（异议信函的日期以收到之日邮戳为准），我学会将认真核实处理。提出异议的单位和个人应当表明真实身份，以单位名义提出异议的，应当加盖单位公章；个人提出异议的，应当在异议材料上签署真实姓名。

联系人:刘祥兴　　　　电话:020-83730142

地址:广州市越秀区白云路111号白云大厦1220房

广东省公路学会

2023年11月29日

主要完成单位：越秀（中国）交通基建投资有限公司、华南理工大学、保利长大工程有限公司、广州市北二环交通科技有限公司、广州肖宁道路工程技术研究事务所有限公司

主要完成人：曾利文、张肖宁、王中文、何柏青、李炎清、李伟雄、苗德山、李晓东、杨东来、陈佩林、崔通、罗传熙

4、斜拉桥桥侧护栏安全防护体系研究与示范应用

主要完成单位：广州市高速公路有限公司、北京华路安交通科技有限公司、保利长大工程有限公司、中交公路规划设计院有限公司

主要完成人：曾磊、郭广银、邓志华、梅刚、魏擎一、刘细军、郑波涛、孟国英、王新、刘思源、陈太福、马晴

5、大跨开口钢箱组合梁装配化设计与施工关键技术

主要完成单位：珠海交通集团有限公司、重庆交通大学、保利长大工程有限公司

主要完成人：谭少华、胡俊、俞登荣、周芝林、杨斌财、梁超贤、舒雪明、孔宪全、张伟、严春明、赵超武、张万邦

三等奖（共4项）

1、高速公路养护和改扩建工程施工作业区交通风险防控对策研究

主要完成单位：广州公路工程集团有限公司、中江高速公路改扩建管理处、华南理工大学、中山市易路美道路养护科技有限公司

主要完成人：严宗雪、刘广宇、王晓飞、王少华、唐健良、陈海珊、康永亮、曾强

图8-7　2023年度广东省公路学会科学技术奖公示文件

(8)2024年1月,“高速公路养护和改扩建工程施工作业区交通风险防控关键技术研究”荣获2023年度中国公路学会科学技术奖二等奖,如图8-8所示。

中 国 公 路 学 会

2023年度中国公路学会科学技术奖
评审结果公示

中国公路学会科学技术奖由国家科学技术奖励工作办公室批准设立，是面向全国公路交通行业的权威科技奖项。2023年度中国公路学会科学技术奖评审工作已经由评审委员会按照有关规定和程序完成，经审定批准，现将评审结果（见附件）进行公示。

中国公路学会科学技术奖接受社会监督，评审工作实行异议制度。任何单位和个人对上述公示持有异议的，请于本公告公布起14日内（2024年1月1日前）以书面形式提出。提出异议的单位和个人应当表明真实身份。个人提出异议的，应当在异议材料上签署真实姓名并留下联系方式，以单位名义提出异议的，应当加盖单位公章。我会将按《中国公路学会科学技术奖励办法》认真处理。

根据科技部《社会力量设立科学技术奖管理办法》的要求，“授奖前须征得授奖对象的同意”，党政领导干部作为主要完成人获奖的，须征得所在单位组织人事部门的同意。

79. 公路建设天空地一体化环境监管关键技术研究与系统集成
主要完成单位：浙江交投高速公路建设管理有限公司，交通运输部公路科学研究所，杭州都市高速公路有限公司

主要完成人：谢洪波，曹强风，王赵明，王健，齐亚楠，杨岳华，佘嘉琦，应军志，张东，吴智豪

80. 公交线网智能优化与运行协同控制关键技术及应用
主要完成单位：深圳市城市交通规划设计研究中心股份有限公司，同济大学，青岛海信网络科技股份有限公司，深圳巴士集团股份有限公司，深圳市东部公共交通有限公司，深圳市智慧城市通信有限公司

主要完成人：张晓春，林涛，王朋，陈振武，暨育雄，黎旭成，高波，陈炜，洪伟杰，杨宇星

81. 高速公路养护和改扩建工程施工作业区交通风险防控关键技术研究
主要完成单位：广州公路工程集团有限公司，中江高速公路改扩建管理处，华南理工大学，中山市易路美道路养护科技有限公司

主要完成人：严宗雪，刘广宇，王晓飞，王少华，唐健良，陈海珊，康永亮，曾强，贾永力，张黎明

82. 超多车道高速公路密集互通段精细化协同管控关键技术研究与示范
主要完成单位：山东高速股份有限公司，招商局重庆交通科研设计院有限公司，北京工业大学，高德软件有限公司，山东省公安厅交通警察总队五支队

主要完成人：张军，常志宏，崔建，杨克，赵晓华，俞山川，康传刚，陈雪珲，孙凌峰，李佳

83. 互通立交市政化改造空间开发与交通一体化设计技术
主要完成单位：广州市市政工程设计研究总院有限公司，华南理工大学

主要完成人：杨勇，王晓飞，熊正元，廖勇刚，黎军，童恺旻，欧健灵，乐小刚，曾强，赖健聪

图8-8　2023年度中国公路学会科学技术奖公示文件

(9)2023年3月,《广东公路交通》期刊专刊出版中江高速公路改扩建工程论文集,如

图8-9所示。

图8-9 《广东公路交通》期刊专刊封面、目录

CHAPTER 9

结语与展望

中江高速公路改扩建工程穿越大湾区腹地中山、江门两地，完工后将完善粤港澳大湾区高速公路网络布局，打通珠三角与粤西的路网瓶颈，助力粤港澳大湾区交通高质量发展。

中江高速公路改扩建工程始终坚持以习近平新时代中国特色社会主义思想为指导，在党建引领下，全面贯彻落实广东省交通集团有限公司和广东省路桥建设发展有限公司的各项工作部署，强化责任担当，秉持"湾区新中江　工匠铸精品"建设理念，围绕加快建设交通强国、"平安百年品质工程"的总体建设目标，以"起步就是冲刺、开局就是决战"的奋斗姿态，开好局、起好步，从交通组织、安全、质量、绿色、技术等维度出发，践行"四法"工作法，立足设计、施工、运营各阶段全生命周期打造内在质量与外在品位一致的"优质耐久、安全舒适、经济环保、社会认可"的平安百年品质工程。

广东中江高速公路改扩建工程经历了设计周期短、拆迁工作难、施工作业面小、投资任务重、安全压力大等一系列挑战。项目改扩建期间采用边施工、边通车的交通组织模式，为提高道路通行能力，项目采取了一系列管控措施，并设计应用了多个交通组织提升技术；同时，项目积极开展安全管理创新及技术创新，致力从根本上解决安全管理痛点；此外，为解决改扩建工程质量通病问题，项目推行全面质量管理，始终坚持标准化管理；管理处将"绿色建设理念"贯彻落实到各阶段，多举措保证绿色理念落到实处，打造绿色典型示范改扩建工程；同时，项目在施工期间大力开展自主创新，淘汰影响工程质量安全的落后工艺工法和设施设备，制定针对项目的科技创新，及时将研究成果应用到工程实际中，不断提升工艺、装备的可靠性、先进性。

项目锻造出了一支团结协作、精于业务、勇于创新、敢于担当、乐于奉献、政治素养高的建设管理团队，建立了一套科学规范、严谨高效的适用于改扩建工程的精细化项目管理体系，总结了一套可推广、可复制的粤港澳大湾区高速公路改扩建经验。

中江高速公路改扩建工程全过程中的各种创新亮点，为未来改扩建工程的顺利开展提供了经验参考。之后的改扩建工程应更加注重标准化建设、信息化建设，大力实施创新驱动发展战略，把科技创新摆在打造交通运输品质工程的突出位置，努力提高交通工程科技含量。我们期待着广大交通工程建设的从业者积极地行动起来，主动作为、积极探索、广泛交流、共同努力，不断提升技术、管理和服务，推动交通基础设施高质量发展，促进交通工程项目品质工程建设再上新的台阶。

相信未来的中江高速公路将不断惠及民生，便利沿线居民，创造更大的经济效益与社会效益。

参考文献

[1] 中华人民共和国交通运输部. 高速公路改扩建交通组织设计规范：JTG/T 3392—2022[S]. 北京：人民交通出版社股份有限公司，2022.

[2] 林同立. 高速公路改扩建工程交通组织设计与管理[M]. 北京：人民交通出版社股份有限公司，2019.

[3] 全国交通工程设施（公路）标准化技术委员会. 道路交通标志和标线 第4部分：作业区：GB 5768.4—2017[S]. 北京：中国标准出版社，2017.

[4] 中华人民共和国交通运输部. 公路养护安全作业规程：JTG H30—2015[S]. 北京：人民交通出版社股份有限公司，2015.

[5] 广东省交通运输厅. 广东省高速公路工程施工安全标准化指南[M]. 北京：人民交通出版社股份有限公司，2017.

[6] 郑育新，李红岩. 土建工程施工质量管理与控制[M]. 成都：西南交通大学出版社，2018.

[7] 杨仲元，杨泽良. 软土地基处理技术[M]. 北京：中国电力出版社，2021.

[8] 匡希龙，谢海涛. 旧桥加固技术[M]. 北京：人民交通出版社，2010.

[9] 乔翔，余长春，陈振雄. 广东省高速公路科学绿化指导手册[M]. 北京：人民交通出版社股份有限公司，2023.

[10] 唐健. 桥梁支座施工质量通病治理技术[J]. 低碳世界，2023，13(3)：157-159.

[11] 吴传金. 道路桥梁加固维修中植筋技术应用[J]. 运输经理世界，2022(22)：122-124.

[12] 潘子科. 厂拌冷再生技术在公路工程中的应用[J]. 工程建设与设计，2023(3)：201-203.

[13] 中华人民共和国交通运输部. 公路沥青路面再生技术规范：JTG/T 5521—2019[S]. 北京：人民交通出版社股份有限公司，2019.

[14] 朱霖，何磊，王章明，等. 软土地基就地固化工艺的试验研究与工程应用[J]. 公路，2023，68(3)：75-80.

[15] 吴华金，张林洪. 公路改扩建技术[M]. 北京：人民交通出版社股份有限公司，2019.

[16] 彭建明. 厂拌乳化沥青冷再生路面施工工艺研究[J]. 交通科技与管理，2023，4(23)：89-92.

[17] 赵军，李明，张普，等. 玻璃纤维复合材料筋混凝土结构及其工程应用[M]. 北京：化

学化工出版社,2018.

[18] 逄显昱,李颖娜,赵欣,等. 玻璃纤维筋围护桩设计与施工的应用研究[J]. 铁道标准设计,2015,59(10):108-113.

[19] 中华人民共和国交通运输部. 公路路线设计规范:JTG D20—2017[S]. 北京:人民交通出版社股份有限公司,2017.

[20] 中华人民共和国交通运输部. 公路路基设计规范:JTG D30—2015[S]. 北京:人民交通出版社股份有限公司,2015.

[21] 中华人民共和国交通运输部. 公路沥青路面设计规范:JTG D50—2017[S]. 北京:人民交通出版社股份有限公司,2017.

[22] 中华人民共和国交通运输部. 公路工程基桩检测技术规程:JTG/T 3512—2020[S]. 北京:人民交通出版社股份有限公司,2020.

[23] 王博. 钻孔灌注桩施工技术在高速公路工程中的应用[J]. 交通世界,2023(Z1):247-249.

[24] 沈安琪. PAC-13排水路面在南方多雨地区高速公路"零坡段"的应用[J]. 广东公路交通,2021,47(5):5-10.

[25] 王安福,熊力,李国维,等. 支盘桩极限承载力现场破坏性试验及理论分析[J]. 公路交通科技,2023,40(10):95-103.

[26] 刘俊. 高速公路改扩建项目新旧沥青路面拼接施工技术[J]. 城市建设理论研究(电子版),2023(16):163-165.

[27] 孙丹,杨军超,李星,等. 高速公路互通式立交改扩建工程施工期交通组织研究[J]. 公路,2022,67(5):75-81.

[28] 赵一飞,万航,肖珊. 高速公路改扩建借道施工作业区中央分隔带开口长度研究[J]. 中外公路,2021,41(3):365-369.

[29] 贺新良. 就地固化技术在软基处理工程中的应用[J]. 中国公路,2020(17):114-115.

[30] FU J,SHEN A,ZHANG H. Study on the influence and law of waterproof system design factors on the typical stress of bridge deck pavement[J]. Coatings,2021,11(12):1540.

[31] WANG Q Y. Design optimization of ultra-thin asphalt pavement on cement concrete bridge deck based on artificial intelligence[C]//2020 IEEE International Conference on Industrial Application of Artificial Intelligence(IAAI). IEEE,2020:184-189.

[32] MIESZALA M,TORRUBIA P L,AXINTE D A,et al. Erosion mechanisms during abrasive waterjet machining:Model microstructures and single particle experiments[J]. Journal of Materials Processing Technology,2017,247:92-102.

[33] 中华人民共和国交通运输部. 斜拉桥用热挤聚乙烯高强钢丝拉索:GB/T 18365—2018

[S]．北京：中国标准出版社，2018．

[34] 中华人民共和国住房和城乡建设部．桥梁顶升移位改造技术规范：GB/T 51256—2017[S]．北京：中国计划出版社，2017．

[35] 何义斌，陈志明，张丕界．南沙港铁路西江特大桥施工关键技术研究与实践[M]．北京：中国铁道出版社，2021．

[36] 卞永明，刘广军．桥梁结构现代施工技术[M]．上海：上海科学技术出版社，2017．